絵はがきで楽しむ歴史散歩

日本の100年をたどる

富田昭次
Shoji Tomita

青弓社

絵はがきで楽しむ歴史散歩　日本の１００年をたどる

◉目次

戦後復興と高度成長の風景

デザイン◎山田信也［スタジオ・ポット］

はじめに
絵はがきを集めた人々

戦前の光景が西洋の都会のように見えて

ある古書市でのこと。大型本の背表紙に、ふと目が留まった。その背表紙には「街」という文字が黒地を背景に白抜きで大きく記され、その下に赤みがかった色で「明治大正昭和」とあった。

どんな本だろうと思って手に取ってみると、『絵葉書にみる日本近代都市の歩み1902―1941』とあるではないか。しかも、これは「第二巻　関東編」となっている。

発行年は一九八〇年。こういう本が発行されていたことは全く知らなかった。さらに驚いたのは、この大型本が全部で五巻の構成になっていて、しかも大手出版社の発行ではなかったことだ。奥付には「製作・発行　都市研究会 尾形光彦」となっていた。

そして、当時の売り値は一冊がなんと一万九千円。大変な高額本だったわけだ。しかし、古書値は三千円。納得して購入した。

さて、内容はというと、書名のとおり、東京や横浜をはじめとする関東の各地方都市の街の風景や建物の絵はがきを収録したもの。筆者が所蔵している絵はがきもあれば、初めて見るものもある。正直なことをいえば、後者のほうが圧倒的だった（図❶❷）。

図❶ 高崎観音山白衣大観音。筆者も所蔵し、『街・明治大正昭和』にも掲載されていた絵はがきである。建設業・井上工業の創業者である井上保三郎が私財を投じて、1936年（昭和11年）、群馬県高崎市を見下ろす丘陵地に建立した。その目的は「明治維新以来一身を皇国に捧げし郷土英霊三千を慰め」（絵はがきセットの解説）るため。高さは約42メートルに及んだ。

図❷ 同観音像の足下から少年が見上げる構図。こちらの絵はがきは『街・明治大正昭和』には掲載されていなかった。ドイツの建築家ブルーノ・タウトは1933年（昭和8年）に来日し、井上保三郎の長男・房一郎をパトロンに得て高崎に滞在したが、この観音像を「キッチュ（いかもの）」と評したという。

これ一冊でも相当な量だが、各巻平均六百点から六百五十点掲載されているという。著者の収集熱に頭が下がったが、それにしても、どのような動機で収集するようになったのだろうか。

同書のまえがきによると、絵はがきとの出合いは三十四年ほど前のことだったという。出版年から差し引くと、一九四六年ごろのことになるが、「当時は終戦時の混乱した世相の時代で、都会は空爆の惨禍に見舞われ、焼け野ヶ原の瓦礫《がれき》と焼け残りのビルが敗残の哀愁を秘めてその残骸を曝《さら》してゐ《（ママ）》た」という。

そんな時代に、著者は、物置のように使っていた部屋で偶然、東京の名所絵はがきを見つけた。それは「新橋より銀座通りを望む」絵はがきと「馬場先通り」の絵はがきで、それらの光景は西洋の都会に見え、尾形少年は「日本にこの様な美しい場所があったのだろうかという素朴な疑念と、いつごろの風景かと、いろいろ思案した」という。実際に「焼け野ヶ原の瓦礫と焼け残りのビル」を見た人にとってみれば、そう思うのも不思議ではない。

この経験がもとになって、絵はがきの収集が始まった。三十有余年で、その数は数万枚にのぼったという。そして、これらを役立たせる方法はないものかと思案し、都市文化の史料としてまとめ上げることにした。二年ほど地方都市を巡って取材、原稿執筆に二年半を費やした。まさに労作というべき五巻本は、このようにして刊行が進められたようだ。

みかん箱いっぱいで五百円から千円

筆者が絵はがきに興味を抱き始めたのは一九九三年ごろである。絵はがきに関する文献を初めて購入したのがこの年だった。『横浜絵葉書』（半澤正時編、有隣堂、一九八九年）がそれである。同書は、アメリカ在住のグレン・デイビスとイギリス在住のニール・ペドラーの収集を紹介したもので、初公開の手彩色絵はがき百七十七点が関東大震災前の横浜を写し出していた。

翌一九九四年は、筆者にとってさらに特別な年になった。

まず台湾を訪れたとき、『台湾懐旧』（松本暁美／謝森展編著、創意力文化事業有限公司、中華民国七九年、一九九〇年）に出合った。ずっしりと重みがある四百五十五ページの大著である。表紙に「1895―1945 THE TAIWAN　絵はがきが語る50年」とあり、日本統治時代の台湾の様子がわかる内容になっていた。編著者の一人、松本暁美はこう記している。

「私が台湾の絵はがきに興味を持ったのは、報道のため一九六二年、始《（ママ）》めて台湾の地を踏み、帰国してから東京の某所で台湾の絵はがきを見つけた時からである」

それ以来、約三十年間にわたって収集し続け、二千五百点以上の絵はがきが集まったという（図❸❹）。

松本はまた、当時の台湾での絵はがきの発行状況も明らかにしている。多くの日本人が移住してから発行が急増したこと、台湾の大都市には計二十社ほどの発行所や取り扱い業者があったこと、発行所には印刷設備がなかったので、現地で写真を撮影し、その原版を日本の印刷所に送り、できあがったものが台湾に回送されたということだった。

図❸　台湾・草山温泉の公共浴場。『台湾懐旧』に掲載された絵はがきと同じものをのちに筆者も入手した。同書によると、1923年（大正12年）に摂政宮（のちの昭和天皇）が草山温泉を訪れて有名になり、この浴場施設は昭和天皇の即位を記念して起工されたもの。30年(昭和5年）に完成したという。

次に、沖縄に赴いた際、『絵はがきにみる沖縄――明治・大正・昭和』(ボーダーインク編、琉球新報社、一九九三年)を見いだして購入した。これは、伊藤勝一という人物の収集をまとめたものだった。

伊藤はこれより二十年ほど前から収集していたこと、切手収集が本来の趣味で、その結果、絵はがきも集めるようになったと述べていた。京都や大阪で絵はがきが詰まった段ボール箱を箱ごと買って、そのなかから沖縄に関するものを選り分けたというから、何とも豪快だ。

さらに、この年には、東京の古書店で『絵はがきの旅 歴史の旅』(中川浩一、原書房、一九九〇年)に出合った(図❺❻)。中川も「絵はがきを集めだしてから、五〇年以上が経過する」という年季が入った人物。あとがきによると、「昨今は「古書」扱いの絵はがきも価格高騰」しているが、「昭和四十年前後に古書店で買った「古絵はがき」は、二束三文のたたき売りで段ボールのみかん箱にいっぱいつめて五百円から千円程度であった」という。遅れてやってきた収集家にとっては、何ともうらやましい時代があったのだ。

そしていよいよ、同じくこの年に初めて絵はがきそのものを購入し、筆者も収集家の末席をけがすことになった。

図❹　こちらは北投温泉にある公共浴場の内部。この絵柄は『台湾懐旧』には掲載されていないものだが、同書によると、北投温泉は台北から汽車で30分ほどの距離だった。1896年(明治29年)に日本人が旅館を開設して以降、温泉地としてにぎわうようになったという。

國立公園・大阪蘇
坊中駅　大阿蘇登山の玄關口でモダンな遊覧バスが登山者の夢を乘せて絕へず發着する特に車中鶯孃の解說は乘客をして恍惚境に誘ふ
National park Mt. Aso

図❺　遊覧バスについて、同書は「箱根と対抗できる九州の火山行楽地といえば雲仙と阿蘇に指を屈するべき」と述べていて、そのため絵はがきの好画材になったという。この絵はがきは阿蘇のほうで、掲載されたものとは絵柄が異なり、坊中駅（現・阿蘇駅）の扱いが大きいが、「車中鶯（うぐいす）嬢の解説は乗客をして恍惚境に誘う」と、1932年（昭和7年）開始の遊覧バスを宣伝。

図❻　こちらは伊勢の山田駅（現・伊勢市駅）前の光景。これと同じ絵はがきが掲載されていた。左右に宇仁館、油屋、高千穂館といった旅館が軒を連ねている。山田駅は豊受大神宮（外宮）には近いが、皇大神宮（内宮）には不便だった。「〔中央に見える：引用者注〕宇治へ通じる路面電車（宮川電気）が開業するのも、そうした不利への対応と解せるだろう」

THE BUSTLING SIGHT OF THE FRONT STREET OF YAMADA STATION, ISE.
（伊勢名所）參宮の人々往來頻繁なる山田驛前通り
アサヒビール
宇仁館
大阪バス

浮世絵とは別の魅力をもつ美術絵はがきの展覧会

冒頭で記したように、古書市や古書店では、思わぬ絵はがき文献に出合い、収集家を知ることになった。次もその例だ。

ある日、手に取ったその本は『フィリップ・バロス コレクション 絵はがき芸術の愉しみ展——忘れられていた小さな絵』（そごう美術館編、朝日新聞社）と題されていた。発行年、つまり展覧会の開催は一九九二年（会場は横浜のそごう美術館）。

筆者が絵はがきに興味を持ち始めたのはその翌年のことだったので、その展覧会は、この図録で初めて知ったのだった。

では、フランス人バロスの収集はどういうものだったのか。

副題に「忘れられていた小さな絵」とあるように、同展はいわゆる美術絵はがきの展覧会になっていた。東京日仏会館研究員のエリカ・ペシャール＝エルリーが図録に「コレクションの幅広さと絵はがきが収められたアルバムの数にあっけに取られ、浮世絵に映しだされたのとはまた違う古い日本の魅力に引かれて、すぐにこのコレクションで展覧会ができると考えました」と記していて、バロスの三千点を超える収集のなかから選ばれた六百五十点を展観するものだった。

バロス自身も「収集を始めました時、私は直ちにこれが美術史家の真面目な研究の対象になるに違いないと思いました」と述べている。

日本の多くの有名無名の画家たちが制作に携わったこれらの〝作品〟は、しかしながら、絵はがきがもつ実用的な性格ゆえか、あまり顧みられなかった。そのため、このような展覧会はおこなわれてこなかったという。その意味では、展覧会を見て美術絵はがきの価値に気づき、見直した人々が多かったのではないだろうか。

絵はがき収集から偲ばれる貴婦人の人柄

二〇一五年のある日、東京の北区飛鳥山博物館に足を運んだ。「梨本宮妃絵はがきコレクション――日仏絵はがきに描かれた近代の表象」展を見るためである（期間は三月十四日―五月六日）。

梨本宮妃伊都子《いつこ》は、旧佐賀藩主の鍋島直大《なおひろ》侯爵の次女。梨本宮守正と結婚した後、一九〇九年、つまり明治四十二年にヨーロッパを歴訪、海外の絵はがきはその際に収集したということのようだ。ちなみに、小田部雄次の『梨本宮伊都子妃の日記――皇族妃の見た明治・大正・昭和』（小学館、一九九一年）には、モナコのカジノの絵はがきが二点掲載されているが、これは伊都子妃が購入したもので、カジノは彼女の気を引いた場所の一つだったという。

さて、同展にはいくつもの興味深い内容が見られた。女性らしく、当時、パリで流行の大きな帽子をかぶった女性を漫画的に描いたもの、宮家の一員らしい関心で集めたのであろう日露戦争を風刺的に描いたもの（いずれもフランスで発行）など、筆者が初めて見るような絵はがきが何点も展示されていた。

ことに後者では、当時、フランスはロシアと同盟を組んでいたので、日本に批判的だったため、「異文化に対する歪曲や矮小な擬人的表現」（展覧会の解説）がなされていた。日本では見られない絵はがきになっていたのである。

実は伊都子妃は、ロシア皇帝ニコライ二世に面会していて、日記にこう記している。

「ハッと思ったのは皇帝の御顔を拝した所、御ひたいに傷のあるのをみあげた」

この傷跡は、ニコライ二世が皇太子時代に来日したとき、津田三蔵巡査に襲われた大津事件でのものだが、「しかし、そんな事は何もなかった様に（日露戦争も日本が勝って日の出のいきおいであった）、色々御ていねいにして被下《くだされ》た。何というても露国はかわった国がら。むこうでもどう考えておるかちっともわからず、何となくほがらかになれない」。

どこで入手したものかは不明だが、前掲の『梨本宮伊都子妃の日記』には、ニコライ二世の肖像画で、額に砲弾（日露開戦時の日付が記されている）が突き刺さった絵柄の絵はがきが掲載されていた。

再び同展に話を戻すと、絵はがきを収めた分厚いアルバムも五、六冊ほど展示されていた。本当に絵はがきが好きだったようだ。

梨本宮妃伊都子は美貌の持ち主で、大正天皇も皇太子時代に魅せられたといわれている。そうした貴婦人が絵はがき収集に努めたというわけだが、どこか庶民性が感じられてほほ笑ましい。

展示物に、当時話題になっていたハレー彗星と地球を擬人的に描いた絵はがきがあって、「彗星に衝突された地球が泣いている」と書かれた付箋が添えられていた。彼女の自筆らしく、子どもたちに読み聞かせしたのだろうとの解説があった。

絵はがきから貴婦人の人柄が偲ばれる展覧会だった。

集めた絵はがきが三十六万枚

ところで、絵はがきの収集家というものは、大別すると、二つのタイプに分かれるだろう。手当たり次第に集める人と、ある特定の分野に限定して集める人である。

前者の代表格としては、宮武外骨《がいこつ》の名を挙げることができる。反骨のジャーナリストとして知られる外骨は、拙著『絵はがきで見る日本近代』（青弓社、二〇〇五年）でも紹介したように一九〇七年（明治四十年）に「絵葉書世界」を創刊しているが、途方もない枚数の絵はがきを収集した人物でもある。金丸弘美編『宮武外骨絵葉書コレクション』（無明舎出版、一九九七年）は、宮武の記述を頼りに、「昭和一五年には商人からまとまって購入し、その後も毎月十貫匁を購入し、それが三六万枚に達したとある」と述べている。もっとも、それほどの枚数は確認できず、「整理後に残っていらないものは紙屑屋に売却することにした」とある。

　同書によると、収集後、整理された絵はがきはアルバムに収められ、二百二十三項目、約二万八千枚にのぼるという。そして、そのなかからデザイン的に優れ、外骨の編纂力が発揮されたもの千九百八十点を収めたのが同書だ。

　それにしても、彼の分類の仕方が面白い。例えば「笑う女」や「図表」「広告」といったテーマで仕分けて、アルバムに収めている。少しわかりにくいのが「雙葉」。これは双葉（雙は旧字）のことで、つまりパノラマ写真の絵はがきということになる（図❼―❿）。

　同書には収められていなかったが、「骨」をテーマにしたものもあって、頭蓋骨や傘、魚の骨の絵はがきもアルバムに収まっていたとか。赤瀬川原平は「その無差別性がじつに挑戦的で、新しくて、意外性に満ちていて、あっけにとられる」（前掲書）と書いていた。

図❼「雙葉」の一つに収められていた「大東京三十五区」の絵はがき。筆者も『絵はがきで見る日本近代』で紹介したものだ。パノラマは横2枚つづりが多いように見受けるが、これは縦2枚つづり。名所の所在地が番号で示されている。

図❽　外骨の分類に「いただく」というのがある。京都の大原女や、伊豆大島など水桶を頭の上に載せて運ぶ女性の絵はがきを集めて設けたものだが、この絵はがきは収められていなかった。伊豆大島の女性が観光客とおぼしき男性を頭の上に載せて運ぶ構図である。「島のアンコの頭の力は驚くばかり」と記されている。

図❾　次の図❿とともに伊豆大島に関する絵はがき。どちらもスライダーという乗り物である。1935年（昭和10年）の完成で、「御下山は世界最初の滑走機に乗って」という立て看板があった。外骨はこれらを「一二三」というテーマのなかに入れていた。なぜか。筆者も最初はよくわからなかったが、レールの本数が1本、2本、3本と増えていたのである。

図❿　最初は1本で始まったスライダーだが、人気を得て増えたのだろうか。ただし、1942年（昭和17年）には軍の命令で撤去されたという。金属の供出によるものだろうか。なお、図❾の女性は「小唄界の明星小唄勝太郎さん」との説明がある。

折口信夫の本当の素顔がわかるコレクションとは

次に後者の、ある特定の分野に限定して集めた人として、ここでは折口信夫《しのぶ》を挙げよう。

歌人で国文学者だった折口は、歌舞伎研究にも精を出し、多くの歌舞伎絵はがきを集めている。その成果は、国学院大学日本文化研究所編『折口信夫歌舞伎絵葉書コレクション』(国学院大学日本文化研究所、二〇〇七年)で見ることができる。

掲載点数は二千三百七十四点(そのほかブロマイドが百七十三点)。その多くは役者名も記されているが、なかには不明のものもある(図⓫)。また、折口自身が役者のセリフなどを書き込んだもの百六十三点もこのなかに含まれている。小川直之国学院大学教授は解説で、「大正期のものを大半としながら明治末から昭和初期までの歌舞伎絵葉書が、これだけまとまっているのは稀であり、日本の歌舞伎史、近代演劇史研究にとっては重要な資料ということができる」と評価する。

小川教授はあわせて、折口の歌舞伎愛好が「自身の学問や文学創作に底流してきたことは確かで」と述べている。だからこそ、これほどの収集に結び付いたともいえるのだろう。

さらに小川教授は、歌舞伎評論家・渡辺保の次の一

図⓫ この絵はがきは、『折口信夫歌舞伎絵葉書コレクション』では掲載番号が2444で詳細は「不明」として収録されているが、筆者所蔵のものの宛名面には、当時の所有者が「歌舞伎座 明治四十一年九月狂言 序幕西東錦艶時 侠客仁王力松 尾上梅幸」と記している。

文を引用して、折口と歌舞伎の関係を明らかにしている。

「折口信夫といえば、人はとかくその代表的な仕事として、国文学研究、歌集、小説を上げたがるし、事実そうには違いないが、折口信夫の本当の芸術家としての素顔、感性が素直に流露しているのは、晩年の歌舞伎について書かれたものである」（「折口信夫の陰謀」「新潮」二〇〇三年十月号、新潮社）

戦前には、芝居の話など一人前の男がするものではないという通念があったが、戦後になって変わり、芝居の話でもすることが晩節にふさわしいと思うようになったからだろうというのである。

そう考えてみると、大量の歌舞伎絵はがきは折口信夫の、まさに素顔の表れと見ることができるわけだ。生まれながらにして芸能世界が近くにあった折口は十歳に至る前から歌舞伎などの観劇体験を得ていたというから、きっと、これらの絵はがきを慈《いつく》しみながら眺めていたのではないだろうか。

絵はがきは収集してこそ意味がある？

何かをきっかけにして絵はがきに魅せられた人々は、このように、テーマや収集についての考え方に違いこそあれ、等しく収集の道を突き進んでいった。

では、絵はがきの魅力とは、そもそも何だろう。

かつては絵はがきの大流行があり、人々は競って買い集め、また交換し合った。新聞人の山本笑月《しょうげつ》が『明治世相百話』（第一書房、一九三六年）でこんなことを書いている。

「当時同好者が集まって歌舞伎座の茶屋やまとに絵葉書交換会の催し、さっそく出席のつもりで案内状を見ると、なんとその一項に「出席者は一万枚以上所有者に限る」とあって我々文句なしにギャフン、いかにファンでも一万枚とは驚いたが世間は広い、そうとう出席者があったという話で、もう一遍驚かざるを得なかった」

全盛期には熱心な収集家がいかに多かったかということがわかるのだが、時代が移り変わり、絵はがきの存在価値は大きく失われ、忘れ去られていった。二束三文の値打ちしかないところまで落ちていった。

それでも、失われた光景を残していた絵はがきに史料的価値を、あるいは、有名無名の画家たちが描いた絵はがきに美術的価値を見いだした人々が我が道を行くように集め始め、やがて一つの体系を築き上げた。

絵はがきの魅力の一つは、一度忘れられたからこそ、生まれたものではないだろうか。

そうか、以前はこのような建物だったのか。そうか、昔の人々はこんな暮らしを送っていたのか。そうか、あの人はこんなものも描いていたのか――。

つまり、意外な発見が絵はがきにはあるのだ。教科書には載っていない、わからない日本や世界の、過ぎし昔の姿がそこに写し出されていたのだ。

意外な発見といえば、冒頭の『街・明治大正昭和』を監修した村松貞次郎（東京大学生産技術研究所教授）が一枚の絵はがきを見て、思わず笑いそうになったと記している。

その一枚とは、筆者も拙著『旅の風俗史』（青弓社、二〇〇八年）で掲載したので、ここに再録しておこう（図⑫）。それは与謝野晶子が高島屋のために詠んだ句

図⑫　1933年（昭和8年）に完成した日本橋高島屋。設計は高橋貞太郎。上高地帝国ホテルや川奈ホテルなどホテル建築でも活躍した。なお、同年には、新宿に伊勢丹の店舗も完成している。

高島屋光る都の面積《めんせき》を加へたるかな楼《ろう》を重ねて
與謝野晶子
新装成れる
「皆様の高島屋」

を記した絵はがきで、彼女はこう詠んでいるのだ。

「高島屋光る都の面積を加えたるかな楼を重ねて」

そして、村松はこう述べるのである。

「正直のところ私は吹き出しそうになった。与謝野さんにもこんなヘタクソな歌があったのか、と内心大いに意を強う《ママ》したのである。一代の女流歌人もデパートには弱かったのか、いかにも心ならずも詠んだという印象の歌である」

ここまでいわれたら、与謝野晶子も天国で苦笑していることだろう。

それはともかく、村松は絵はがきの魅力や価値を次のように表現している。一枚の紙切れにすぎないものが「数千枚と蒐集され」、一つの「テーマに統合されてみると、思いがけない変身・変貌を呈する。その変わりようは文字通り目を見張るものがあり、史料的価値がずっしりと見るものを圧する」のだ、と。絵はがきは、収集してこそ意味があるといえるのかもしれない。

絵はがきの価値を物語る文章は、先の「梨本宮妃絵はがきコレクション」のチラシにも見られる。

「近代に作製された絵はがきの持つ歴史資料性は、当時の表象文化を直接に示すものとして高く認識され、絵はがきに描かれた表象文化の調査研究の必要性は、ますます高まっております」

本書では、そうした学術的な資料性は乏しいかもしれないが、筆者なりの視点で「絵はがき世界」を構築してみた。へえ、そうだったのか、と感じ入るような絵はがきを一枚でも見いだしてくだされば幸いである。

なお、本文やキャプションではできるだけ多くの文献にあたり、絵はがきの裏に隠された逸話を拾うように心がけた。引用文の漢字・かなの表記は適宜、現代のものに書き直した。

また、絵はがきの掲載・選別にあたっては、ごく一部を除いて、拙著『絵はがきで見る日本近代』や絵はがきを多く使用した『旅の風俗史』との重複をできるだけ最小限度にとどめたほか、文中の参考文献・書誌情報については、文字数の制約により一部略記した。詳細は巻末のリストを参照していただきたい。

東京名所案内

青山練兵場と明治神宮外苑

現在、けやき並木の美しい光景を見せる東京の青山一帯は、かつて青山練兵場だった。兵士の戦闘訓練の場所だったのだ。広さは五万五千坪（約十八ヘクタール）以上に及んだ。

この練兵場は、もとは日比谷にあった。しかし、日比谷地区は開発が進み、移転計画が持ち上がった。その結果、赤坂御用地に隣接した形で一八八六年（明治十九年）に開設された（なお日比谷の跡地は、のちに日比谷公園に生まれ変わる）。

そして、毎年一月八日には陸軍始、十一月三日には天長節として天皇臨席による陸軍観兵式がおこなわれ、開設の翌年には観兵式の錦絵が描かれている。当日は庶民が拝観に押し寄せ、

青山練兵場　権田原町、千駄ヶ谷町、青山六軒町、甲賀町といった地域を利用して設営された。文献により1889年（明治22年）開設の記述もある。天皇臨席の陸軍観兵式では諸連隊の行進・整列が庶民の関心を集めた。

近隣の甲武鉄道の各駅は混雑を極めたという。

　観兵式以外にも人々が詰めかけたときがあった。一九一二年（明治四十五年）におこなわれた国産飛行機、奈良原式鳳号の飛行に、七万人の観衆が集まったのだ。当時、開発が進められていた飛行機への関心の高さを表わす出来事だった。

　日露戦争後、陸軍はさらに広大な練兵場を求めるようになり、代々木へ移転。青山の跡地はやがて明治神宮外苑として開発されることになった。

奈良原三次と鳳号　青山練兵場で飛行を成功させた民間飛行家の先駆者的存在。奈良原家は薩摩藩・島津家の家老の家柄で、男爵の爵位をもつ三次は自前で飛行機を製造、鳳号は4号機に当たる。絵はがきの「三治」は誤りか。

青山御葬場殿　「二枚続」の右半分。檜皮葺（ひわだぶき）の屋根が荘厳な葬場殿の前には二つの鳥居が建立された。手前の鳥居は高さが約 9 メートルに及んだ。

明治神宮外苑にある青年会館
正しくは日本青年館。1925 年（大正 14 年）竣工。この 5 年前の皇太子（のちの昭和天皇）の令旨（りょうじ）によって、青年の修養道場として建設された（左の平面図では中央左端に位置）。大講堂のほか、集会室や宿泊室（洋室・和室）、食堂、喫茶室、理髪室などを備えた。当時の「宿泊御案内」では「本館は営業旅館ではなく、青年団員のための相互倶楽部」と断っている。

青山御葬場殿　「二枚続」の左半分。青山練兵場は、1912 年（大正元年）9 月 13 日におこなわれた明治天皇の御大喪の会場にもなった。御大喪は夜間におこなわれたため多くのアーク灯やかがり火が用意され、新聞では「光景真昼に異ならず」などと報じられた。

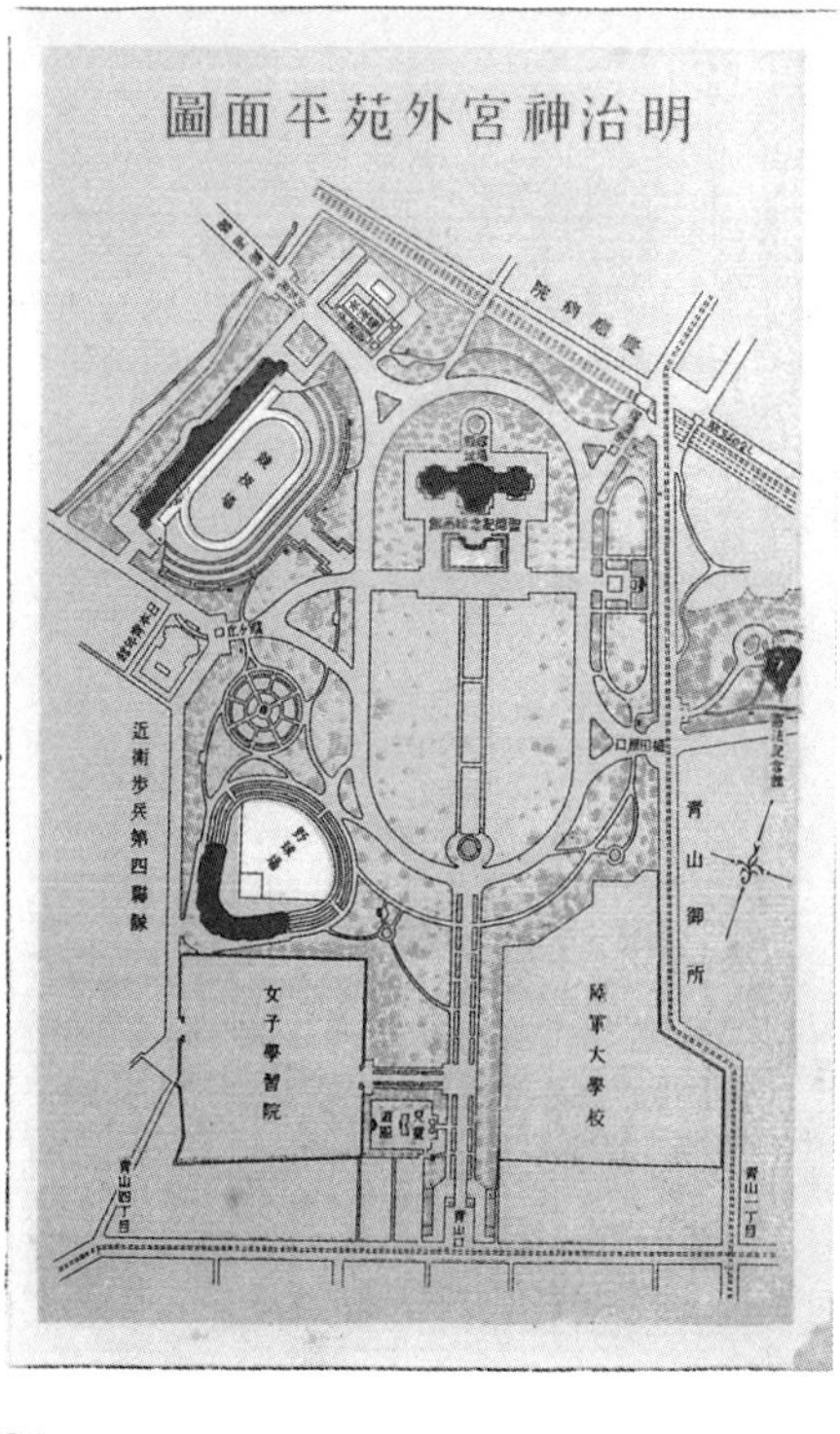

明治神宮外苑平面図　1914 年（大正 3 年）には、旧青山練兵場の敷地を中心とする官有地一帯を明治神宮外苑にすることが決定され、26 年（大正 15 年）に神宮外苑の諸施設、聖徳記念絵画館や野球場など、その全容を現した。

銀座

「銀座・銀座・銀座、夜の銀座、昼の銀座、男も銀座、女も銀座、銀座は日本だ」

これは、安藤更生『銀座細見』（中央公論社、一九七七年）の冒頭の一節である。

同書の初版は一九三一年（昭和六年）の発行で、著者はのちに「この年のベストセラーになる」と振り返った。当時の人々の銀座への関心の高さがうかがえる。

幕末期のころ、銀座は日本橋の繁栄ぶりに比べると場末の雰囲気が漂っていたが、一八七二年（明治五年）の大火ののち、レンガ街となって再興された。明治政府と東京府は、新しい防火対策を打ち出すとともに、開業した鉄道の新橋駅からつなが

銀座街　銀座通りから京橋方面を望んだ光景。左端にキリスト教書店の教文館（この建物は明治末年ごろの完成という）、右に京屋時計店銀座支店の時計塔が見える。この時計塔は1913年（大正２年）まで37年間、時を刻んだ。

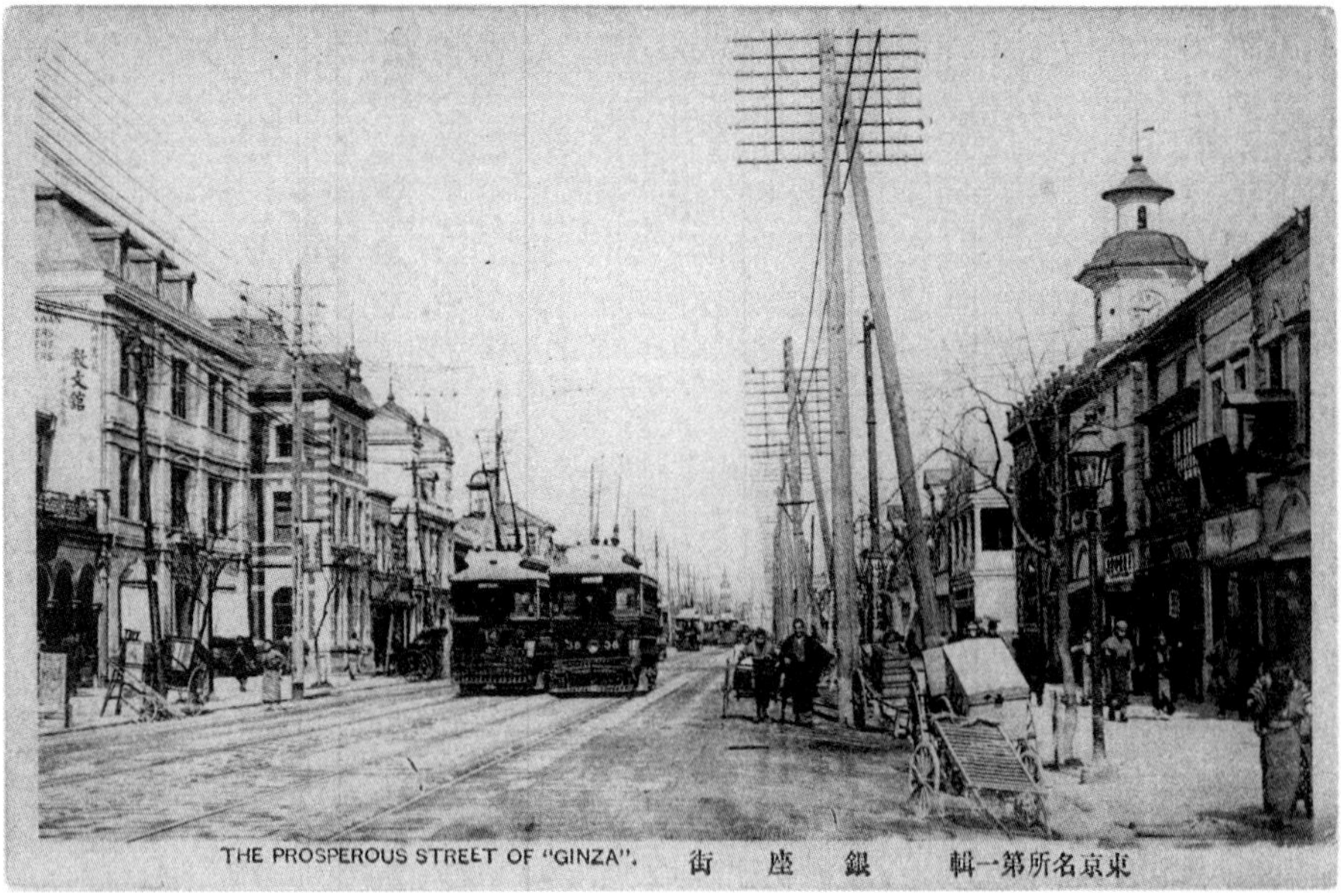

る銀座一帯を近代的な街並みにして発展させようとしたのだ。

レンガ造りの建物は当初、商人や住人には不評だったものの、次第に西洋文化が流入し、新しい繁華街として栄えていくことになる。

例えば、洋服店や西洋雑貨店、洋書店や西洋料理店、時計店などが開業、また、酒類を提供するカフェーと呼ばれる店舗も増えて、夜の顔も見せ始め、日本を代表する繁華街になり、全国には○○銀座を名乗る商店街が続出した。

「情調をそそる昔恋しい銀座の柳」 柳が最初に銀座通りの街路樹として植えられたのは1884、5年（明治17、18年）ごろだという。1929年（昭和4年）にヒットした「東京行進曲」（西条八十作詞）が「昔恋しい銀座の柳」と歌い、これがきっかけとなって改めて植樹された。

銀座通り　京橋から見た銀座通り。左に見える大きな建物は、1925年（大正14年）に開業した松屋呉服店（松屋デパート）。右の大きな建物は15年（大正4年）竣工の大倉組本館。大倉喜八郎率いる大倉財閥の一画を占めていた。

軍人会館

「帝都の中央、宮城の辺り、靖国神社外苑清浄の地に巍然《ぎぜん》として聳立《しょうりつ》せる御城型の大建築」とパンフレットで表現された軍人会館が竣工したのは、一九三四年（昭和九年）のこと。昭和天皇の下賜金や南満州鉄道の寄付などを得て、帝国在郷軍人会が設立した。大講堂をはじめ、結婚式場や宴会場、和洋宿泊室、撞球室（ビリヤード場）などを備えた多目的施設として誕生した。

　その軍人会館が広く注目を集めたのは、完成から二年後の一九三六年（昭和十一年）。二・二六事件が起きたとき、戒厳司令部がここに置かれたのだ。かの

軍人会館正面　公募で小野武雄のデザインが採用され、実施設計は川元良一、設計監督が伊東忠太。洋風の建物に和風の屋根を載せるという、当時流行した帝冠様式の代表的な建築。戦後は長らく九段会館として営業してきたが、2011 年の東日本大震災で死亡者を出し、閉鎖された。

有名な「兵に告ぐ」のラジオ放送もここから発信された。

二・二六事件の二年前には、愛新覚羅《あいしんかくら》溥傑《ふけつ》（清国最後の皇帝で満州国の皇帝となった、愛新覚羅溥儀の弟）と嵯峨浩《ひろ》の結婚式もあった。約四百人が三階大宴会場での披露宴に参列した。伊勢エビ冷製や牛精肉煮込みなど、献立が新聞にも掲載された。

なお、この結婚は当時、政略結婚といわれたが、見合い写真を見て双方が互いに好感を抱いたことが『溥傑自伝』（金若静訳、河出書房新社、一九九五年）で述べられている。

結婚式場　筆者所蔵のパンフレットによると、披露宴では日本料理と西洋料理のコースそれぞれ4種類が用意され、「以上の外（ほか）如何様（いかよう）にもご相談に応じます」と宣伝していた。渡辺みどりの『愛新覚羅浩の生涯』（文藝春秋、1996年）によると、料理は東洋軒（1897年創業）が担当していたという。

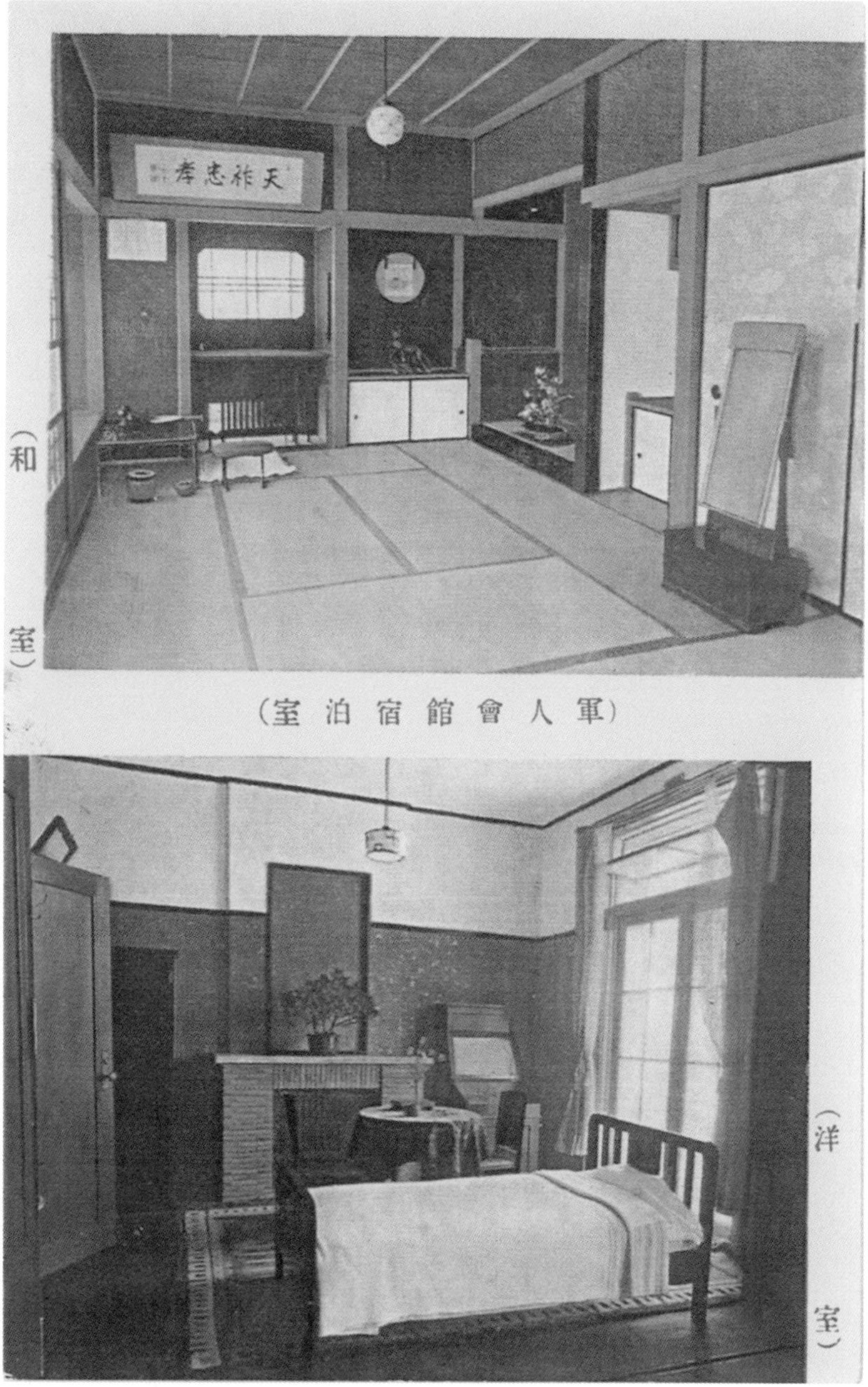

宿泊室　宿泊用の客室は和室46室、洋室7室を数えた。宿泊の利用者は、帝国在郷軍人会の会員、現役軍人、元軍人、満鉄職員、以上の家族、戦病死者の遺族、各種学校生徒および学生などに限定されていた。

首相官邸

初代内閣情報部長を務めた横溝光暉が内閣書記官拝命当時を『戦前の首相官邸』（経済往来社、一九八四年）で回想している。内閣総理大臣官舎は木造西洋風二階建ての伊藤博文時代からの建物で、国会の裏手にあったという。一方、皇居内の宮内省庁舎のなかにも内閣総理大臣官房があった。しかし、関東大震災で宮内省庁舎は大破し、国会裏手の官舎は被害を免れたものの、老朽化が進んだ。そこで、首相官邸の新築となったのだ。

敷地は永田町の鍋島侯爵邸跡地で、一九二九年（昭和四年）に落成した。田中義一首相が天井から下がるガラス飾りを見て「おお、ビードロが下がっちょ

全景　フランク・ロイド・ライト設計の帝国ホテルに似ていることから、「ライト式」と呼ばれた。実際に基本設計を担当したのは、官庁建築を多く手がけた下元連（むらじ）、実施設計は笹倉梅太郎。「中央に高低段差のある敷地をそのまま生かして設計されたので、前から見れば二階建、裏から見れば三階建」（前掲『戦前の首相官邸』）だった。

る」と長州弁で言うと、随員の笑いを誘い、新渡戸稲造博士が玄関正面階段の欄干を見て「横溝君、ホコリのたかるように出来ているね」と声をかけたという。

　落成直前の前年十二月十二日には、出席者二千七百人以上に及ぶ内閣総理大臣大礼奉祝夜会が官邸全体を使用して催された。横溝が回想する。

「この時期が精神的にも物質的にも興隆日本の最盛期であったような気がしてならない」

正面階段　設計者の下元曰く「内部の最もライト思想の濃いのは、玄関ホールのあたりのインテリアですね。あれは笹倉君の脂の乗ったころで、彼がほとんど自分でやりました」（大須賀瑞夫『首相官邸・今昔物語』朝日ソノラマ、1995年）。

総理大臣室　首相の執務室は2階にあった。今日の目から見ると、「「日本の首相の部屋というのはこんなに狭いものか」との感想を抱く人多いという。確かに狭い。わずか68平方メートルの、やや長方形の部屋である」（前掲『首相官邸・今昔物語』）。

閣議室　2階にあった閣議室。二・二六事件の際、決起した兵士たちが首相官邸に乱入、内部の豪華さに驚いたというが、横溝は前掲『戦前の首相官邸』で「インテリアは豪華のものとは思われないが、これらの兵士たちは概ね田舎の人であるから、邸内の状況には目を見張ったに違いない」と述べている。

大食堂　日本でまだ国際会議が珍しかった時代の1930年（昭和5年）9月、第19回国際統計協会会議で、浜口雄幸（おさち）首相主催歓迎晩餐会が催された。また、その5年後の4月には満州国皇帝陛下奉迎晩餐会が開かれ、岡田啓介首相が奉迎の辞を述べた。岡田は二・二六事件では女中部屋に隠れて難を逃れている。

隅田川とその橋梁

かつて大川とも呼ばれた隅田川は江戸時代、すでに名所となっていたが、近代に入っても周辺には浅草、向島、柳橋、両国、浜町などと下町風情を色濃く漂わせる地域が多く残り、さまざまな文学に取り上げられるなどして、一種特有の文化圏を築いた。

そして、隅田川の景観をさらに豊かに彩ったのが数々の橋梁だった。ことに関東大震災以降に誕生した「震災復興橋」は、それぞれ個性ある表情をもち、隅田川は橋の博覧会場といわれた。

その復興橋とは、国の復興局によって架設された相生橋、永代橋、清洲橋、蔵前橋、駒形橋、言問橋の六橋のこと。復興

「我国最初の河岸公園たる隅田公園の展望」
関東大震災後の復興計画で 1931 年(昭和 6 年)に開園した隅田公園。広さは 18 万 9,000 平方メートルに及び、都市計画史や公園史に残る開発となった。震災時に人々が公園に集まって救われたことから、防災の意味でも整備された。

調査協会編『帝都復興史』第二巻（興文堂書院、一九三〇年）は「設計に当っては地質、荷重、交通、外観等凡《あら》ゆる方面に細心周到なる注意を払った」、「当局は先ずその形式に於て斬新奇抜なるものを選んだ」と述べている。

　そのほか両国橋と吾妻橋は東京市が架設、これらに新大橋と厩橋を加えて「十大橋」と呼んだ。また震災後に、日本初の河岸公園といわれる隅田公園も整備、新たな憩いの場所が誕生した。

「工事中ノ永代橋」　前掲『帝都復興史』に「基礎には圧搾空気を応用した鉄筋コンクリートの潜函工法に依って施工された」とあるように、絵はがきでも潜函底の作業の様子が紹介されていた。25カ月ほどの工期で完成したという。

「復興セル永代橋」 1926年（大正15年）12月の完成。設計は復興局の竹中喜忠（原案は同局橋梁課長の田中豊）で、女性的な美しさが感じられた吊り橋の清洲橋とは対照的に、力感ある男性的なアーチ橋に仕上げられた。

忠犬ハチ公像

待ち合わせの場所として知られるJR渋谷駅前の忠犬ハチ公像、それはこんな経緯で誕生した。

一九三二年（昭和七年）十月四日の「東京朝日新聞」が一匹の老いた犬の話を報じた。東京帝国大学の上野英三郎農学博士（農業土木学）に飼われていたハチのことだ。この犬が、博士が七年前に急逝した後も渋谷駅の改札口で博士の帰りを待ち続けているという記事だった。

これがきっかけとなって、忠犬ハチ公の美談は広く知られることになる。ハチ公ブームが起き、銅像設置の機運が高まって、報道の二年後には渋谷駅前

忠犬ハチ公　雄の秋田犬で、野犬に襲われてけがをし、左耳が垂れていたところに特徴があった。存在が知れ渡ると、ハチ公饅頭なども売り出されたという。2014年5月2日付の「朝日新聞」で、初代の原型となった石膏像（高さ24センチ）が都内で発見されたことが報じられた。

での除幕式を迎えた。ハチが死ぬ前年の出来事だ。

そして、ハチが死ぬと、銅像の前は花やお供え物で埋め尽くされたという。また、小学校の修身教科書にもハチは取り上げられ、恩を忘れない忠犬の教えが広まっていった。

やがて、戦時の金属供出で銅像は消滅するものの、人々は忠犬ハチ公を忘れなかった。最初に銅像の制作を担当した安藤照が空襲で亡くなったため、自身もハチをかわいがった安藤の息子の士《たけし》が手がけ、一九四八年（昭和二十三年）に復活した。

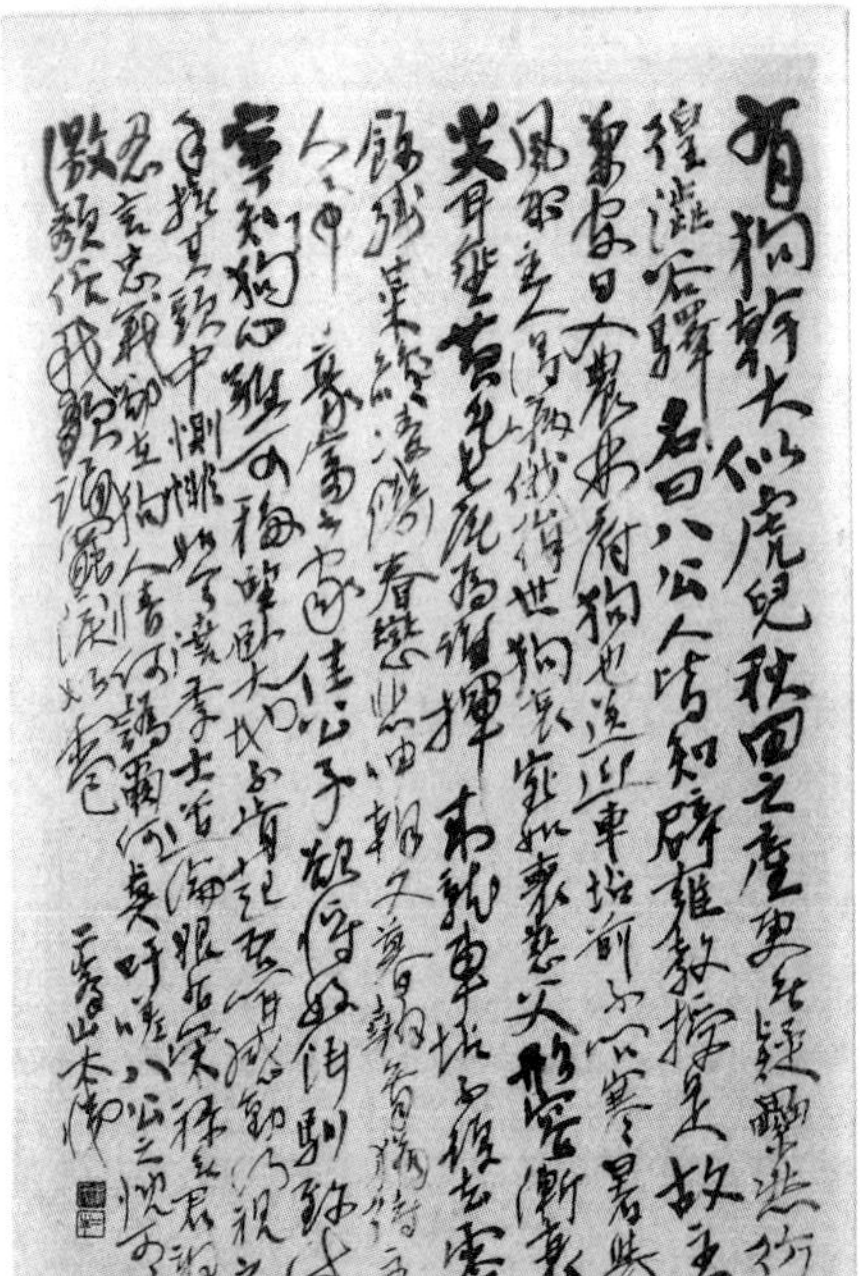

漢詩「忠狗行」 農林大臣を務めたことがある山本悌二郎がハチの忠犬ぶりに感銘を受けて詠んだ。最後に「我歌謡罷涙如雹（この歌を作り、吟じ終わって涙がはらはらと流れた）」と締めくくっている。

忠犬ハチ公像 制作した安藤照は帝国美術院展覧会の審査員。これら3枚の絵はがきは「忠犬ハチ公像建設記念」として、セットで発行されたものだった。2015年3月には、東大農学部キャンパスに新たなハチ公と上野博士の像が設置された。

築地本願寺

一九三四年（昭和九年）六月、日本ではこれまで見られなかった形の寺社建築が姿を現した。築地本願寺だ。

京都・西本願寺の別院として存在していた築地本願寺は、木造の建物が関東大震災で焼失、そこで地震や火災に強い鉄筋鉄骨コンクリート造りのお寺が誕生したのだ。しかも、その意匠がインド風だったから、人々はさらに驚いた（もっとも仏教の発祥地がインドだから不思議ではないのだが）。

設計したのは伊東忠太。彼の代表作に明治神宮（一九二〇年・共同設計）などがあり、寺社建築の第一人者だったが、ア

築地本願寺正面全景　建物の間口（幅）は約87メートル、中央はドームの高さだけで約9メートルになる。また、両翼にはインドでストゥーパ（仏舎利塔）と呼ばれるような塔があしらわれている。左上の切手は、完成の翌年の「満州国皇帝陛下御来訪記念」のもの。右は京橋郵便局の築地本願寺落成法要記念スタンプだろう。

ジア・中近東の調査旅行で独自の建築観をもつようになった。一方、依頼主の大谷光瑞門主もインドの仏跡を訪ねて感銘を受けている。二人の思想が築地本願寺で結実したといえる。

戦時中の空襲の被害をほとんど受けなかったのは、近くに聖路加病院があり、そのおかげとも。同病院は「空に向かって高く十字架を掲げていた。戦災を免れた本堂の〝幸運〟として、この事実を指摘する郷土史家は多い」（読売新聞社編『東京建築懐古録』第二巻、読売新聞社、一九九一年）。

「飛行機上ヨリ見タル築地本願寺」 周囲の建物が密集している様子がよくわかる。奥に見えるのは隅田川。宛名面には昭和12年2月16日付の参拝記念のスタンプが押されている。なお、設計者の伊東忠太は、1943年（昭和18年）に建築界から初の文化勲章を受章、築地本願寺は2014年12月に重要文化財の指定を受けた。

九條武子夫人歌碑　1927年（昭和2年）に発行されてベストセラーとなった歌文集『無憂華（むゆうげ）』（実業之日本社）の作者で、「憂愁の佳人」と呼ばれた九條武子。京都・西本願寺の法主・大谷光尊（こうそん）と側室の大谷藤子の次女であったこともあり、亡くなった7年後の35年（昭和10年）、築地本願寺境内に歌碑が建立された。

帝国ホテル

「主婦之友」一九三六年（昭和十一年）十一月号（主婦之友社）に、作家・吉屋信子の文と宮本三郎の絵で構成された「帝国ホテル細見」が掲載されている。冒頭の一節はこうだ。

「駱駝《らくだ》に乗った商隊《キャラバン》が黄昏到着するにふさわしい、砂漠の城に似た、あの黄《きい》ろい砂岩の大建築。東京の異風建築の一つ。／それは震災直前米人ライト氏の、東洋日本への幻想によって建てられた、この国のグランドホテル」

　フランク・ロイド・ライトが設計した帝国ホテルはのちに、アントニン・レイモンドから「商業主義に侵されずに建てられた世界で唯一のホテル」と評されるが、独特の建築美でまさ

中庭から見た外観　1890 年（明治 23 年）創業の帝国ホテルが 1923 年（大正 12 年）に完成させたライト館（客室数は 270 を数えた）。本館と別館では増加する訪日外客に対応できなくなったため、新館としてライトに設計依頼したものだった。

に「異風建築」となった。完成直後の関東大震災で倒壊しなかったことが伝説をさらに大きくした。

そして吉屋は「東京に住む日本人は、ダンスと食事と宴会と訪問以外に、泊る用のないホテル」と書いたが、逆にいえば、日本人にとっては社交場として大いに利用できる価値ある空間だった。

なかでも演芸場は、震災で多くの劇場が被害を受けた東京にあって多彩な演目が上演され、新しい文化の発信地として大きな役割を果たした。

ロビー　建設にあたっては大谷石やスクラッチ・タイル（すだれレンガ）が多用され、その後、日本の建築にもこれらが多用されるなど、流行を生んだ。1967年（昭和42年）に、安全性の問題と老朽化で取り壊しが始まったが、その際には保存運動も起き、ライト未亡人も来日した。現在の新本館は70年（昭和45年）の完成。

メインダイニング・ルーム　1階ロビーの奥、建物全体の中央に位置していた。帝国ホテルは1920年代にスタッフを海外留学・研修としてフランスやアメリカなどへ派遣し、料理やサービスのさらなる向上を図った。

庭園　ライトは庭園を重視して設計した。「ライトの言に従えば、「庭を建築の本質的な要素として有機的に取り込んだ」」（帝国ホテル編『帝国ホテルの120年』帝国ホテル、2010年）。ヘレン・ケラーが1937年（昭和12年）に来日したとき、中庭で野点を楽しんだ。

宴会場「孔雀の間」 彩色壁画や大谷石の彫刻など孔雀をモチーフに設計された。天井に張り出すような形で描かれた孔雀の壁画は繁岡鑒一（けんいち）の作。約 1,000 人を収容可能な広さで、常設オーケストラによる演奏やダンスパーティーなども催された。

東京駅

東京駅は、上野駅と新橋駅とを結び、東京の、いや日本の鉄道網の一大拠点となるべく計画された。その名称も当初は中央停車場とされ、明治建築界の大御所、辰野金吾に設計が依頼された。

その建設場所は当時、タヌキやキツネが出没する野原だったが、延べ七十五万人（一日当たり約三百人）の職工が投入され（金井彦三郎「東京停車場建築工事報告」、かのう書房編『東京駅の世界』所収、かのう書房、一九八七年）、六年半以上の工期を経て一九一四年（大正三年）十二月に開業した。新聞は「忽然と宮殿が現われた」と報じた。

それはまさに巨大な宮殿だった。長さは実に三百三十メート

外観　竣工当時の姿が復元された現在、懐かしさを感じるのは、むしろ1954年（昭和29年）に戦災後の復興工事が完了したこの姿かもしれない。山崎明雄の『思い出背負って——東京駅・最後の赤帽』（栄光出版社、2001年）によると、最盛期の18年（大正7年）には73人の赤帽を数えたという。

ル以上に及び、北と南に分かれた乗降車口の上部には八角形のドーム型ホールが設けられ、天井の壁には彫刻が施されていた。中央には皇族専用の出入り口や待合室も備えられた。

開業時の駅員は駅長を含めて二百八十三人、一日の乗降客数は入場客も合わせて二万四千七百二人だった（永田博「歴代東京駅長列伝」、前掲『東京駅の世界』所収）。

開業の一年後には、日本で初めての駅舎ホテルも開業、その便利さゆえ、商用客らの利用によって繁盛した。

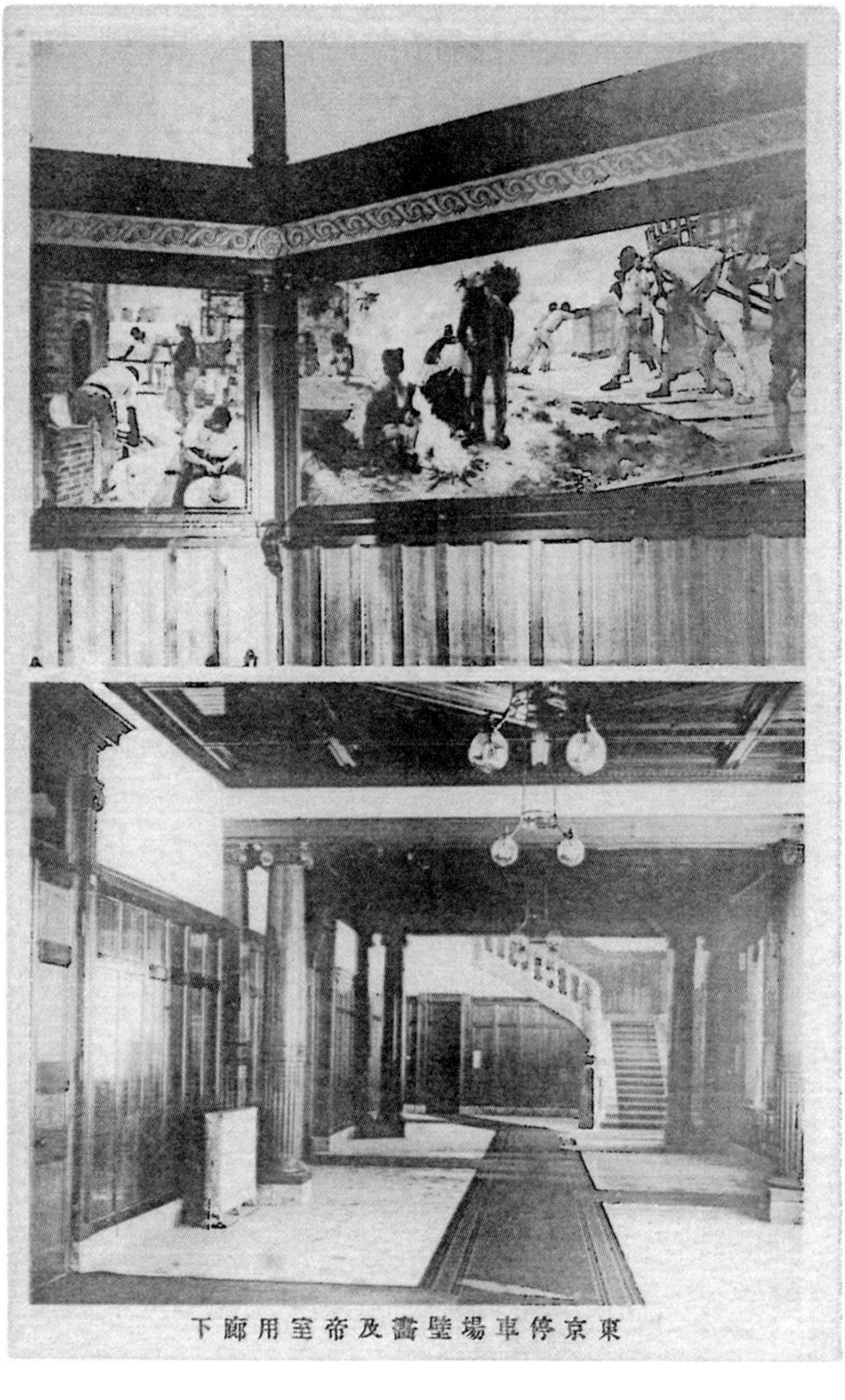

「壁画及帝室用廊下」 壁画は日本を代表する画家、黒田清輝や和田英作が手がけ、庶民の勤労風景を描いたが、空襲で焼失した。皇室専用の空間は最初から構想にあったが、明治天皇の「ステーションのごときは外国式が良い」との一声で、当初の桃山御殿造りの案は取りやめになったといわれている。

貴賓待合室と一等待合室　これらの待合室のほか、二等待合室、三等待合室、一等婦人待合室などがあった。貴賓待合室は駅舎中央に設けられた皇室専用入り口そばに、そのほかの待合室は南側（中央郵便局寄り）の入り口周辺に設けられていた（なお、北側は出口専用）。

東京停車場本屋内
上圖貴賓待合室　下圖一等待合室

ダイニングルーム　駅舎の2階から3階の南半分を占めた東京ステーションホテルの食堂。開業時から1933年(昭和8年)までは精養軒の経営で、その後は鉄道省の直営となり、名称も東京鉄道ホテルとなる。ビーフシチューが名物料理だった。

スイートルーム　東京ステーションホテルはスイートルーム8室を含む72室の規模で開業。大商社・鈴木商店の大番頭を務めた金子直吉が年間契約でスイートルームを借り切り、活動拠点とした。政・財界の要人も訪れ、「さながら政財界のサロンの観を呈した」(石川純祐著、木元滋編『東京ステーションホテル物語』日本ホテル、1990年)。

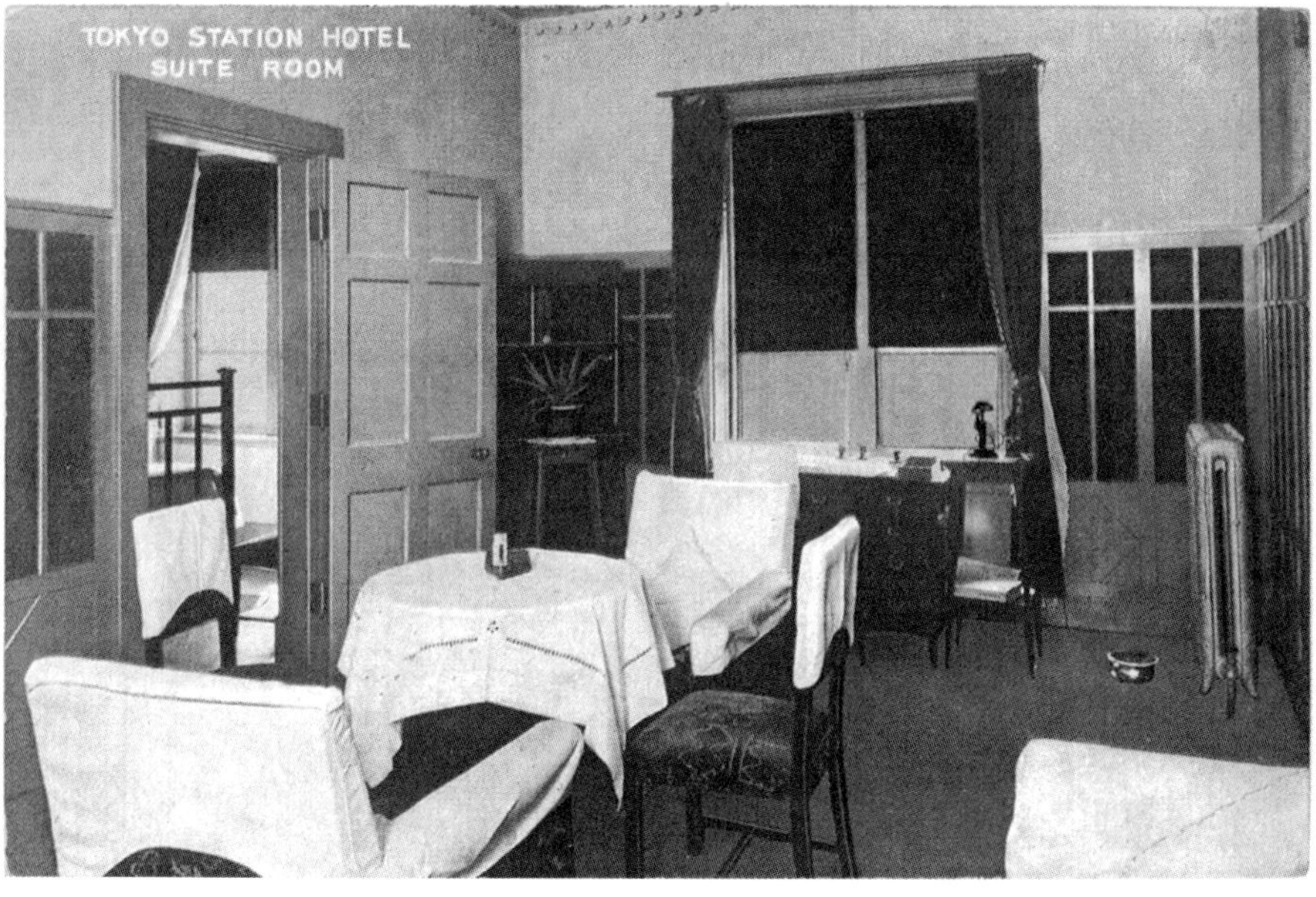

東宮御所（国立国会図書館、迎賓館赤坂離宮）

一九〇九年（明治四十二年）に片山東熊設計の東宮御所が完成した。東宮とは皇太子のことで、皇太子が居住する館として建てられた。ただし、明治天皇の「贅沢すぎる」の一言で、完成直後は東宮御所としての利用は見られなかったと伝えられている。

その贅沢すぎる建物が戦後、国立国会図書館などに利用されたことがあった。一九四八年（昭和二十三年）二月に国立国会図書館法が制定され、同年六月には赤坂離宮（旧東宮御所）内に同館が開設されたのである。豪華なシャンデリアの下で、入館者は蔵書を閲覧することになった（現在地に完成したのはその十三年後のことである）。

赤坂御所　美しく設計された正面鉄柵の前に見物人が佇み、人力車が走る光景。門扉の鉄柵の幅は約160メートル、高さは、飾り金物のいちばん高いところで約9・5メートルに及んでいる。建物の外壁の花崗岩は茨城県産が用いられた。

その後の一九六七年（昭和四十二年）には、赤坂離宮が迎賓館として利用されることが決まり、村野藤吾の設計で改修・修復工事（戦災で損害を受けた部分があった）がおこなわれ、七四年（昭和四十九年）に竣工した。

そして、完成してからちょうど百年後の二〇〇九年（平成二十一年）には、明治以降の近代建築では初めて国宝建造物に指定された。

正面階段　正面左右のコリント式円柱はイタリア産の紫斑紋の大理石。円柱上部の柱頭部飾りには金箔が張られていた。正面奥「旭日の間」は、国会図書館時代には定期刊行物閲覧室になった。図書館時代の初年度閲覧者は月平均8,000人、話題性で日に数十台の観光バスが門前に列をなした（国立国会図書館編『国立国会図書館の30年』国立国会図書館、1978年）。

舞踏室　建物正面に向かって右側にあった。別名「羽衣の間」。国立国会図書館の一般閲覧室は、左側の「花鳥の間」が使用された。国民に奉仕する建前から豪華な空間が惜しげもなく開放された。この空間は当初、舞踏室としての利用が考えられたため、オーケストラ・ボックスが設けられていた。今日、「羽衣の間」は会議場やレセプション会場になるという。

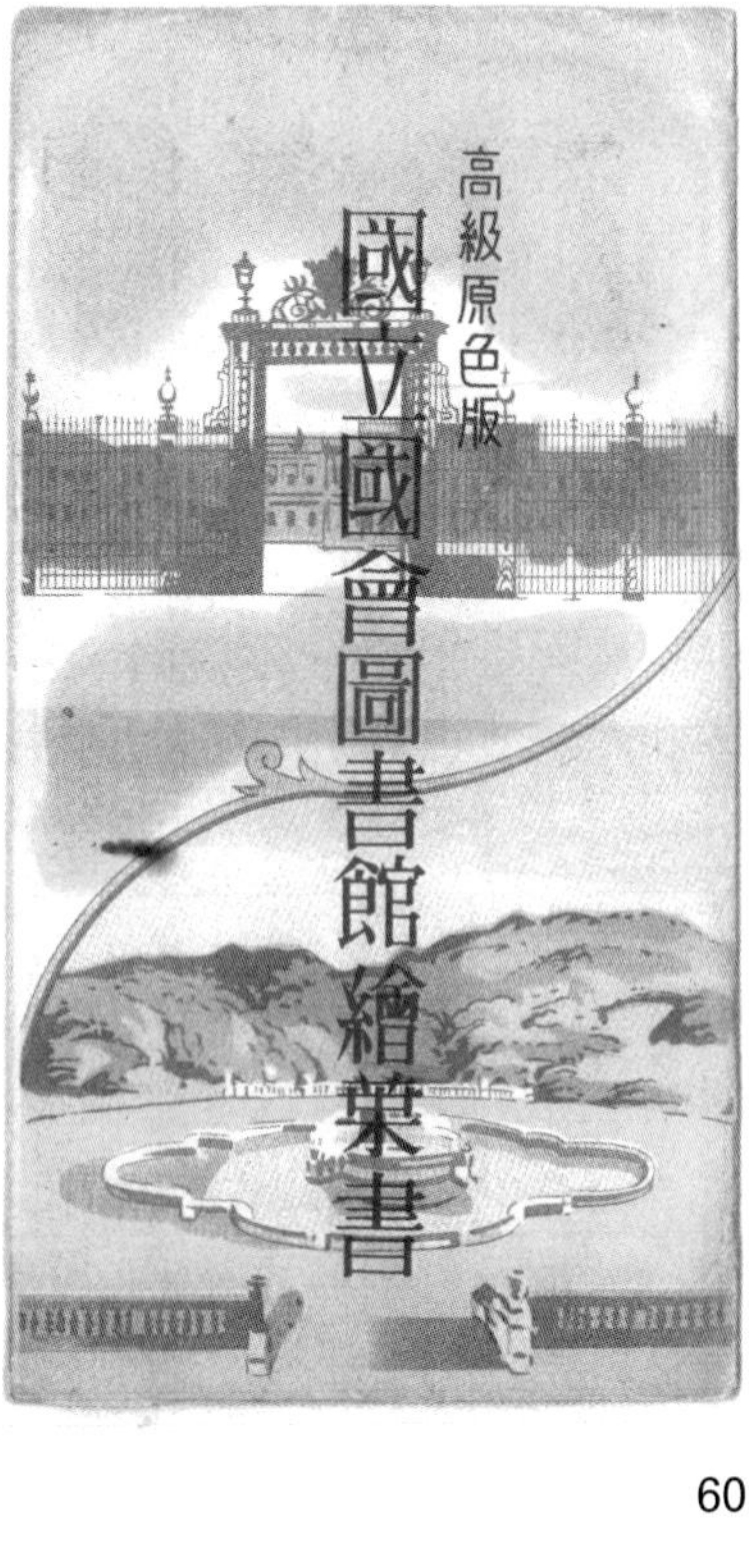

高級原色版 国立国会図書館絵葉書　絵はがきセットを収めた袋の表紙。裏には1955年（昭和30年）11月10日付の拝観記念スタンプが押されている。ここではセットのうち、正面階段と舞踏室を使用した。

ニコライ堂

日本ハリストス正教会東京復活大聖堂、いわゆるニコライ堂は、御茶ノ水界隈の象徴的存在になっているが、現在の姿は創建当時のものではない。関東大震災で大きな被害を受け、建築家の岡田信一郎によって改修された歴史がある。

創建時の設計者はミハイル・シチュールポフとジョサイア・コンドルとされる。一八九一年（明治二十四年）の開堂式には、各国公使をはじめ、政・財界関係者ら三千人以上の人々が参列した。

名前の由来になっているニコライとは、幕末時、函館に来朝した宣教師。東京に伝道の本拠

ニコライ堂外観　創建時の外観。ドームの高さは約35メートル、鐘楼の高さは約38メートル。当初の案では、5つのドームをもつ壮大な構造だったという。基本設計はシチュールポフで、「実施設計はあくまでコンドル独自のものであったと考えてよい」（INAXギャラリー企画委員会企画、鈴木博之／藤森照信監修『鹿鳴館の夢――建築家コンドルと絵師暁英』INAX、1991年）。

を構えたのは一八七二年（明治五年）のことで、日本語と日本文化を学びながら、伝道に勤しんだ。

ところで、現在の教会の資料では「ニコライ堂は日本正教会の中心となる教会であり、ロシア正教会の教会ではありません」となっている。一九七〇年（昭和四十五年）に、母教会であるロシア正教会から自治正教会として自治権が認められたからである。いわば「日本人による、日本人のための教会」。これは「ニコライの悲願であった」（川又一英『ニコライの塔』中央公論社、一九九二年）という。

聖堂内景　改修前の内部。祭壇の高さは7間半（約13.5メートル）、幅は8間半（約15.3メートル）と記されている。関東大震災後、ドーム屋根や鐘楼の部分が改修され、祭壇のこの細密な装飾も簡略化された。建物は1962年（昭和37年）には重要文化財に指定されている。

View of Nicoly Church at Hijiri Bridge
(大東京) 聖橋及御茶の水驛より駿河臺ニコライ堂を望む

「聖橋及御茶の水駅より駿河台ニコライ堂を望む」

右に改装されたニコライ堂、左には1927年（昭和2年）に竣工した山田守設計の美しいアーチ橋の聖橋。聖橋は、ニコライ堂と湯島聖堂を結ぶ橋ということで命名された。なおニコライは、日露戦争時にも離日することはなかった。

日本橋

一九三三年（昭和八年）発行の海野信正『橋づくし川柳巷談』（小木書房）の一節に「今の日本橋は更に交通の中心となって、ゴーストップ〔信号：引用者注〕の変転慌しく、電車、自動車、自転車等々、蟻の通路のようにいそがしい」とある。まさに、この絵はがきの光景を記したような一文である。

江戸時代から殷賑《いんしん》を極めた日本橋とその界隈は、近代に入ってからも東京の中心地であり続けた。一八七三年（明治六年）には、西洋風の木造橋となり、中央を車馬道、左右を人道とした。

しかも平らな構造にして、通行しやすくした。江戸時代は舟の航行を優先して、弧を描くよ

日本橋　さまざまな乗り物や人々が行き交う長さ約49メートルの橋。花崗岩で建設され、青銅作りの獅子と麒麟の彫刻をあしらうなど、日本で初めて西洋風の装飾を施した。中央奥に見える大きな建物は三越。

うに中央に膨らみをもたせた橋が日本橋を含めて多かったのだが、その意味でも先駆けを示した。

現在の石造りの橋に架け替えられたのは一九一一年（明治四十四年）のこと。関東大震災や戦時の空襲にも耐えた。「もうこれからの東京では、再びつくることのできない」（喜多川周之「日本橋の河岸と大通り」、「日本橋」誌刊行委員会編『日本橋』所収、名橋「日本橋」保存会、一九七七年）貴重な橋となった。

渡り初めを経験した夫婦　「建築を誇らん二ほん橋わたり初めには揃う三夫婦」と詠まれたように、木村家の三代夫婦三組が開通式に渡り初めをおこなった。絵はがきは真ん中の世代の夫婦。開通式当日のスタンプが押されている。

慶喜公の揮毫　江戸幕府最後の将軍、徳川慶喜（よしのぶ）の揮毫（きごう）が親柱の橋銘板にあしらわれた。

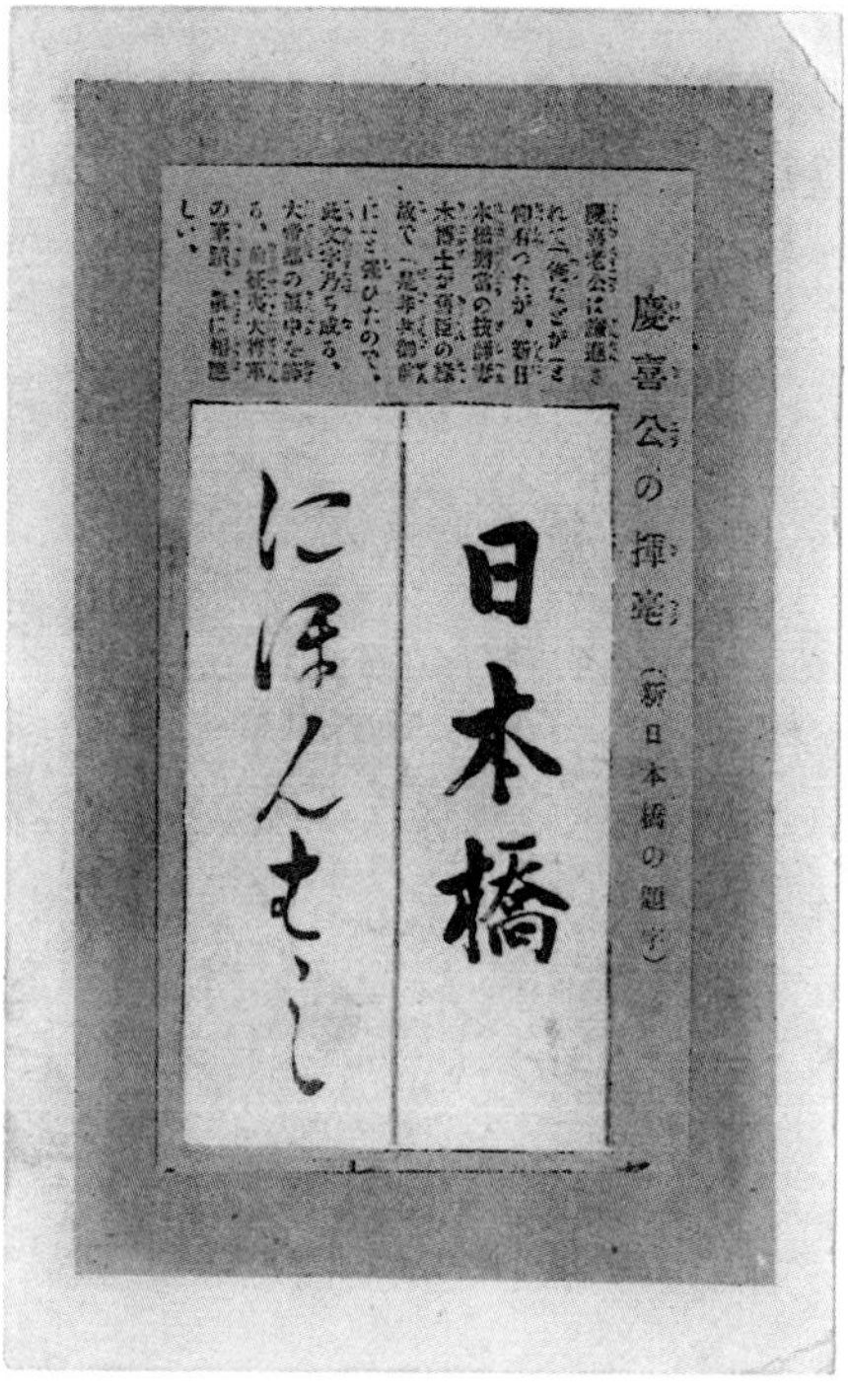

「改築落成ノ日本橋式場ノ光景」 1911年（明治44年）4月3日、神武天皇祭の佳日に盛大に催された開通式。2,000人の来賓が出席した。やじ馬も多く出て、数十人の負傷者が出たという。

日比谷公園

日比谷練兵場を公園にしようという決定がなされたのは、一八八九年（明治二十二年）のことだった。ただし、設計案がなかなかまとまらず、森林研究の本多静六の案で決まり、開園したのが一九〇三年（明治三十六年）である。なぜ、これほど時間を費やしたのか。進士五十八は「日比谷公園の１００年」（「都市公園」二〇〇三年七月号、東京都公園協会）で、「わが国「初の洋風公園」への期待が余りにも大きかったからであろう」と記す。

では、日本初の洋風公園はどのような特色があったのか。東京市が一九三七年（昭和十二

雲形池と鶴の噴水　開園35年記念パンフレットによると、雲形池の意匠はドイツ・ドレスデンの庭園教師マックス・ベルトラムの図案を参考にしたという。鶴の噴水は東京美術学校の制作。北原白秋が「喨喨（りょうりょう）とひとすぢの水吹きいでたり冬の日比谷の鶴のくちばし」と詠んだ。

年）に発行した開園三十五年記念パンフレットには「当時の市民にとっては凡《すべ》て物珍しいもののみであったが殊に洋風大花壇、雲形・心字の両池は新公園の華であって（略）」と記されている。

開園後も、音楽堂や市立図書館、テニスコート、大音楽堂、公会堂などといった施設が増設され、公園の機能と役割は年々増していき、人々は公園を通じて洋風の趣味・生活様式を身につけていった。

国民的行事もたびたび開かれ、「市民の公園に対する関心は一に本園に向けられたかの観があった」（先のパンフレット）。

公園の羊　約5万坪（約16.5ヘクタール）の広さをもつ公園では、入園者を増やそうとしたためか、子熊や猿などさまざまな動物も飼った。羊は1922年（大正11年）に持ち込まれた。35年記念パンフレット発行当時には獣類16種、鳥類143種、魚類35種が飼育されていた。

音楽堂　開園の２年後に設けられた。軍楽隊の演奏が定期的におこなわれ、西洋音楽普及に一役買った。1923 年（大正 12 年）には 6,000 人収容の野外劇場式大音楽堂も完成した。

絵はがきと知識人

鷗外の時代が読み解ける絵はがきの数々

手元に森鷗外記念会編『鷗外をめぐる百枚の葉書』（文京区教育委員会、一九九二年）という文献がある。

同書には、鷗外自身が書き送ったものや、交流があった人々からのはがきが収められていて、鷗外とその時代を知るうえで好個の資料になっている。最初は通常の郵便はがきばかりだが、次第に絵はがきが目立つようになってくる。

例えば、正岡子規が一九〇一年（明治三十四年）に鷗外に送った年賀状には、ハトが封書を口にくわえて飛んでいる絵が描かれている。

鷗外が一九〇四年（明治三十七年）に長男の於菟《おと》に宛てたはがきには、広島県宮島の厳島神社が写し出されている。時代は日露戦争。鷗外が広島の宇品港から出征する前に投函したものだった。

鷗外はその後も於菟や妻の志げ宛てに、兵士を描いた絵はがきを軍事郵便として送っている。その絵柄は、一目見て時代を感じさせる明快さだ。

これらのはがきが仮に通常のものだったらどうだろう。時代の空気がどこまで伝わってくるだろうか。絵はがきは、その絵や写真の内容から多くの情報が読み取れる点が優れていて、まさに時代を映す鏡とここでも改めていえるのではないだろうか。

演出家で劇作家の小山内薫が、当時、新派の俳優として有名だった伊井蓉峯《ようほう》の写真をあしらった絵はがきを鷗外に送れば、蓉峯も自分自身が写っている絵はがきを鷗外に送っている。一九〇五年（明治三十八年）のことで、どちらも伊井が出演して当時大評判となっていた演劇『女夫波《めおとなみ》』を文面で話題にしたものである。

永井荷風は、一九〇八年（明治四十一年）に送った絵はがきにこう記している。

「昨夜は夜陰に参上致し、長坐仕り候段／お許被下度候／帰国以後はオペラも音楽もなく夜は暗いばかりの處、先生が西国藝苑の清／話にそぞろ蘇生の思い致し候、遠からず、再びお目にかかりたく存じ居り候」

荷風は欧米からの帰国後、日本の現状に不満を抱いていた。そんなとき鷗外と面談し、元気を取り戻したことを書いているのである。

荷風が使用した絵はがきには、髭を生や

した男の絵が描かれていて、下には「THE FRYING DUTCHMAN」との説明書きがある。おそらく、これはリヒャルト・ワーグナーのオペラ『さまよえるオランダ人』を描いたものなのだろう。かつて、オペラに関心を抱き、オペラ作家を夢見たこともあったという荷風だが、日本に帰国してからオペラを楽しめなくなって満たされなくなった彼の心が、この絵はがきから読み取れよう。

細菌学者で赤痢菌を発見した志賀潔は一九一二年（明治四十五年）、留学先のドイツ・フランクフルトからツェッペリン飛行船の絵はがきを送っている（図❶―❸）。

「当地郊外ニ於テ毎日飛行船飛翔シ一時間百マルクニテ乗客ヲ乗セ近郊飛行致居リ候」

ドイツではその三年前、世界最初の航空輸送会社、ドイツ航空輸送会社（DELAG＝ドイツ飛行船旅行会社）が設立されていて、飛行船の時代を迎えていた。鷗外は志賀潔の絵はがきから、新しい時代の息吹を感じたことだろう。

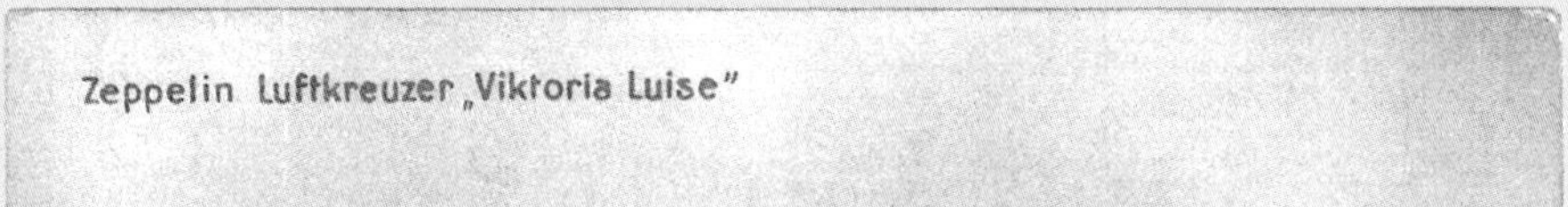

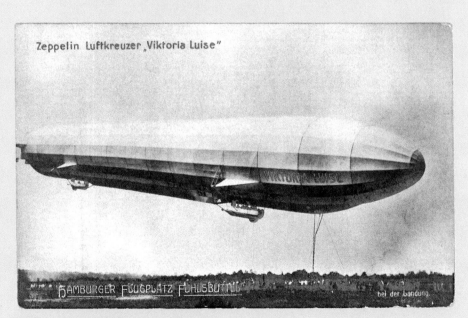

図❶　ツェッペリン飛行船のビクトリア・ルイゼ号。1912年（明治45年）の建造。志賀潔が使用した絵はがきは、その前年に建造されたシュバーベン号のもので、営業的に成功を収めた飛行船だった。

今ゝ日本へ向け出發途上ベルリン上空を通過のツエ伯號

図❷　志賀潔が見たであろう巨大な飛行船を、日本人はその17年後の1929年（昭和4年）に目の当たりにする。グラフ・ツェッペリン号の日本寄港だ。同号は世界一周の途上、東京や横浜の上空を飛んで霞ヶ浦海軍飛行場に停泊した。この絵はがきは、同号が日本に向けて飛び立ち、ベルリン上空を通過している光景である。

図❸　グラフ・ツェッペリン号にドイツから乗船した「大阪毎日新聞」の記者・円地与四松（作家・円地文子の夫）が乗り心地を記している。「サロンにせよ客室にせよヨーロッパで一流と称せられる寝台車の『プルマン』や『ミトロウパ』や『ワーゴン・リイ』に比較して、優るとも決して劣るものでない」（関根伸一郎『飛行船の時代――ツェッペリンのドイツ』丸善、1993年）

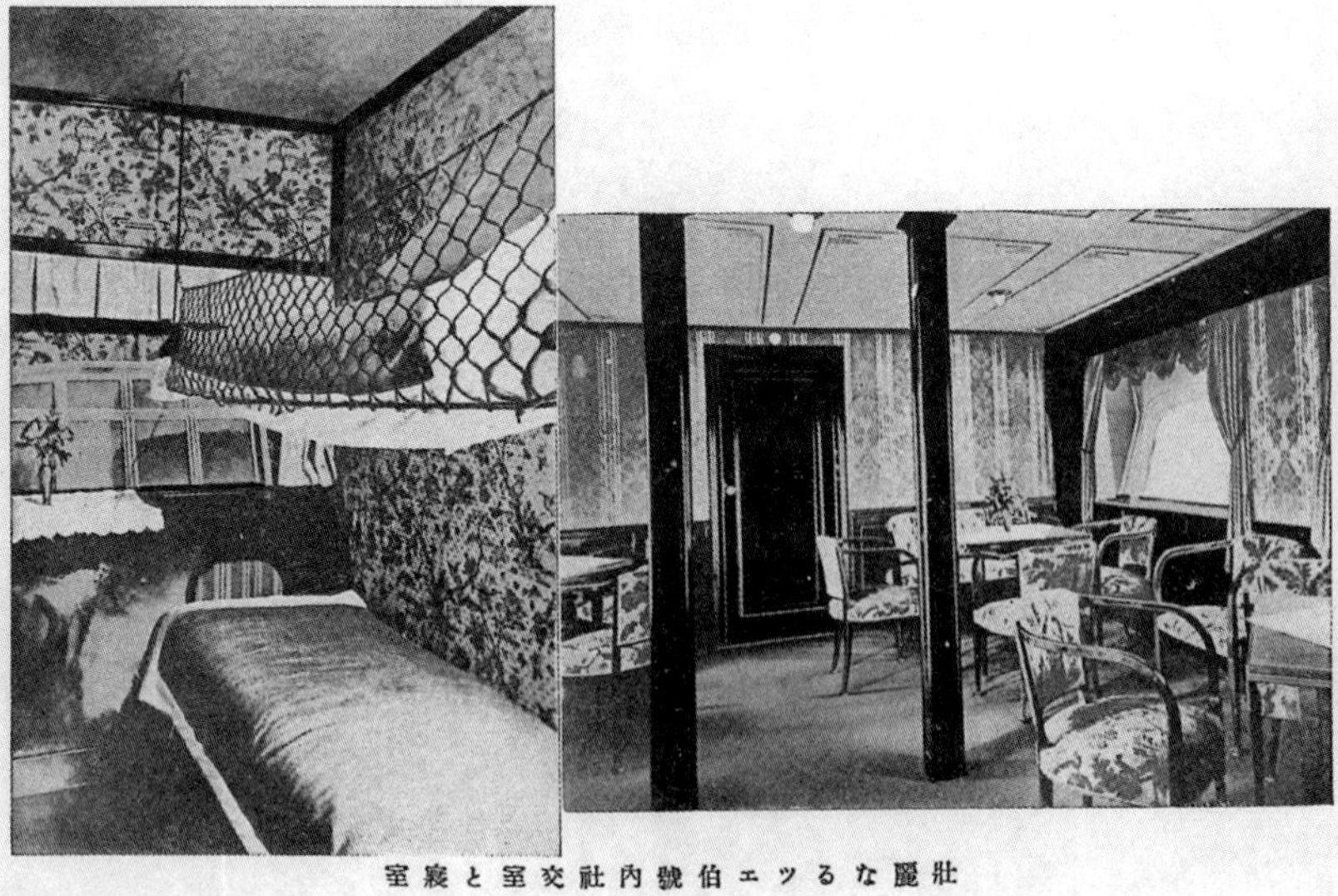

壯麗なるツエ伯號內社交室と寢室

絵はがきからわかる家庭人としての柳田國男

田中正明編『柳田國男の絵葉書——家族にあてた二七〇通』（晶文社、二〇〇五年）は、その書名のとおり、柳田國男が使用した絵はがきを原寸大で収録している。国内篇として百二十六枚、国外篇として百四十四枚を見ることができる（図❹―❻）。

あわせて、生前の柳田と親交があった社会学者・鶴見和子の序文や、柳田の長男の未亡人である柳田冨美子の回想録、編者の解説「柳田國男 旅と絵葉書」が収められていて、私たち読者の理解を深めてくれる。

例えば鶴見は、一九二二年から二四年（大正十一年から十三年）の滞欧期の柳田が精力的に大学や教会、美術館、博物館を歴訪していることにふれている。それ以前、柳田は貴族院書記官長を務めていたが、その職を辞して民俗学創成に向かうことになり、この滞欧期で柳田は一大転機を迎えていたと読み解くのである。

一九二三年（大正十二年）四月六日に送

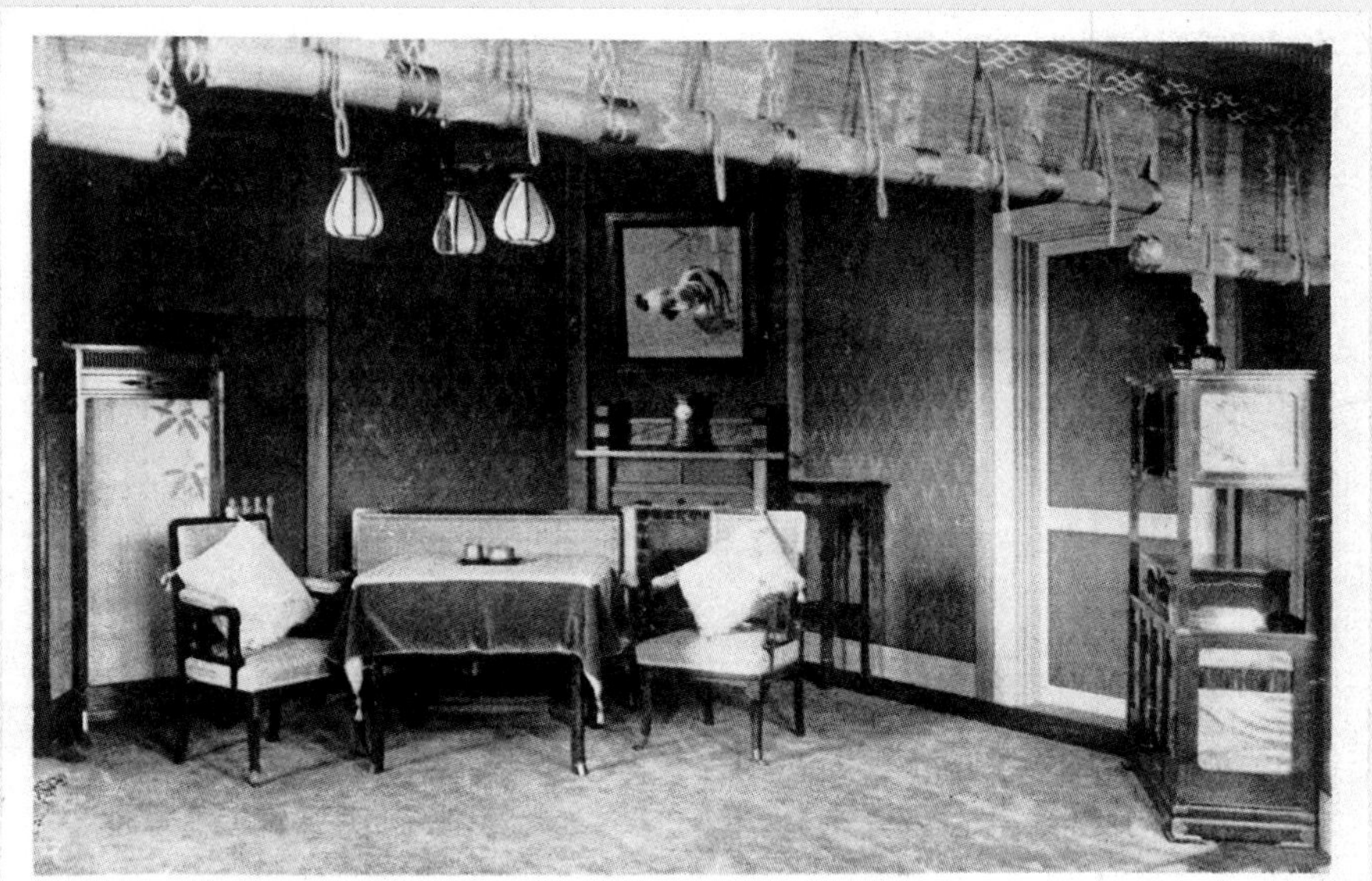

図❹ 1916年（大正5年）、柳田は御大典に続く畝傍（うねび）御親祭随行後、個人で関西を旅行した。そのとき滞在先の奈良ホテルの、これと同様の絵はがきを送っている。「二三日は此宿を根拠にしてあるいてみやうかとおもふ　眺望の良い静かな所にて快適に候」

った絵はがきに、こんな文面がある。
「こんなうつくしい御寺がラベンナにはいくつもある／もう首の骨がいたくなった」
絵柄は、西ローマ帝国の首都だったラベンナにある聖堂の丸天井に描かれたモザイク画。「もう首の骨がいたくなった」というのは、編者・田中の解説によれば、「幾つもの教会堂の壁画や天井画を見上げ、至福の時間を過ごしたのであろう」ということらしい。ほほ笑ましい一枚だ。

一方、柳田冨美子は全体について、こんな解釈を記している。

「ここに印刷された葉書の大半は、若い父親であった頃の柳田國男が、家族に自分の愛情を知ってほしい心と自分の存在に関心を持ってほしい願望の表現であるに違いないと、私は外から柳田家に入った者同士として同じ立場から考えております」

貧しい松岡家に生まれた國男は、判事を務めていた柳田直平の家へ入婿している。そんな立場が國男に多くの絵はがきを送らせたというのである。家庭人としての柳田國男を教えてくれる証言である。

編者は柳田國男が若いころ、絵はがき収

図❺　柳田は1921年（大正10年）、国際連盟統治委員会委員としてアメリカ経由でジュネーブに出向いているが、サンフランシスコまでは春洋丸に乗船、これと同様の絵はがきを送った。活動写真や仮装舞踊などと連日祭りのようで、本を読む暇がないと書いている。

図❻　1922年（大正11年）、柳田はオランダ北部の海岸スヘベニンゲンの絵はがきを送った。これと異なる絵柄だが、砂浜にこんな椅子が多く見られた。これはドイツ北部で考案されたようで、シュトラントコルプ（strandkorb：直訳で砂浜のカゴの意）という風除け椅子のこと。宛名面で、日本人が鎌倉あたりで使用したら、ハイカラ紳士やおしゃれ婦人の間で人気が出るだろう、と記している。

集の趣味があったことにふれている。彼が三十一歳のときに雑誌「ハガキ文学」（日本葉書会）に寄稿した一文が引用されている。

「自分は四五年《しごねん》以来人真似に絵葉書をためて居ますが、僅《わずか》の年月の間にも妙に嗜好が変って行きます。此頃は頻《しきり》に塔の絵葉書が欲しくなりました」

その後、収集はやめてしまったそうだが、絵はがきに対する関心は失っていなかったのだろう。編者はこう記している。

「もう一度、使用されている絵葉書の絵柄や図柄を見ていただきたい。旅先で気に入った絵葉書を一枚一枚買い求めている姿と、求めた絵葉書を誰彼に振り分け、旅の便りをしたためている柳田の姿が彷彿とさせられ、繊細な心遣いが床しく思われるのは編者だけであろうか」

確かに、長男・為正に送った一枚には、人形を取り上げて小さな妹を泣かす兄の絵がかわいらしく描かれたものがあり、「この辺にはこんなわるい子どももたまにはゐる　ウヰン〔ウィーンのこと：引用者注〕にて　おとうさん」と書き送っている。

絵はがきに興味をもって、家族に送り続けた柳田國男。同書もまた、彼の足跡をたどるうえで貴重な資料になっている。

考現学者の絵はがき通信は三百七十余通

柳田國男と一緒に全国の民家を探訪・調査したことがある今和次郎《こんわじろう》に関しても、絵はがきにまつわる文献が残されている。荻原正三編『欧州紳士淑女以外——絵葉書通信 今和次郎見聞野帖』（柏書房、一九九〇年）である。

建築学者で考現学者でもある今は、新婚早々の一九三〇年（昭和五年）、十カ月間にわたって初めてのヨーロッパ見聞旅行に出かけていて、その間に三百七十余通の絵はがきを妻とし子に送っている。編者は「アルバムにして知人にも見てもらうように、という伝言が書かれている」と指摘し、「帰国後に先生ご自身で順番に整理しノート三冊に清書していることなどからみて、私信の形ではあるが、機会をみて一般に公開したい考えだったものと推察され」、そ

図❼　今和次郎は「こんなに大きなホテルになると、ホテルらしい気がしません。間借りの気分になります。室掛り、会計係、郵便、電気係り、見物案内係、タバコ新聞部、洗濯部等々は一つずつの商店かのように、エレベーターの周囲に列なっています」と記している。開業は1927年（昭和2年）。

れで刊行が可能になったのだという。

では、どのような内容なのかというと、一種の旅行記といってもいいかもしれない。考現学とは、現代の社会現象を研究し、現代とは何かということを見いだす学問だから、ありとあらゆるものが見学の対象になる。そのため、記述が広範囲にわたっていても不思議ではないわけだ。

例えば、ロンドン滞在中にテームズ川の絵はがきを使用して、「この絵の左の方の木かげのティーハウスでお茶を飲みましたが、アイスクリームの甘かったことったらありませんでした」と、アイスクリームの感想まで述べている。

また、資料集めも怠りなかった。「巴里ではあふれる位たまりました」とか、大聖堂で有名なシャルトルに行ったときは「お寺の周囲はぐるりと写真やおみやげ店で、絵はがきは随分豊富にあり、そのうちから選んで百枚位買いました」などと、幾度か絵はがきを購入したことを書いている。

なお、書名には「欧州」とあるが、往路ではアジア諸国を、復路ではアメリカを訪ねていて、それぞれの地で印象に残ったことも記している。

ここでは、彼がそのとき使用したものと同じ絵柄の絵はがきを筆者も所蔵しているので、それを掲げてみた。シカゴのスティーブンス・ホテルである(図❼)。「世界第一の大ホテルに泊まりました。室数三千で一つの建物に合計五千人もいる計算になります。一階毎に事務所があって管理しています。地階は丁度丸ビルのガラリーのように商店が賑やかです」

残された絵はがきから伝わってくる兄妹の愛情

異国の地の風景を人に知らせるとき、絵はがきほど便利なものはないだろう。文章で説明すると、数十字数百字を要するものでも、一枚の絵はがきを送れば、事足りるからである。

日本に長年暮らす外国人が故国の家族に大量の絵はがきを送って、自分が愛する日本を理解してもらおうとした。ポルトガル人の作家ヴェンセスラウ・デ・モラエスである。

モラエスは、日本に移住してきた翌年の一八九九年(明治三十二年)から神戸・大阪ポルトガル領事を務めた後、一九一三年(大正二年)から二九年(昭和四年)の間、七十五歳で亡くなるまで徳島で隠遁生活を送りながら、文筆活動に勤しんだ。そして、妹のフランシスカに絵はがきを送り続けた。

その絵はがき六百三通(そのほか普通はがきが六通)が徳島市コレクションとして保存され、『モラエスの絵葉書書簡——日本発、ポルトガルの妹へ』(岡村多希子訳、彩流社、一九九四年)に収められている(図❽)。一九一〇年(明治四十三年)から二九年(昭和四年)までに送ったもので、平均すると一年当たり三十通の計算になる。

このほか封書も送っていて、モラエスの筆まめぶりがうかがえる。最初の文面に「今ではお前の一冊目のアルバムはほとんどいっぱいに違いない」とあるので、一九一〇年以前にもかなりの枚数の絵はがきを送っていたようだ。

訳者解説によると、一九〇三年(明治三十六年)から〇九年(明治四十二年)の間にも八十六通の絵はがきがあったようだが、ただ、それはモラエスが単なる筆まめだったというだけではなかった。再び解説によると、妹からも絵はがきが送られていて、互いの趣味、絵はがきコレクションを充実させるために送り合っていたのである。

モラエスが一九一七年(大正六年)に書き送った絵はがきに、こんな文面がある。「四月二一日付の葉書落手。お前が送ってくれたすべての葉書のなかでいちばん興味深いものの一枚だ」

その絵はがきの図柄は、ポルトガル北部の潟湖の町、ヴィアナ・ド・カステロのホンダワラ(海藻の一種)採取の光景である。

また、絵はがきを送り合う目的には、当然ながら、遠く離れて暮らす兄と妹が互いの安否を確かめることもあった。一九一三年(大正二年)の八月、モラエスが「お前から便りがない。また神経症かい」と書いて送り、その三日後にも「お前からの便りがおくれている。もし調子が悪いのなら、僕に返事を書くよう誰かにお頼みよ、案じているのだから」と心配の絵はがきを送っている。

絵はがきの収集趣味を通じて交わされる兄妹の情愛。百年前の風景も手伝って、温かく伝わってくるようだ。

図❽　モラエスが1912年（明治45年）に送ったのと同じ絵柄の絵はがき。和歌山県和歌浦のこの観光エレベーターを利用した彼は「この写真から想像できるように、エレベーターはこわい」と書き送っている。10年(明治43年)に旅館・望海楼が設置したものだが、完成の6年後に撤去されたという。

都市の近代

札幌市

江戸時代、蝦夷《えぞ》地と呼ばれたところが蝦夷地探検の第一人者、松浦武四郎によって北海道と命名されたのは一八六九年（明治二年）のこと。その二年後、原野に等しかった札幌（アイヌ語で広大な乾いた大地を意味するサトポロに由来）に開拓使庁が置かれ、北海道の開発が本格化する。松浦は、札幌が北海道の中心地としてふさわしいと判断していたという。開拓使はアメリカから農政家や技術者を招聘して、その指導を受けた。

これ以降、札幌は、碁盤目状に区画整理がおこなわれて、全く新しい都市として建設されていく。

明治初期の動きを列記すると――一八七五年（明治八年）に

北海道庁　1888年（明治21年）に完成。日本人の設計による本格的なレンガ建築の最初期のものだ。1909年（明治42年）に火災が起きて内部と天井部分を焼失したが、外壁を生かし、引き続き北海道庁として利用した。68年（昭和43年）、北海道開道100周年を記念して創建時の姿に復元された。

は札幌近郊の琴似に、開拓と防備を担う最初の屯田兵が入植、七六年（明治九年）には札幌学校が改組され札幌農学校が開校、同年に開拓使札幌麦酒が開業、八一年（明治十四年）には明治天皇の行幸が実現――これらの動きを経て開発にいよいよ拍車が掛かっていった。

ただし、北海道への移住民が定着し、順調に増加していくのは一八九〇年代（明治二十年代）以降のことだった。

豊平館　明治天皇行幸の際の行在所として計画され、開拓使が建てた。1880年（明治13年）に完成。89年（明治22年）には大日本帝国憲法発布記念式典がおこなわれるなど、ホテルや宴会場として、また重要な式典の会場として利用された。1922年（大正11年）にはアルベルト・アインシュタイン博士が宿泊した。

時計台　札幌農学校演武場（兵学訓練の場）として1878年（明治11年）に竣工。時計塔は3年後に増設された。この絵はがきを使用した人物は知人に宛てて、「私は毎日この下を通学して居ります。何となくおくゆかしい感じがします」と記している。

「殷賑の街、狸小路」　狸小路は有名な繁華街だが、脇哲編著『物語・薄野百年史』（すすきのタイムス社、1970年）に、その起源が記されている。1873、4年（明治6、7年）ごろ、松本代吉という人物が南三条西二丁目に東座を建てると、居酒屋ができ、白首が見られた。白首とは私娼のことだが、狸をも意味したため、その辺一帯が狸小路になったという。

札幌グランドホテル　1934年（昭和9年）12月に開業。この絵はがきは、開業直後、年賀状として利用されたもの。内地から来る人々を安心して迎えられる近代的なホテルが次第に望まれるようになり、この6年前に来道した秩父宮の提言もあって建設された。

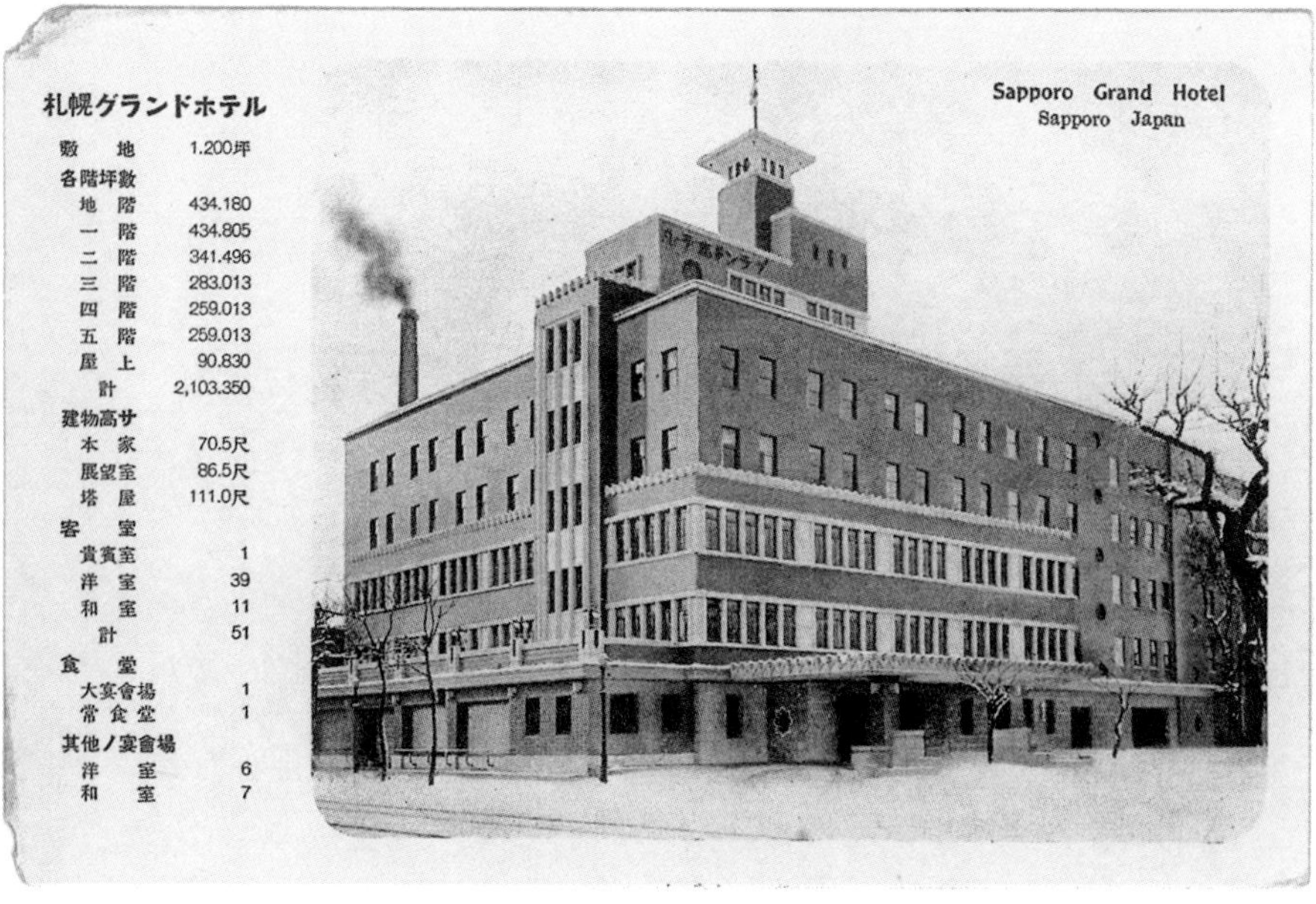

小樽市

かつてアイヌ語でオタルナイと呼ばれた小樽。一八八〇年（明治十三年）に北海道で初めて、全国でも三番目の鉄道、官営幌内鉄道が札幌と小樽（手宮）の間に開通、二年後には札幌の北東の幌内まで全通し、石狩炭田の石炭積み出しの拠点となって活気を帯び始める。

また、港湾の大規模な開発・埋め立て、その後に進められた石造り倉庫群の建設、一九二三年（大正十二年）に完成する長さ約千三百メートルの運河の掘削といった工事の数々もおこなわれた。これらを経て、貿易港としての姿を次第に整えていく。

その際活躍したのが小樽築港事務所長の広井勇《いさみ》。小樽再生フ

「港…小樽」「海のオアシス小樽の港に集い来る汽船に石炭を積む高架桟橋と貯炭場の俯瞰」と説明。手前に大きく広がる貯炭場が見える。石炭積み出し港としての新しい役割を小樽に与えた幌内鉄道は、お雇い外国人ジョセフ・クロフォード主導のもとに建設された。

ォーラム編『小樽の建築探訪』（北海道新聞社、一九九五年）によると、海中でのコンクリートの長期耐久性を研究して防波堤を設計、十数年がかりの難工事を完遂させた。

さらに小樽は、中国や朝鮮など大陸への連絡港となることでも経済発展が促され、商都としての顔ももつようになった。

こうした繁栄を象徴する存在が日本銀行や日本郵船の小樽支店などである。銀行や企業の重厚な建物が街の景観を形づくっていった。

「颯爽と立つ近代建築の巨躰、日本銀行小樽支店」 1912年（明治45年）竣工。東京本店、大阪支店に次ぐ建設費が投じられたという。設計者には辰野金吾、長野宇平治、岡田信一郎という著名な建築家3人の名が挙げられている。構造はレンガ造りだが、外壁にモルタルを塗って石造りに見せた。

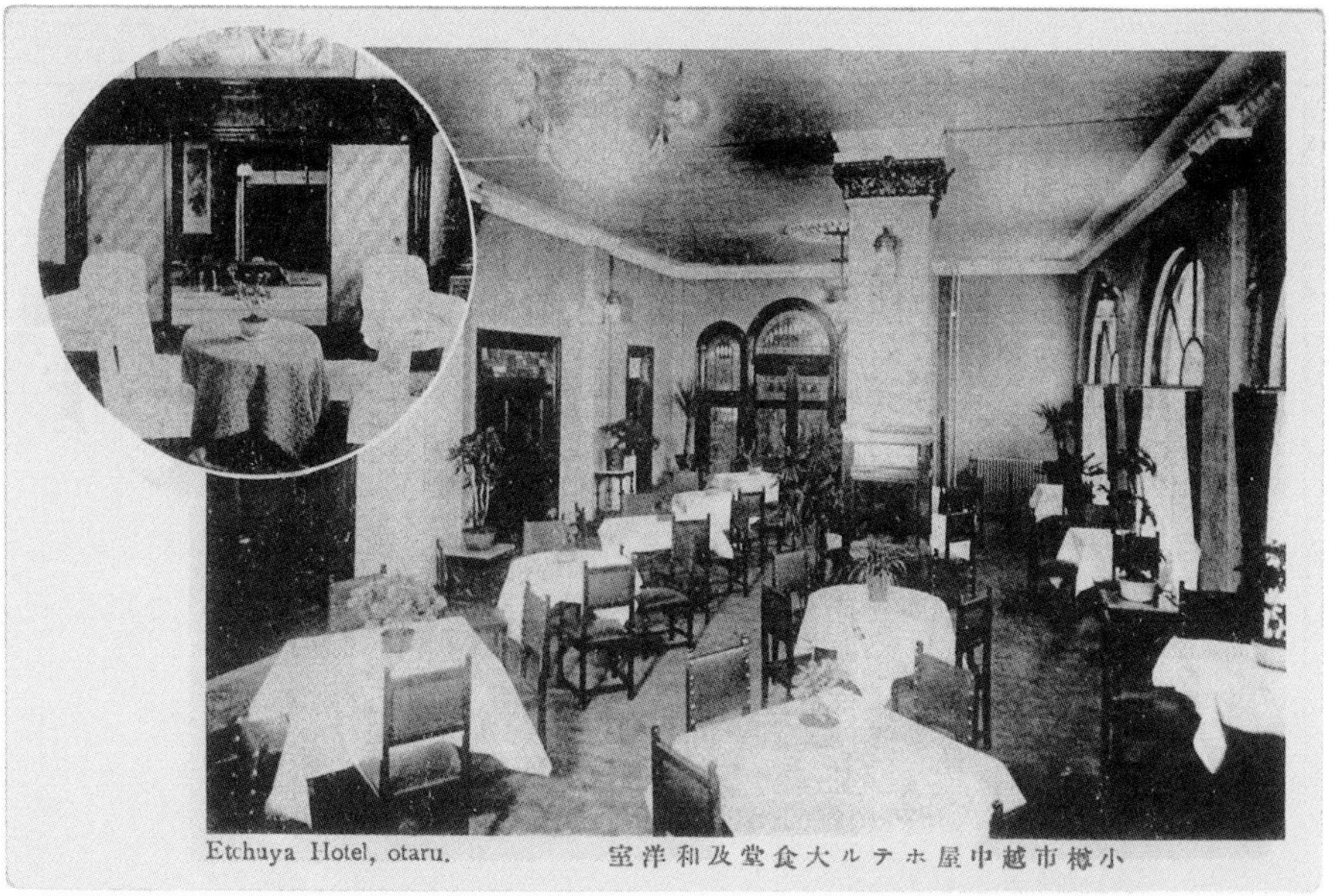
Etchuya Hotel, otaru.
小樽市越中屋ホテル大食堂及和洋室

「大小樽市の中央玄関小樽駅の全景」 1934年（昭和9年）の竣工。当初、小樽駅は函館と結ぶ北海道鉄道の駅として03年(明治36年)に開業した(全通はその翌年)。この絵はがきの建物は、2年前に完成した上野駅に似ていると評判になった。上野駅は小樽駅のほか、各地の駅舎の設計にも影響を与えたようだ。

越中屋ホテル大食堂と和洋室 1931年（昭和6年）に3階建ての規模で開業した。最初は明治期に旅館として開業したようだが、同年に海港博覧会が開催されていて、関係者や入場者の利用も見込んで装いも新たにしたのだろう。大食堂の入り口はステンドグラスで彩られていた。

THE GREAT SCENES OF THE OTARU HARBOR WHICH IT IS
THE PROSPEROUS COMMERCIAL CITY. (ACTUALLY OTARU)
大小樽市の中央玄関小樽驛の全景
(商港の小樽)

「オタモヰ下リ口ヨリ龍宮閣ヲ望ム」 前掲『小樽の建築探訪』によると、市内で寿司店を経営していた加藤秋太郎が断崖絶壁のオタモイ海岸に1933年（昭和8年）から翌年にかけて、この龍宮閣（料亭・宴会場）を建設、遊園地も増設した。ここは市の中心部の西に位置し、夕日が美しい場所として知られた。

函館市

幕末期、日本を開国させたアメリカのペリー提督は箱館（当時）を訪れ、「すべての日本の町と同じく非常に清潔で、街路は排水に適するように作られ」と記した（M・C・ペリー著、F・L・ホークス編纂『ペリー提督日本遠征記』下、宮崎壽子監訳、KADOKAWA、二〇一四年）。

　その函館は日米和親条約を受けて、一八五五年（安政二年）に薪や水、食料補給に限って開港、その後、北方警備の本営として五稜郭の築城などがおこなわれ、四年後には各国との貿易を可能にする開港場となった。

　そして、さまざまな西洋文化が流入、北海道での政治の中心地は札幌になったものの、経済上の優位は保たれ、北海道の玄

五稜郭の氷切り　明治初期、中川嘉兵衛が五稜郭の外濠から天然氷の切り出しに成功した。東京で屠牛場を開設した関係で肉の保存に氷の利用を考えていたのだが、この氷を東京で販売すると評判になり、「函館氷」とか「五稜郭氷」と呼ばれた。1872年（明治5年）の移出量が1,000トンにのぼったという記録もある。

関都市としての整備が進んだ。一八八九年（明治二十二年）には横浜に次いで全国で二番目の上水道が敷設されたほか、さまざまな近代的施設・文化が北海道初の栄誉に浴した。銀行や新聞、公園、市電などがいち早く誕生し、新しい市民生活を提供した。

そういう文化発展が背景にあったからだろう、一九三五年（昭和十年）ごろまで、函館の人口は道内一位の地位を守り続けたのである。

「朔北最も枢要の函館停車場の偉観」 1914年（大正3年）に新築なった函館駅。この駅舎は38年（昭和13年）の火災で焼失した。なお、函館駅は小樽までの路線建設で計画され、創業は02年（明治35年）。その2年後に小樽まで全通した。

青函連絡船　1873 年（明治 6 年）、開拓使によって青函航路が開設されたのが端緒。この絵はがきには、翔鳳丸、飛鸞（ひらん）丸、津軽丸、松前丸（写真）の 4 隻の連絡船の名が挙げられている。これらはいずれも 1924 年（大正 13 年）に就航したもの。船内には「無線電信局、食堂、喫煙室、寝台等あって、この種の船では世界第一の大船」との説明がある。

「修羅の巷を避れて青森駅に着た避難民」
1934 年（昭和 9 年）3 月 21 日、市内の戸数の 6 割近くが焼ける大火が発生した。大被害をもたらした原因は強風だったという。この絵はがきによって、青森まで逃れてきた人々の存在を知り、驚かされる。

五稜郭旧役所　もとは徳川幕府の箱館奉行所だったが、1868 年（明治元年）10 月、榎本武揚（たけあき）が率いる軍によって蝦夷島共和国の拠城となり、翌年 5 月、榎本が降伏すると、箱館府庁となった。この写真は、明治元年冬にフランス軍が撮影したものという説明があり、古写真を 1939 年（昭和 14 年）に絵はがきに仕立てたようだ。

仙台市

江戸時代に仙台藩伊達家の城下町として発展した仙台は、明治時代になると、「近代的工業においては後進的であり、（略）金融・商業・運輸などの側面を主力とする中枢都市として発展した」という（『仙台市史 通史編6 近代1』仙台市史編さん委員会編、仙台市、二〇〇八年）。東北地方全体が大規模な工業地帯として位置づけられることがなかった時代、仙台もまた、多くの人口を擁していたとはいえ、落ち着いた佇まいにあったのだ。

そんな仙台の特質を三つの言葉で表すことができた。「杜の都」「学都」「軍都」である。

工業が発展しないかわりに、屋敷林や庭園が守られ、植樹も

「旧城下の面影を偲ぶ。芭蕉の辻」 芭蕉の辻とは、仙台城大手門から東に伸びる大町と、奥州街道の交差点。城下の中心で、交通の要衝でもある。絵はがきに見るように、城郭を思わせるような豪壮な建物が残っていた。この建物には「安田生命」の文字が見える。

盛んにおこなわれた。それで「杜の都」の呼称が生まれた。多くの高等教育機関が誕生することで「学都」と称された。その中核が一九〇七年（明治四十年）に設立された東北帝国大学である。東京、京都に次ぐ帝国大学の誕生だ。

「軍都」とは、仙台鎮台が一八八六年（明治十九年）から第二師団と改称され、軍事的拠点の役割が大きくなることで、そう呼ばれるようになった。

東北帝国大学正門　設立が決定した当初、校舎がなかったため、札幌農学校で農科大学の開校式がおこなわれた。校舎はその2年後に完成した。1913年（大正2年）には帝国大学で初めて女子学生3人を受け入れて、大きな話題になった。

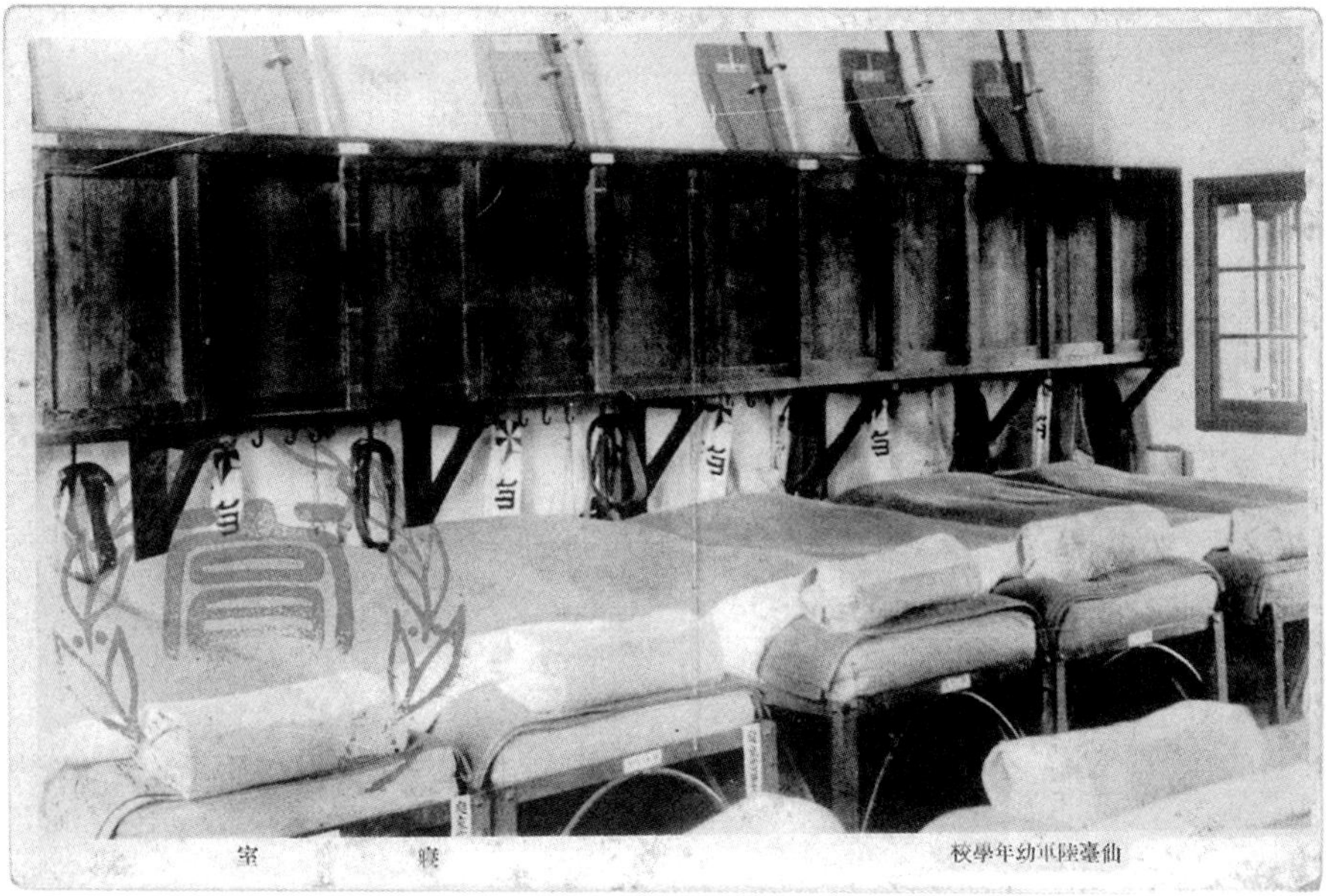

仙台陸軍幼年学校寝室　1897 年（明治 30 年）の設立。陸軍幼年学校は陸軍士官の養成機関で、日清戦争後、東京や仙台のほか、計 6 都市に設けられた。「教育期間は三年、語学と普通学に教育の重点を置き、軍事学や訓練などの軍事教育のウェートはそれほど大きくはな」（戸部良一『逆説の軍隊』中央公論社、1998 年）かったという。

繁華街の中心大町五丁目　江戸時代、大町は呉服・太物の店が集まっていたという。「大町は商店街の伝統を保」（仙台市史編さん委員会編『仙台市史 通史編7 近代2』仙台市、2009年）ちながら、発展していった。右には太物商として創業した藤崎呉服店の西洋建築が見える。

仙台ホテル　1850年（嘉永3年）、12代大泉勘右衛門が父祖伝来の酒造業をやめ、国分町で旅籠（はたご）業を始めた。96年（明治29年）には仙台駅前に進出、仙台ホテルを開業する。その間、仙台駅構内で弁当立ち売り営業の許可を得たほか、のちに東北本線で列車食堂の経営にも乗り出す。

横浜市

幕末の開港時、横浜は寒村にすぎなかったが、居留地が設定されて、ジャーディン・マセソン商会（英一番館）を筆頭に多くの外国商人が進出、また日本側も生糸などの輸出で貿易を活発化させ、横浜は全国随一の貿易港となる。

また、物資の交易にとどまらず、遠洋海外定期航路も開かれ、多くの客船が発着した。一八九六年（明治二十九年）に欧州航路第一船の土佐丸が横浜を出航、これを機に欧米に向けて航路が開かれたことで、ほかの港に比べて優位に立った。

そうした活気あふれるなかで、新しい産業や文化が数多く芽生えた。明治中期に幾度か日本を訪れ、ワシントンへ桜の移

横浜桟橋 1894年（明治27年）、長さが約450メートルの桟橋が完成、その後、拡張工事がおこなわれ、上屋も建設され、絵はがきに見られる大桟橋が1913年（大正2年）に完成した。左に見える上屋には、貨物置場や待合室、食堂などが設けられ、手前には下船する旅客を待つ自動車や人力車が所狭しと並んだ。

入を提案したエライザ・シッドモアは「横浜などの開港場で繰り広げられる社交生活はイギリス、ヨーロッパ大陸、東洋のそれぞれの習慣が溶け合っていて楽しい」（エライザ・ルアマー・シッドモア『日本・人力車旅情』恩地光夫訳、有隣堂、一九八六年）と記した。

　その後、関東大震災で壊滅的な打撃を受けたものの、重要な港湾都市であるため、迅速な復興工事が進行、一九二七年（昭和二年）には、従来の三・五倍の市域をもつ五十万都市、大横浜が誕生した。

横浜正金銀行　創業は1880年（明治13年）。7年後、横浜正金銀行条例によって貿易専門の特殊銀行として重要な位置を占めるようになった。そのため本格的な建築が求められ、妻木頼黄（よりなか）の設計で絵はがきの建物が1904年（明治37年）に完成した。現在は神奈川県立博物館。

吉田橋と伊勢佐木町通り　派大岡川に架かる吉田橋には1869年（明治2年）、横浜で最初、全国でも2番目の鉄橋として誕生した歴史がある。向こうに見えるのが繁華街の伊勢佐木町。左端の、垂れ幕が下がる大きな建物は8階建てのデパート松屋。関東大震災後に建設された。

「清気溢るる山下公園の風光」 関東大震災で生じた瓦礫を利用して埋め立て、整備されたのが山下公園である。1930年（昭和5年）の開園。日本初の臨海公園だった。向こうに見えるのはホテルニューグランド。震災後、ホテルの必要性を感じた市の有力者や財界人らが協議して建設、27年（昭和2年）に開業した。

ホテルニューグランド大食堂 横浜港に着岸する客船を降り立った外国人の多くが利用するホテルだけに、レストランの内装は客層を意識したものに仕上がった。当時のパンフレットには「日本芸術の神秘を輝かせ建築美を誇る大食堂」「天平藤原の時代を偲ばせる」の表現が見られた。

新潟市

江戸時代から港町として発展した新潟市は一八六八年（明治元年）、箱館（函館）、横浜、兵庫（神戸）、長崎とともに開港五港の一つに選ばれ、世界に開かれた開港地となった。とはいえ、しばらくは、半ば北洋漁業の基地漁港としての役割が大きかったようだ。河口港のため水深が浅く、出入りする船が限られていたからだ。

市制が施行されたのは一八八九年（明治二十二年）で、当時の人口は四万四千人。一九〇八年（明治四十一年）には二千二百戸が焼失する大火が起きたが、二一年（大正十年）には十万人台に達した。

産業としては、一八九五年（明治二十八年）に新潟鉄工所が

万代橋　新潟市を東西に分かつ信濃川河口近くに架かる。当初は個人の資金で1886年（明治19年）に木造橋で架けられ、通行には1人1銭が必要だった。そのころは「よろずばし」と呼ばれたという。14年後に県営となり、無料になった。長さは430間とあるので、約782メートルの計算になる。

新潟　萬代橋　長サ四百三十間

最初の工場を開設、以後、造船や機械など多くの分野の工場を経営、市の機械工業をリードしていき、産業界の注目が集まった。

　また、日本海側有数の近代的貿易港としての地位を築いたのは、人口十万人に達する直前の第一次世界大戦時だった。石油や石炭、セメントなどの取り扱い量が増大、大正末期には民営と県営の埠頭が相次いで完成し、中国大陸への最短路という地理・交通上の利点も生かされて航路が開設され、活気を帯びるようになった。

新潟市役所　東京在住の三橋四郎が設計。柾谷(まさや) 小路に面して建設され、1911 年 (明治 44 年) に竣工式を迎えている。この絵はがきは 26 年 (大正 15 年) の新潟築港記念博覧会開催時に発行されたもので、37 日の開催期間中には 18 万 6,000 人が入場した。

柾谷小路十字路　新潟市を代表する目抜き通りで、幅15間（約27メートル）の拡幅工事が1937年（昭和12年）に完成。複数のデパートが営業していた。右の大きな建物が大和百貨店、左側のいちばん奥が小林百貨店（新潟三越の前身）。

新潟カトリック教会　1927年（昭和2年）の完成。ロマネスクとルネサンスの折衷様式で、美しい双塔に特色があり、市を代表する景観になった。設計はスイス人のマックス・ヒンデル。日本でも長く暮らし、函館のトラピスチヌ修道院なども手がけている。

イタリア軒　新潟の社交場的存在。チャリネ曲馬団の一員として来日したイタリア人のピエトロ・ミリオーレが西洋食品店を 1874 年（明治 7 年）に創業したのが起源。その後レストランを経営。増築後は宴会や講演会の会場にもなり、1931 年（昭和 6 年）には 3 階建て新館が誕生、ダンスホールやすき焼き室、撞球室、酒場なども設けられた。

名古屋市

明治維新を迎えたとき、名古屋市は名古屋区と称し、農業が地域を支えていた。その名古屋が近代へ向けての胎動を見せたのは、笹島駅（現・名古屋駅）の開業である。一八八六年（明治十九年）のことだ。

それから三年後。名古屋に初めて電灯がつき、名古屋市が発足した。当時の人口はおよそ十五万七千人。そして、一八九七年（明治三十年）には日本銀行の名古屋支店が営業を開始、このころまでには時計製造などの新たな産業も勃興していた。乳母車が名古屋で考案されたのも同じころだ。

翌年には、市内に初めて路面電車が走った。京都に次いで二番目の早さである。

いとう呉服店陳列場の一部　いとう呉服店とは松坂屋の前身。創業は1659年(万治2年)で、1910年(明治43年)には名古屋で初めて「デパートメントストア」と謳った。東京・三越のデパートメントストア宣言の5年後のことだ。25年(大正14年)には、各地にあった店舗の称号を松坂屋に統一した。

A Part of Show Room on the 2nd. Floor of Ito Gofukuten (Ito Department Store). Nagoya.　部一の場列陳店服呉うとい

さらに名古屋を大きく発展させる契機となったのは、一九一〇年（明治四十三年）開催の第十回関西府県聯合共進会。三カ月間で二百三十六万人が入場した。この大盛況が名古屋の存在感を広く示した。名古屋市役所編『名古屋七十年史』（名古屋市役所、一九五九年）では「名古屋は共進会、博覧会の開催ごとに発展するといわれる。それはこの都市が、基礎が浅く、事業規模が、中小商工業的で幼稚であったことを物語る」と述べられている。

広小路通り　「納屋橋より東方広小路通りの俯瞰」「遠望は覚王山にして釈尊の霊地で有名なり」とある。本文でふれた全国で２番目の路面電車（名古屋電気鉄道）はこの絵はがきに見られるもので、名古屋駅前―栄町間（絵はがきでは奥のほう）2.3キロの路線を走った。

The Monument of The China-japan war
征清紀念碑

征清紀念碑　日清戦争で、名古屋の第３師団から出征して戦傷死した726人の将兵を悼んで建立された砲弾型の慰霊碑。愛知県庁や名古屋市役所の前に位置したが、計画から竣工までに時間がかかり、その後、建設工事が進められた道路の中央に取り残された。そのため、1920年（大正９年）には覚王山に移設された。

名古屋ホテル　遊郭・金波楼の主人、高田金七が1894年（明治27年）に創業した。富士屋ホテルの山口仙之助に教えを請いながら、そして、棟梁を神戸に派遣して外国人の生活様式を調べさせてから建てた。各地の新聞をそろえた新聞室を備えていた。

NAGOYA IS A CITY OF 430,000 POPULATION SITUATED BETWEEN TOKYO & KYOTO.
THE GREATEST SIGHT OF THE CITY IS THE NAGOYA CASTLE, A MOST PERFECTLY RESERVED RELIC OF OVER 3 CENTURIES AGO.
THE NAGOYA HOTEL IS THE ONLY ACCOMMODATION FOR FOREIGN TRAVELLERS IN THE WHOLE CITY.
THE NAGOYA HOTEL, Nagoya, Japan.

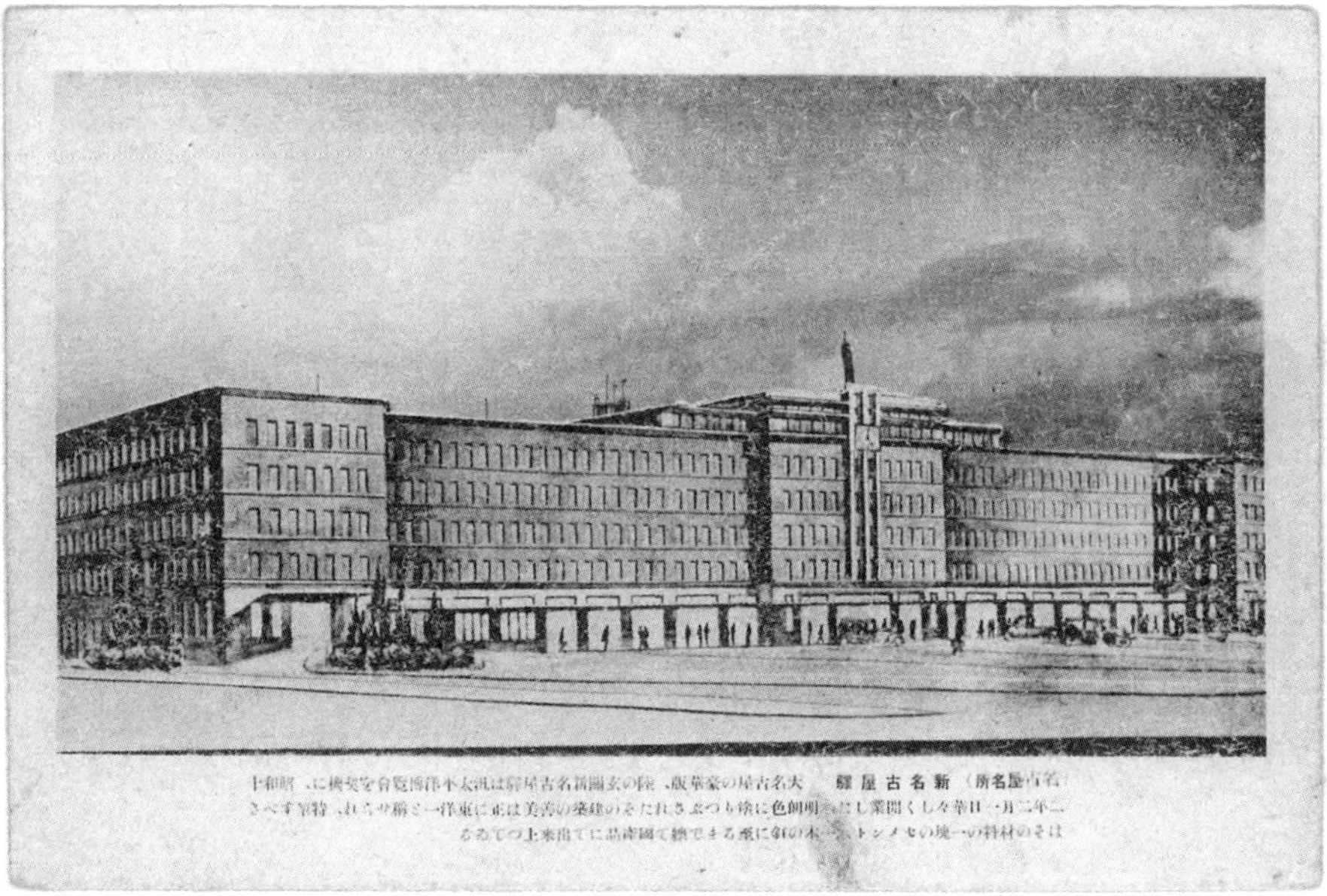

新名古屋駅　「汎太平洋博覧会を契機に、昭和十二年二月一日華々しく開業」とある。駅舎は鉄筋コンクリート6階建てで、「東洋一と称せられ」た。なお、同博覧会には環太平洋地域にある国々が数多く参加、2カ月半の開催で480万人の入場者数を記録して、名古屋にとって飛躍の一年になったという。

京都市

一八六八年（明治元年）九月二十日、天皇が京都御所から東幸の旅に出て、十月十三日、江戸城に到着した。その後、一旦は京都に戻るものの、翌年三月二十八日に再び東京に到着、この時点で事実上、つまり正式な布告なしに京都から東京への遷都となった。

これ以降、古都・京都は人口も減少し、一時期衰退を見せたが、やがてさまざまな分野で近代化が進み、かつての繁栄を取り戻していくことになる。

大きな契機となったのが琵琶湖疏水だ。一八九〇年（明治二十三年）完成で、舟運《しゅううん》や灌漑《かんがい》などに役立てることで殖産興業の足がかりを作った。翌年には、その疏水を利用した水力発電が

疏水 インクライン　京都復興の大きな契機となったのが、この琵琶湖疏水（そすい）だった。京都府知事の北垣国道が京都を近代的な都市へと発展させるために進めた施策の一つだった。疏水とは運河や水路の意。インクラインは疏水の施設の一部で、運河に船を運ぶ傾斜鉄道のこと。ケーブルカーのような仕組みだった。

始まっている。これは、自家用を除く公営の水力電気事業の嚆矢といわれる。

　その電気を使って市街を走ったのが日本初の路面電車である。一八九五年（明治二十八年）のことだ。

　このほか時代は前後するが、小学校（学制公布以前のもの）や盲《もう》聾《ろう》教育施設（盲唖院）の開設、博覧会、西洋式牧場、映画上映、マネキン製造など、前述のように幅広い分野で先駆的な試みがおこなわれた。


「皇后陛下大礼の都京都着御駅頭奉祝塔通御」

1928年（昭和3年）11月7日の御大礼の様子。天皇の即位大礼は11月10日、京都御所でおこなわれた。奥に見えるのは同年、京都ホテルの支店として開業した京都ステーションホテル。京都では御大礼関連のさまざまな施設が建設されたため、物価上昇を招いたという。

京都帝国大学　1897年（明治30年）創立。それに合わせて、東京大学も東京帝国大学と改称。南北社編『赤門生活』（南北社、1913年）によると、京都帝大には東京帝大にないものがあった。それは寄宿舎で、「一つの独特な自治団体となって居て」、100人前後の学生が生活していたという。右端のロの字型の建物の上の細長い建物が寄宿舎。

「完備せる新装の京都ホテルの偉観」　1888年（明治21年）、常盤ホテルの名で創業。御大礼があった1928年（昭和3年）にこの姿に。地上7階建てで、市内の近代的建築では最高層の建物となったという。客室は洋室が95室、和室が6室で、御大礼のときは、外国使節の宿舎として宮内省が全館借り上げた。

渡月橋畔の自動電話　自動電話とは公衆電話のこと。おもに「自働」と書いた。自働電話の最初は1900年（明治33年）9月、東京の新橋駅と上野駅に置かれた。ほぼ4半世紀後の京都では、京都駅構内6カ所をはじめ64カ所を数えた（京都中央電話局『京都電話番号簿』京都中央電話局、1924年）。

大阪市

大阪の近代は、明治改元直前の開市と川口居留地開設から始まった。そして、一八七一年(明治四年)の造幣寮開業、その三年後の阪神間の鉄道開通と重要な出来事が相次いだ。

やがて、大阪には紡績工場黄金時代がやってくる。一八八三年(明治十六年)に日本初の株式会社組織の紡績会社、大阪紡績が設立されたのを皮切りに紡績工場が集積し、世界最大の織物工業都市、イギリス・マンチェスターにちなんで「東洋のマンチェスター」と呼ばれるようになる。

街を大きく活気づけたのは大阪初の博覧会、第五回内国勧業博覧会の五カ月間にわたる開催だ。一九〇三年(明治三十六年)

道頓堀　江戸時代から続く老舗の劇場、角座とその周辺の光景。手前隣の「たばこ」の看板の小林商店は世界のたばこをそろえていたという。大阪市社会部調査課編『余暇生活の研究』(弘文堂書房、1923年)は道頓堀を「大阪の最高等な娯楽場」と評価。「高等芸術を見せるところとして覇権を握って」いて、1人当たりの入場料収入が高い興行がおこなわれていた。

のことで、入場者数は同博では過去最多の四百三十五万人を記録した。

一九二五年（大正十四年）には東成《ひがしなり》・西成《にしなり》両郡を編入し、人口二百万人弱の東京市を抜き、二百十一万人の「大大《だい》阪」が誕生、大阪の存在感がますます強まった。さらに街の様子を一変させたのが、三七年（昭和十二年）、梅田の阪急前から難波まで幅四十四メートル・長さ四キロの御堂筋が完成したことだった。社会基盤整備の起爆剤となった。

安治川口　倉庫や港湾施設などが集まる安治川口の繁華な様子。大阪湾に注ぐ安治川は、もとは江戸時代に運河として造成されたもので、川底が浅いので小型船舶が行き交うようになった。絵はがきには大阪弁の解説文が記されている。末尾の一文はこうだ。「どない言うても大阪は東洋一の商業地やおまへんか」

大阪ホテル　1902年（明治35年）、中之島に開業。「第一次大戦の好景気で、（略）私の勤めている旧大阪ホテルは、毎日五百、千と宴会や出張料理があった。私達は休む間もなく、牛馬のように働いてくたくたになるのであった」（田中徳三郎『西洋料理六十年』柴田書店、1975年）

大阪市電車地図　市営としての路面電車は大阪が初めてで1903年（明治36年）創業。「市電は高収益の事業になり、道路整備や架橋に必要な巨額の費用を賄った。（略）道路事情が必ずしも良くなかった大阪で、当時、電車道といえば整備された目抜き通りの意味だった」（本渡章「走るランドマークの百年」「大阪人」2003年6月号、大阪都市協会）

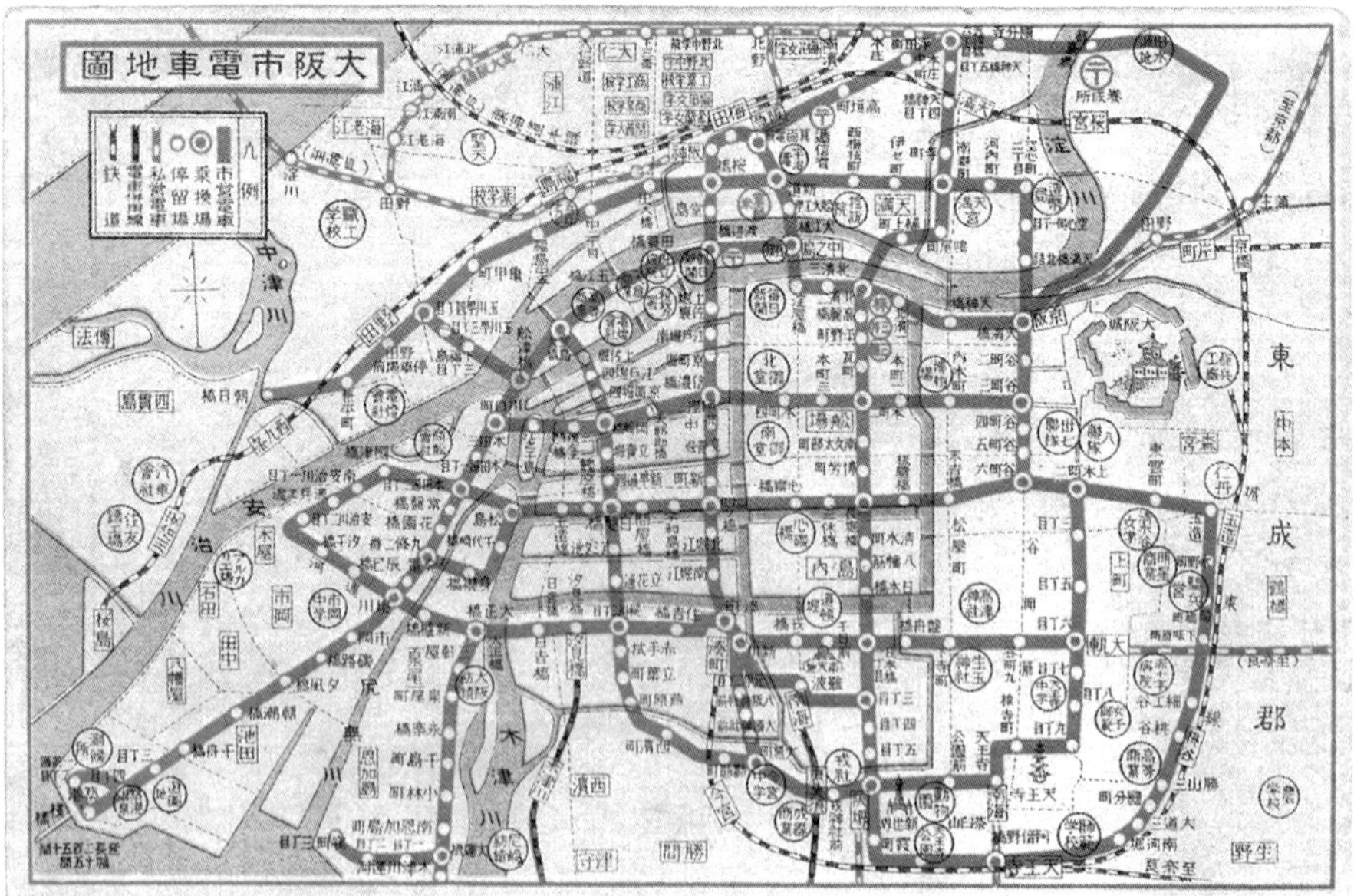

阪急百貨店より廿四間道路を望む
朝日新聞社

「上本町の街角に聳ゆる大軌ビルデング」 大軌とは大阪電気軌道（近鉄の前身）で、駅ビルは1926年（大正15年）完成。特筆すべきは同ビル内の三笠屋百貨店だった。阪急が梅田駅に白木屋を誘致（のちに直営、さらに本格的ターミナルデパートに）したように、蜂谷経一が三笠屋を出店（のちに大軌直営）。蜂谷は渡米中に喜劇王チャールズ・チャップリンと親交を結んだことでも有名だったという。

「阪急百貨店より二四間道路を望む」 この二十四間道路が御堂筋。倉光弘己の「御堂筋物語」（なにわ物語研究会編『大阪まち物語』所収、創元社、2000年）によると、江戸時代からの御堂筋は幅3間（5.4メートル）の細い道で、これを8倍に拡幅する難工事に挑んだわけだ。「居住者は一一八五人に及」び、「住人の反対も熾烈を極めた」が、「例のない美しい街路」が完成した。

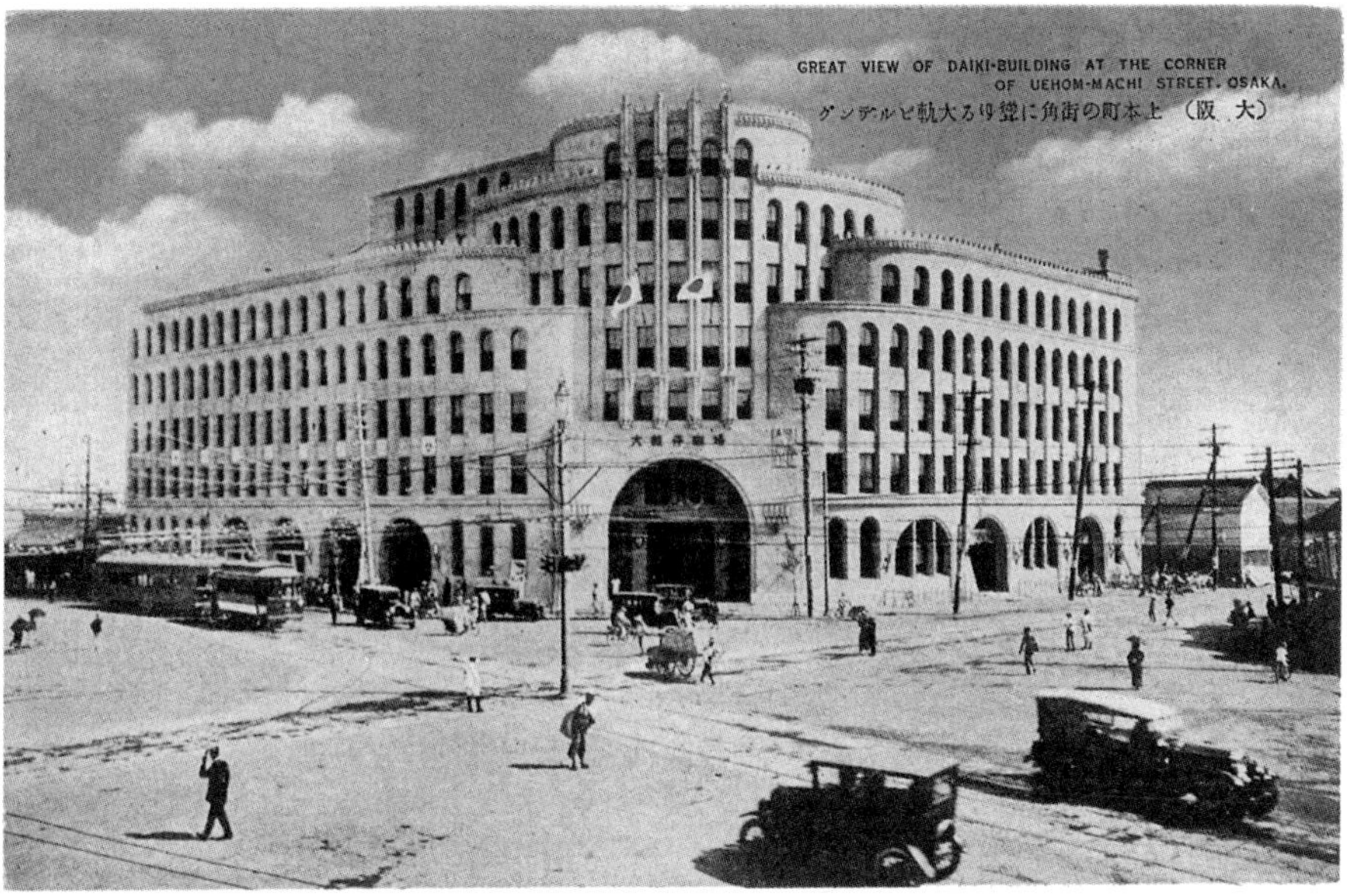
GREAT VIEW OF DAIKI-BUILDING AT THE CORNER
OF UEHOM-MACHI STREET, OSAKA.
（大阪）上本町の街角に聳ゆる大軌ビルデング

毛間閘門　毛間（けま＝毛馬）とは淀川と大川の分岐点あたりの都島区の地名。淀川は昔からよく洪水を起こしたため治水工事がおこなわれ、三善貞司編『大阪史蹟辞典』（清文堂出版、1986年）によると、1907年（明治40年）に閘門（こうもん）が完成。10門のゲートから毎秒110立方メートルの水を流し、洪水時には閉じた。「当時最高の治水工事技術と情熱の結晶だった」

神戸市

明治時代以降、横浜とともに大きく発展したのが神戸だった。東日本の横浜と競い合うように、西日本の貿易の中心地となった。

その発展の源になったのが外国人居留地である。百二十六の区画が設けられた居留地で外国人たちが盛んな経済活動をおこない、そこからさまざまな西洋文化が広まった。当時の英字新聞は「東洋で最も整った美しい街だ」と評したという。

六甲の山々が近くに迫る地形も文化を豊かにしていった。その最たるものが一九〇一年（明治三十四年）に創設された日本初のゴルフ倶楽部である。それ

神戸元居留地海岸通　右の大きな建物はオリエンタルホテル。1870年（明治3年）の創業で、1907年（明治40年）に海岸通に移転、ドイツ人ゲオルク・デ・ラランデの設計で再開業した。奥に見えるのは香港上海銀行。これらの建物の目に前に広がるのがメリケン波止場だった。

とともに六甲山に別荘を建てる外国人が増え、やがてホテルやロープウェー、ケーブルカー、ドライブウェーも設けられ、リゾートとしての魅力も付加されていった。

こうしたハイカラなイメージが広まった一方、日本の事業家たちは造船業や製鋼所などを創業、神戸は重工業の拠点にもなっていく。また海浜地域の一つ、風光明媚な須磨では、長期間運用された本格的なサナトリウムとしては日本初といわれる須磨浦療病院が一八八九年（明治二十二年）に開設されたのも見落とせない。

神戸栄町通り　豪壮な西洋建築の前を人力車や路面電車が走るこの栄町通りは明治初期に整備され、ビジネスの中心地となった。イオニア式の６本の列柱（御影石）が見事なこの建物は三井銀行神戸支店で、1916年（大正５年）の完成。長野宇平治が設計した。

二楽荘　西本願寺の門主で探検家の大谷光瑞が六甲山麓（現在は東灘区岡本の甲南大学の北側）に建設。1909 年（明治 42 年）に竣工し、探検収集品の展示室や書庫などに利用した。内部は英国室やエジプト室、インド室といったように異国情緒漂う装飾に仕上がっていた。一般人の観覧にも公開されたが、32 年（昭和 7 年）に焼失した。

神戸川崎造船所　川崎正蔵が 1881 年（明治 14 年）に創業。株式会社改組の 1896 年（明治 29 年）、社長に松方幸次郎（明治期の首相経験者、松方正義の息子）が就任した。松方は本業を伸ばして財を成す一方、のちに松方コレクションと呼ばれ、国立西洋美術館の所蔵品となる美術品収集にもいそしんだ。巨大なガントリークレーンは港の象徴的存在だった。

生田筋の濁流　1938年（昭和13年）7月3日から5日にかけての大雨で阪神地方は大水害に見舞われた。六甲山では山崩れが起き、市街地には濁流が押し寄せた。死者は933人、流出家屋は1万3,000戸あまりに及んだ。関東大震災後、前出の二楽荘近くに移住した谷崎潤一郎は『細雪（ささめゆき）』でこの水害を描写している。

広島市

広島市は明治維新以降、首都機能が移転してきた唯一の都市だといわれる。

一八九四年（明治二十七年）に日清戦争が勃発すると、広島市に大本営が設置され、天皇がここで指揮を執るようになった。政府高官の多くも天皇に随行、この年の帝国議会は広島市内で開かれた。こうして、広島に日本の中枢機関が集中したのである。

広島には一八七三年（明治六年）から全国で六つの軍事拠点の一つ、広島鎮台が置かれ、「軍都」となっていた。また軍港の呉港にも近く、市内には八九年（明治二十二年）に宇品港も

商品陳列所　広島県物産陳列館として1915年（大正4年）に完成。その源は1878年（明治11年）に開設された毎日曜日公開の博物館。1921年（大正10年）には県立商品陳列所となり、さらに産業奨励館となる。チェコ人ヤン・レツルの設計で、周囲には和風と洋風の庭園も設けられていた。原爆被災後、原爆ドームとして残された。

整備された。さらには兵員・軍事物資の輸送に欠かせない鉄道も九四年（明治二十七年）の広島駅開業で可能になっていた。これら諸条件が広島を臨時首都にしたのだ。広島市は、日清戦争以降、派兵基地の役割を担っていった。

こうした背景のなか、人口も着実に増えていく。日清戦争前の一八九二年（明治二十五年）には約八万三千人だったが、その十年後には約十一万八千人、さらにその十年後の一九一二年（大正元年）には約十五万六千人に急増した（広島市編『広島市史』第四巻、広島市、一九二五年）。

「広島大本営跡 玉座」 大本営は広島城本丸跡に設けられた。「大本営にあてられた広島第五師団司令部の建物は木造の粗末なもので、2階の一室が御座所でしたが、天皇は3度の食事もそこでなさいましたし、夜には寝室としてお使いになりました」（明治神宮編『明治天皇さま』明治神宮、1998年）。大本営での生活は約8カ月に及んだ。

広島駅　神戸から伸びた山陽鉄道が広島まで到達して 1894 年（明治 27 年）に開業。市の中心部からはやや離れていたものの、兵員や軍事物資の輸送にも貢献した。この駅舎は 1922 年（大正 11 年）に完成したもの。

広島新天地　新天地株式会社が堀川町で開発し、1921 年（大正 10 年）に誕生した新しい繁華街。活動写真館（映画館）やカフェー、飲食店、遊技場などが営業し、33、34 年ごろ（昭和 8、9 年ごろ）には約 140 店舗を数えたという。

広島元安橋　1926年（大正15年）に完成した元安橋。照明灯や欄干の装飾金物は、戦中には供出された。古くは毛利元就の子・元泰が架橋したと伝えられ、元泰橋と表記された時代もあったという由緒ある橋だ。

福岡市

福岡市になるか、博多市になるか、その名称について議論が交わされた後、一八八九年（明治二十二年）に誕生した福岡市だが、同年に港が特別輸出港の指定を受け、発展の素地の一つを得ることになる。

九州内での確固たる地位を築こうという動きに伴って、注目を集めたのが帝国大学誘致の成功だった。熊本や長崎も名乗りを上げたが、誘致合戦に勝利したのは福岡だった。一九一一年（明治四十四年）に九州帝国大学が誕生した。

そして、福岡市の経済的発展の大きな要因になったのが、福岡県内での石炭の増産である。

「西日本の最高学府九州帝国大学医学部」 九州帝国大学が誕生する前、1903年（明治36年）には、その前身ともいうべき京都帝国大学福岡医科大学が設立されている。その源は、1867年（慶応3年）に設立された福岡藩の藩校、賛生館までさかのぼることができる。

三井、三菱、住友、古河などの中央資本が筑豊炭田に相次いで進出、明治末期には福岡県の出炭量が全国の三分の二を占め、最大の石炭供給県となった。これを背景にして、福岡市は活気を帯びていく。

さらに九州の中心地としての地位を確実にしたのは、一九一〇年（明治四十三年）に開催された九州沖縄八県聯合共進会だった。清原伊勢雄編『福岡市』（福岡市編纂部、一九一六年）は「此の共進会は少なくとも、我福岡市発達史の上に一時代を画するものである」と記している。

「那珂川に架せる西大橋」 西大橋は九州沖縄八県聯合共進会の開催を機に、1910年（明治43年）に架けられた。路面電車もまた同年に走り始めていて、前掲『福岡市』が述べているように、まさに「福岡市発達史の上に一時代を画する」年になった。

Heyokaku (Bath house) at Hakozaki
（福岡県）筥崎濱の潮湯（抱洋閣）

箱崎浜の潮湯抱洋閣　九州沖縄八県聯合共進会が開催された1910年（明治43年）には、潮湯の抱洋閣も開設された。潮湯とは、海水を温めて入浴する保養施設のこと。潮湯は古くから保養や医療に用いられたもので、明治初期には東京・芝浦にもあった。

「吾国航空輸送上の重要地点たる名島飛行場」　1930年（昭和5年）、名島海岸に完成。陸上の飛行場は久留米に近い大刀洗にあったが、市の近くにという要望があって設けられた。大型起重機でドルニエ・ワール飛行艇を操り、大阪との間を1日1往復で運航した。36年（昭和11年）、和白村（現在の福岡市東区）に福岡第一飛行場ができて閉鎖された。

VIEW OF NAJIMA AERODROME, THE IMPORTANT POINTS OF OUR AERIAL FREIGHT SERVICE, FUKUOKA AND HAKATA.
―（福岡と博多名所）. 吾國航空輸送上の
重要地点たる名島飛行場

共進亭ホテル　1929年（昭和4年）、小平眞平という人物により開業。当時、「唯一の高層建物」（同ホテルの別の絵はがきがこう説明）だった上呉服町の片倉ビルの5階から8階を占めた。かのチャールズ・リンドバーグも31年（昭和6年）に名島飛行場に降り立ち、このホテルに宿泊したという。

長崎市

幕末の一八五五年（安政二年）に海軍の養成所である海軍伝習所が開設された。すると、船の修理や建造の技術が必要となり、二年後に長崎鎔鉄所を建設し始める。これがのちに長崎を造船の町へと大きく飛躍させるのである。

そして、一八五九年（安政六年）には函館や横浜とともに自由貿易が許可され、ほかの都市に先駆けて明治以降の発展の端緒を開いた。大浦地区に居留地が設けられ、多くの西洋文化・文明が市内に流入することになる。明治生まれ、大浦出身の浜崎国男は『長崎異人街誌』（葦書房、一九七八年）で、長崎港の

香港上海銀行と長崎ホテル　居留地の下り松海岸通りの偉容。中央が1904年（明治37年）竣工の香港上海銀行長崎支店、右隣が外国人の経営で1898年（明治31年）に開業した長崎ホテル。同銀行は72年（明治5年）、外国の金融機関としてはいち早く長崎に進出、また同ホテルは市内で最も豪壮な雰囲気だったという。

外国艦船の往来が最も盛んだったのは、日清戦争と日露戦争の間で、「その間の大浦居留地一帯の大浦地区の繁盛ぶりは、想像以上であった」と記している。

また、長崎といえば、上海との密接な往来が挙げられる。そのきっかけは一八七五年（明治八年）に開設された日本初の外国定期航路となる上海—長崎—神戸—横浜航路。一九二三年（大正十二年）には長崎丸と上海丸の姉妹船が長崎—上海航路（日華連絡線と呼ばれた）に投入され、往来が一層頻繁になっていった。

長崎三菱造船所第三船渠　長崎鎔鉄所を起源に発展した（名称変更は戦前までに13回に及んだ）。この第三船渠は1905年（明治38年）の完成。絵はがきの天洋丸は、わが国初の豪華客船といわれた。08年（明治41年）の竣工で、船客定員は1,150人だった。

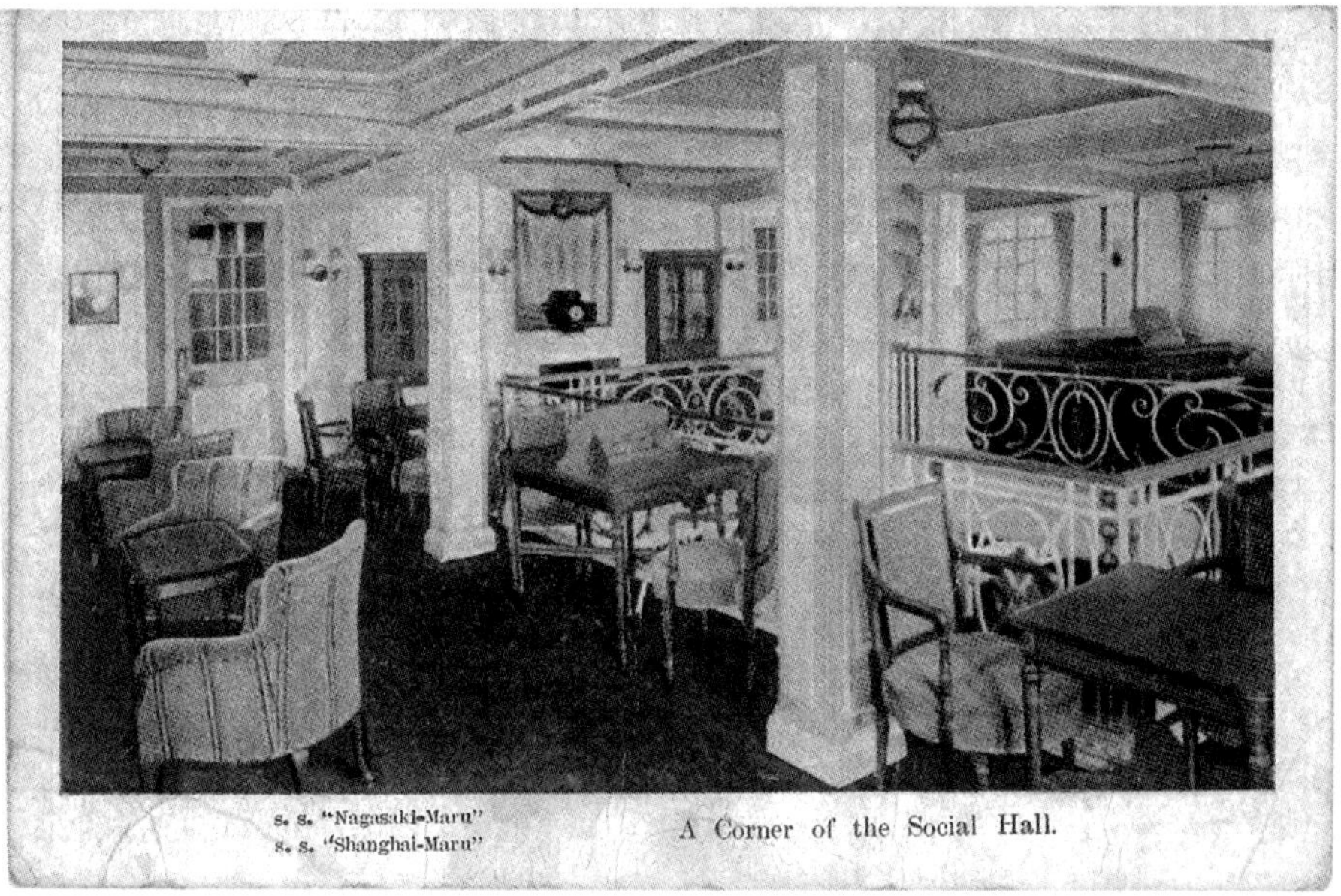

長崎丸・上海丸の内部　A Corner of the Social Hall.　両船ともイギリスの造船会社が建造した日本郵船の高速定期貨客船。就航の翌年には神戸を起点として航路を延長している。船客定員はいずれも355人を数えた。昭和初期、上海に暮らす長崎県人が多くなり、上海市が「長崎県上海市」と呼ばれたこともあった。

鍛冶屋町通り　鍛冶屋町通りは手前に見える思案橋から伸びる繁華街。左にべっこう細工の看板が見えるが、長崎では重要な工芸品だった。また、右に「博覧会年賀エハガキ着荷」の看板も。1934年（昭和９年）に長崎と雲仙で国際産業観光博覧会が開かれていて、このときのものだろうか。

長崎停車場　当初、長崎駅は浦上の地で1897年(明治30年) に開業。その後、港が整備され、8年後には、日露戦争での軍需品輸送を便利にするために現在地まで延長された。元の駅は浦上駅となり、絵はがきの長崎駅舎は1912年 (大正元年) に完成、2階には貴賓室が設けられた。

鹿児島市

長州藩とともに、近代日本の形成に大きく貢献した薩摩藩だったが、明治時代に入ると中央集権化が進み、鹿児島市は発展の機会を失ったという。士族が多い土地柄で、飛躍的に成長する産業もあまり育たなかったからだともいわれる。

しかも、維新三傑の一人だった西郷隆盛の自決で終わる政府軍との戦い、一八七七年（明治十年）に勃発した西南戦争で、市街地は打撃を受けた（なお、幕末の薩英戦争でも大きく被災している）。

それでも、次第に繁栄の土台を築いていく。明治の半ばを過ぎると市民生活は活気を取り戻

「西郷南洲翁之木像」 東京・上野公園の銅像の原型で、上野の銅像完成（1898年〔明治31年〕）後、浄光明寺に設置されたという。この木像が作られたのは、制作者・高村光雲の考え方に、木彫に伝統の継承と近代的な革新を起こそうとする狙いがあったからだともいわれている。同様のことをほかの銅像制作でもおこなった。

していき、一九〇二年（明治三十五年）には町人代議士も誕生、明治期後半の十三年間で商業を営む戸数は二千五百戸から五千四百戸へと倍増した。

その象徴的存在が、三越や松坂屋に次いでデパート経営を目指した山形屋だった。その前身の呉服店を営んでいたときには、西南戦争で店舗が焼け落ちる被害に遭い、また一九一四年（大正三年）には再度、市を混乱させた桜島大噴火が起きたが、その二年後には、堂々たる西洋建築を完成させたのだった。

「桜島大爆発　降灰に埋もれる黒神神社と小学校」
1914 年（大正 3 年）に桜島が大噴火し、島内東側の神社などが火山灰で埋まった。当時、桜島には 2 万人の人々が暮らしていて、地震や地鳴りがあったため、多くは事前に避難していたという。それでも死者・行方不明者は 58 人に及んだ。

「山形屋呉服店の美観」　右に見える荘重な建物が1932年（昭和7年）増築後の山形屋。旧来の呉服店から脱却し、デパートメントストアを志向したのは三越、松坂屋に次ぐものといわれる。値段の正札制や商品の陳列方式などを導入して近代化を図った。鹿児島にありながらいち早く将来を見据えていたのだろう。

「城山公園より見たる市街及桜島全景」　鹿児島市が誕生したのは1889年（明治22年）。人口が10万人に達したのは1920年（大正9年）で、その前年には待望の鹿児島港が開港し、朝鮮や大連への遠洋航路も開けた。

「輪奐善美の県庁正門の偉容」 1925年（大正14年）に竣工。「県立病院のすぐ前、国道に沿うて巍然(ぎぜん)と聳ゆる鉄筋コンクリートの大建築」(鹿児島県教育会編『鹿児島県案内』鹿児島県教育会、1927年)。現在は中央部分が県政記念館になっている。

大連市

一八九八年（明治三十一年）に帝政ロシアがダーリニー市と名づけて建設し始めた中国・遼東半島の都市を、その七年後、日露戦争中に日本が大連と命名した。そして同年の日露講和条約により、日本の租借地となった。

これ以降、日本人が多く移住し（同時に中国人も多数流入した）、人口が増していく。日露戦争直後の一九〇六年（明治三十九年）の総人口は約一万九千人程度だったが、満州国が成立した三二年（昭和七年）の二年後には約三十三万人にのぼった。大連市産業課編『産業の大連 昭和11年版』（大連市、一九

中央広場の美観　「市街中央の大広場は、大連が誇る麗はしい緑の園である。周囲を廻る大建築、街路樹が清（すが）しい趣を添え、市民のオアシスとなっている」と説明。大連ヤマトホテル屋上庭園から見た光景で、中央奥は横浜正金銀行大連支店。1909年（明治42年）完成。そのほか大連市役所、大連民政署などが広場を囲み、「大連の心臓」とも呼ばれた。

三六年）には「殊に特筆すべきは大連の人口が実に動性に富んでいることである。動的大連の膨張は米国シカゴに次いで世界第二位の膨張振りを示している」と記されている。

　このように大連は大きく発展する。神戸、広島、門司を経て大連に至る日満連絡航路を十隻の客船で運航した大阪商船は、一九三七年（昭和十二年）に発行した小冊子で「満洲を知るには先《ま》づ第一に大連を知らなければなりません。（略）東亜貿易港の一大権威であります」と紹介していた。

大連日本橋の景　木造の仮設橋を鉄筋コンクリート造りの橋に架け替えた。1908年（明治41年）の完成。橋の上では露西亜（ロシア）町と大連市街を結ぶ路面電車が走り、下には埠頭と大連駅を結ぶ鉄道が走っていた。

「大連倉庫内ノ豆粕」 満州特産の大豆から油を搾り、その残りを円盤状に固めたものがこの豆粕。豚の飼料や畑の肥料として、日本や外国に輸出された。大連市内には、大豆から油や豆粕を製造する油房（油坊）という工場が100カ所近くあった。苦力（クーリー）と呼ばれる中国人労働者が運搬に従事した。

「工費六百万円余完備セル東洋一ノ大連医院」 南満州鉄道（満鉄）が1926年（大正15年）に開院した。延べ床面積が3万平方メートルに及び、その規模と設備から東洋一といわれ、満鉄自慢の総合病院となった。

Interior of 1st Class Car, South Manchuria Railway　日本の国策会社、満鉄は1906年（明治39年）に設立され、大連に本社を置いて多角経営をおこなった。当初、鉄道はロシアが建設した東清鉄道の長春以南を、日露戦争の講和条約（ポーツマス条約）により受け継いで創業、その後、鉄道網を大幅に拡大させた。

哈爾浜市

かつて、異国情緒にあふれた国際都市、哈爾浜《ハルビン》に暮らした日本人がこう記した。

「哈爾浜！　哈爾浜！　なんとまあ快く耳朶《じだ》に響く地名だろう」（油谷穎一《えいいち》「思い出の哈爾浜」、後藤春吉編『ハルビンの想い出』所収、京都ハルビン会、一九七三年）。哈爾浜に対する印象をこれほど簡潔に表現した文もないかもしれない。

中国東北部に位置する哈爾浜は、ロシアが敷設権を得て建設し、一九〇三年（明治三十六年）に正式開業した東清鉄道の中核都市として発展した。ロシア人をはじめ、中国人や日本人、欧米人、ユダヤ人、そのほか多数

「憧れと追憶と…印象深し 哈爾浜中央駅」 哈爾浜にはこのようなアール・ヌーヴォー様式の建物が数多く建てられた。1909年（明治42年）に伊藤博文が同駅に降り立った直後に暗殺されたため、「駅頭にはこの悲痛な事件の追憶の為め標識が作られ」（『鮮満支旅の栞』）たという。

の民族が暮らすようになっていく。そのなかで、欧米人は人口では少数にとどまっていたものの、商業活動は盛んで、「積極的活動振りは、其人員の少きに比し多大なるものにして、日露支人の遠く及ばざる処とす」と哈爾浜商品陳列館編『哈爾浜案内』（哈爾浜商品陳列館、一九二二年）は評している。

一九三二年（昭和七年）の満州国成立後も「総人口四十六万四千人を算し、奉天、大連に次ぐ大都会」（南満州鉄道編『鮮満支旅の栞《しおり》』南満州鉄道東京支社、一九三九年）の地位を保っていた。

「ハルピン見物 街頭に憩う」 いちばんの繁華街キタイスカヤの光景。ロシア語をはじめ、複数の言語が看板を埋めつくすというのが国際都市ならでは。「中央大街（キタイスカヤ）は哈爾浜の銀座とも云われる処で、（略）夏の夕暮のキタイスカヤの散歩は哈爾浜の魅力」（前掲『鮮満支旅の栞』）

夏の松花江水泳場　短い夏を松花江（スンガリー）で遊ぶ人々。哈爾浜はこの川の畔で発展した。ヨット倶楽部があり、毎年5月中旬から9月下旬までの週末、オーケストラの演奏でダンスに興じる人々も多く見られ、社交場になっていた。

「ハルピン見物 夜となれば」　絵はがきが「ネオンの灯を慕ってキャバレーへ／酒と女の異国情緒は旅人の／侘しい胸を／掻きむしる」と語る。哈爾浜はナイトライフを楽しむ場所に不足はなかった。キャバレーは「午後十時頃より夜明けまでダンスで過すという南満州・大連でもない営業でした」（中村福造「大正時代のハルピン」、前掲『ハルビンの想い出』所収）。

「建築美映え」 東支鉄道理事公館を改装して1937年（昭和12年）に開業した満鉄直営の哈爾浜ヤマトホテル。56の客室のうち45室は浴室付きだったが、純日本式浴室も備え、当時のパンフレットでは「檜の香新しい浴槽に、旅の疲れを癒すのも、また格別でございます」と宣伝していた。

上海市

上海を「魔都」と表現したのは、作家の村松梢風だった。梢風が上海を〝体験〟したのが一九二三年（大正十二年）のこと。翌年に『魔都』を発表する。豪壮な西洋建築が立ち並ぶ裏に、植民地都市、そして国際都市特有の混沌を見たのだ。

上海は、清朝との間で勃発したアヘン戦争で勝利したイギリスが、一八四二年に開港した。以後、欧米列強が国際都市を形成していく。

上海での日本人は、明治維新の二年後には、わずかに七人を数えるだけだったというが、次第に増えていくなかで日本人街を形成。その過程で、多くの作

夜の上海　目抜き通りの南京路にあった「先旋（シンシア）・永安（ウィンオン）・新々（サンサン）の大百貨店」の夜景。1917年（大正6年）に開業した先旋を皮切りに、西洋人が設計したデパートが相次いで誕生、上海の新しい消費文化を創造した。

家や文化人が上海を訪れては、東洋のパリとも呼ばれたこの地の魅力や文化、特異性を日本国内に伝えた。

そして、のちに『上海』を上梓する横光利一が上海を訪れた一九二八年（昭和三年）には、日本人の人口は「二万六五四一人に増え、イギリス人を超えて、上海にいる外国人では一位になった。（略）日中戦争の一九四三年、上海在住の日本人は最高の一〇万三九六八人に達した」（唐亜明《タンヤミン》「横光利一の『上海』を読む」、横光利一『上海』所収、岩波書店、二〇〇八年）。

呉淞路（ウースンルー）「虹口地域の中心の道路で即ち上海日本街の銀座通である」と説明。上海に暮らす日本の民間人は金融や貿易に従事したが、戦時色が濃くなると、多くの兵士も見られるようになった。また、着物姿の日本人も珍しくなかったという。

「外白渡橋及百老滙館」 ガーデン・ブリッジとブロードウェイ・マンション（左の大きな建物）の光景。このマンションは1934年（昭和9年）の完成。38年（昭和13年）、横光利一が家族に送った絵はがきで「この部屋が従軍作家たちの部屋。佐藤春夫金をとられた所」と書いている。

日本人倶楽部 第1次世界大戦が始まった年、1914年（大正3年）に完成。設計は福井房一。このなかには和室も備わっていたという。イギリス人やアメリカ人、フランス人はおもに自国人同士の親睦を図るためクラブを設けていたが、日本人倶楽部もそれに倣った形で創設された。

新公園　「日本人居留地に近いので日本人公園の観がある」と説明。1932年（昭和7年）、新公園でおこなわれた天長節祝賀会ではテロが起き、白川義則軍司令官はこのときの負傷がもとで亡くなり、重光葵（まもる）駐中国公使らが重傷を負った。

絵はがき研究書拾い読み

絵はがきは、あらゆる事象を取り込みながら、社会に流通した。その幅広く膨大な所産を、ある人は関東大震災に絞り、またある人は企業の広告としての絵はがきに注目し、さらにある人は美術に限定して絵はがきを論じた。ここでは、そんな研究者、収集家たちが著した絵はがき関連書（安くないものばかりなので、参考までに価格も示した）を拾い読みしながら、絵はがきの奥深さの一端をのぞいてみよう（発行年順）。

楠田宗弘／寺島孝雄／宮下孝介編

『魅惑の進水式——FANTASTIC LAUNCH』

シー・エム・センター出版局（一部、旧日本海軍艦艇顕彰出版会の表記あり）、一九七七年、価格表示なし（古書店で入手）

専門家の常識では考えられない図柄

戦前期の軍艦の進水式を記念した絵はがきばかりを集めたユニークな書である。

冒頭、かつて海軍技術中将だった庭田尚三（当時八十九歳）のインタビューが収められている。戦艦大和をはじめ、数多くの軍艦艇の建造に携わったようだが、実は、進水記念絵はがきのデザインにも関与した人物だった。

この分野の絵はがきは通常二枚一組になっていて（多くて五百組ほどを発行）、うち一枚を庭田が考案し、もう一枚は造船所内の職工たちからの応募で絵柄が決まる仕組みだったという。つまり、半ば素人《しろうと》が制作していたのだ（全発行の約三分の一は庭田がデザインしたという）。

これらの絵はがきを見たデザイナーの亀倉雄策が次のような感想を述べている。

「専門家の常識では考えられない不思議な図柄のものがたくさんある。しかも、日本海軍というバックがあるから、一種の気迫のようなものと、海を表現するというロマンチックなものとが入り交じって、魅力あふれた効果を盛りあげている」

確かに、神話的な要素や動物、名所旧跡が図案化され、それらが軍艦艇の写真とともに巧みに組み合わされている。

美術評論家の瀬木慎一は「軍隊の中での海軍というものは、その外見の華麗さと国際的感覚の横溢によって、青少年の憧れの的であり、従って、女性のロマンティシズムの対象でもあった」と海軍に対するイメージを述べている。人々は、そうした認識でこれらの絵はがきを眺め、収集していたということなのだろう。

　ところで、進水式というのは、軍艦艇の外装工事が終了した時点でおこなわれるもので、戦艦クラスだと、十万人ほどの見物人が出るほどだという。これらの進水記念絵はがきを見ると、往時のにぎわいが偲ばれる。

木村松夫／石井敏夫編著

『絵はがきが語る関東大震災——石井敏夫コレクション』

柘植書房、一九九〇年、８０００円＋税

実は研究されていなかった震災絵はがき

　震災絵はがき百五十七点、オリジナルプリント写真三十四点などが収録されたのが本書である。収集した石井がその発端を次のように記している。

「三十数年前に立ち戻るが、当時中央大学の一学生だった私が、神田の古本屋街で惨状生なましい数葉の震災絵はがきを見つけたときのショックは、今でも忘れられない」

　その衝撃が石井を収集に向かわせたようだ。

　しかし、石井によると、本書の発行時点で、「震災絵はがきが当時どのような状況下でつくられ、どのような役割をもっていたかは（略）今までまったくといってよいほど研究されていな」かった。そのため、二部構成にして、第一部では絵はがきを多数収め、第二部では震災絵はがきの制作・発行・販売状況や当時の写真ジャーナリズムの状況を木村松夫が取材して明らかにしたという。震災直後の混乱のなかで、どのような人々が制作に携わり、人々がどう受け止めたかがわかって興味深い。

　その調査研究成果によると、「大火の焼け跡の片づけもまだすまないうちに、震災絵はがきは各所で出回って」いて、「飛ぶように売れて」いったという。例えば、焼け出された男が、どのように仕入れたかは不明だが、二週間ほどで六十円儲けたという話を掲載している（ちなみに、当時は今川焼きが一個一銭だったという）。

　拙著『絵はがきで見る日本近代』でも記したことだが、絵はがきは報道メディアでもあった。その役割を発揮した一例が震災絵はがきだったのだ。発売元は、福岡市のキリスト教会もあれば、大阪の店舗もあり、本書は「全国各地で、いろいろな人がさまざまに絵はがきや写真づくりに着手したと考えて差し支えないだろう」と結論づけている。

　ただし、粗製乱造の一面もあった。例えば、筆者が自著で取り上げた「丸の内へ避難せる群衆」の絵はがき（図❶）は、本書では同じ記述のものもあれば、「本所被服廠後《ママ》惨害前の避難民」という記述のものもあった。「絵葉書は少し火を書き煙を書き」という川柳も生まれたが、震災絵はがきには火や煙を手書きで加え、加工していたものもあったという。

　また、一攫千金を狙う輩《やから》がいたり、死屍累々の惨状を写した絵はがきは販売禁止になったり、とさまざまな出来事が起きた。それでも震災絵はがきは、時代を経て貴重な証言者となったのである。

図❶ 同じ絵柄に異なる説明書きがあったもの、左右逆版で印刷されたものなどもあった。当時の混乱ぶりがうかがえるといっていいだろうか。この絵はがきはカラーだが、人工的に着色したもののようだ。

Barry Zaid,
WISH YOU WERE HERE
Crown Publishers,Inc.,1990, $19.95

ノスタルジックなホテル絵はがきでアメリカ旅行

表紙に「A Tour of America's Great Hotels During the Golden Age of the Picture Post Card」、裏表紙に「Take a Trip Through a Hand-Colored America」とあるように、アメリカのホテルの絵はがきを集めた本である。アメリカ人の著者が収集した絵はがきを分類したら、ホテルに関するものが多かったということで、本書が編まれたようだ。

その内容は、①LODGES、②THE GREAT RESORTS、③GRAND HOTELS、④SOUTHWEST STYLE、⑤THE GRAND FOYERなどに分かれていて、ページをめくるだけで、確かにアメリカ旅行が楽しめる趣向になっている。

しかも、写真絵はがきは省き、手描きの絵はがきだけを収めているので、どこかノスタルジックな雰囲気に浸れるところも好感がもてるし、筆者もホテルの絵はがきから収集を始めているので、親近感を覚えながら眺めることができた。

　ところで、著者はCURT TEICH & COMPANYという会社について詳しく述べている。著者自身、絵はがきを収集し始めたときは気づかなかったそうだが、よく見ると、その会社が発行した絵はがきが多く含まれていることがわかり、同社について調べたというのだ。

　同社は一八七七年にドイツで生まれたCURT TEICHがシカゴで創業した印刷会社で、かなりの数の絵はがきを発行した会社だったという。彼は研究熱心で、新しい印刷技術を開発したそうだが、特許をとることを考えなかったため、模倣する会社が続出したとか。ある意味、業界発展の貢献者であったようだ。

　筆者も所蔵している同社発行の絵はがきを、参考までにここに掲げておこう（図❷❸）。

図❷　アトランタの最新ホテル、ピエドモント・ホテル。450室で、客室には浴室、ラジオ、シーリング・ファン（天井据え付けの扇風機）、等身大の鏡などが完備されていると説明している。

図❸　本書の最後にはアトランティック・シティのエレファント・ホテルが掲載されている。CURT TEICH 社のものがなかったので、別会社発行のものを掲げてみた。1885年に造られたもので、10室を備えていた。象の形のホテルに子どもたちは喜んだことだろう。

横浜開港資料館編

『100年前の横浜・神奈川――絵葉書でみる風景』

有隣堂、一九九九年、8500円＋税

教科書ではわからない文化や風俗を絵はがきで

「はじめに」で述べた『横浜絵葉書』を大きく発展させたのが同書である。書名のとおり、横浜と神奈川県の二部構成になっていて、絵はがきの掲載点数は、『横浜絵葉書』のニール・ペドラー収集分約二百八十点をはじめとする合計千二百点。さすがに、これだけそろうと迫力があり、開港以来大きく発展した横浜と神奈川県の近代の風景が丸ごと眺められるという印象だ。

また、六十本のコラムが掲載されていて、横浜・神奈川県の近代史への理解を手助けしてくれる。横浜の劇場街、横浜遊郭の変遷、秦野たばこ、湖底に沈んだ村など、教科書ではわからない文化・風俗、人々の暮らしなどにも目配りが及んでいて飽きさせない。

巻末には「絵葉書からのメッセージ」と題した解説（執筆者は横浜開港資料館の斎藤多

喜夫）が掲載されている。このなかで特に印象に残るのは「横浜の絵付師たち」の記述だ。

横浜の絵はがきの特徴は彩色にあり、いろいろな「アーティスト」の活躍がその特徴を支えていたという。横浜には陶器などに絵付けをする画工（絵付師）が大勢いて、彼らが写真や絵はがきの彩色なども含めて、輸出用の工芸品の制作に携わったとのことだ。

また、彩色作業のすべてをプロの画工がおこなったのではなく、女性の内職仕事としても広まったという。見本をもとに一色単位で単純作業がおこなわれたらしい。

「絵葉書は、写真師・印刷工・画工・内職の女性たち全員の合作だったのである」

絵はがきの世界の裏側を見る思いがする。

末延芳晴

『荷風とニューヨーク』

青土社、二〇〇二年、2800円＋税

荷風になりきって
ニューヨーク暮らし

厳密には絵はがきの研究書ではないが、かつてのニューヨークに関する絵はがきが数多く収められている。永井荷風が目にしたかもしれない風景を、あるいは入手したかもしれない絵はがきを現代の読者も見ることができるわけだ。荷風になりきってニューヨーク滞在が楽しめる好著になっている（図❹）。

本書がまとめた年表によると、荷風がシアトルに上陸したのが一九〇三年（明治三十六年）十月七日、ニューヨークで最初の夜を過ごすのが翌々年六月三十日。そして〇七年（明治四十年）七月十七日にフランスへ向かう。荷風の滞米生活は三年九カ月に及ぶことになるが、本書は、その時代を横目で見ながら、当時の絵はがきを活用してニューヨークを博物誌的にとらえている。超高層ビル、ウォール街、高架鉄道、コニー・アイランド、自由の女神像といった項目を設けて、荷風が暮らしたニューヨークを立体的に再現している。

そのなかに絵はがきの項目がある。荷風は友人の西村恵次郎に「日本で絵葉書の流行は兎に角悪るくないことである。アメリカは其れに反して、全然絵葉書の国では有りません」と手紙に書いたが、その後、考えが変わったようだ。著者の末延芳晴によると、やがて、荷風はニューヨーク名所の絵はがきを盛んに友人に送っているし、一九〇八年（明治四十一年）、博文館から『あめりか物語』を発行したときも、ニューヨークの風景絵はがきを口絵に使用している。

「荷風が相当の関心を持ってニューヨークの絵葉書を集めていたことが窺える」と末延はみている。

いや、風景絵はがきばかりか、女性を写した絵はがきの収集にも精を出していたと述べている。実は、日本では、日露戦争を契機に起きた絵はがきの流行のなかで、兵士の慰問用として芸者の美人絵はがきやヌードの彩色絵はがきが大量に制作されたことがあった。そういう事情から、荷風の仲

図❹　本書によると、荷風の恋人イデスはこのホテル・ベルモントに泊まり、荷風との逢瀬を楽しんだという。本書にはこのホテルのロビーの絵はがきが掲載されている。「イデスは、荷風がフランス渡航の夢をもっていたことを知っていただけに、ニューヨークでの再会の場として、フランス料理で有名なホテルを選んだものと思われ、その辺に女心が窺えていじらしい」

間たちは特にきわどい絵柄の絵はがきを荷風に送り、かわりに欧米のヌード絵はがきを送らせていたというのだ。

著者は「おそらく、荷風はフランスに渡ってからも、ヌードの絵葉書を集めたに違いない。フランス、それも芸術の都パリこそは手彩色のヌード絵葉書の本場で、溜息がでるほど美しいヌード絵葉書が売られていたからである」と推測、いや断定している。荷風先生の若いときのちょっと恥ずかしい趣味が暴かれている。

林宏樹

『広告絵はがき——明治・大正・昭和の流行をみる』

里文出版、二〇〇四年、2800円+税

意外だった化学肥料会社の積極的な宣伝活動

さまざまな企業が発行した絵はがきを集めたのが本書である。

観光名所を写し出した絵はがきも、考えてみれば一種の広告であり、その意味では、広告絵はがきは、絵はがき本来の機能を最大限に生かしたものといえる。

本書では、着る、住む、運ぶ、貯える、など生活に密着した十二のキーワードをもとに分類し、二百七十四点の広告絵はがきを収めている。それだけに、概観すると、洗練されたデザインや温かみがある絵柄で消費者を引き付けようとした企業の営みが見えてくるが、そのなかから、当時の流行や話題の商品が浮かび上がってくる仕掛けだ。

例えば、保険会社の絵はがきが何点も見られるが、「養老保険のような貯蓄機能を持つ保険商品が主流となり、戦争の足音が聞こえはじめた昭和初期には加入者が増加」したという。「あなたの保険は、お子様の守護神です。――乳で育てて、保険で守れ――」といった名コピーがあった。

意外だったのが、化学肥料会社の精力的な宣伝活動だ。「現在では想像できないほど、明治に入ってから急成長を遂げ、近代産業として大きな注目を集めたのが肥料産業」ということで、この業界の絵はがきも多く収められている。ある会社はデザイナーを起用して、毎年面白い年賀はがきを発行していたということだが、そんなところにも、肥料産業発展の軌跡が見えるようだ。

生田誠

『日本の美術絵はがき 1900－1935――明治生まれのレトロモダン』

淡交社、二〇〇六年、3800円＋税

多彩な展開が見られた美術絵はがき

鏑木清方（図❺）や浅井忠、竹久夢二ら多くの画家たちが美術絵はがきの制作に携わったということで、百人を超える画家の作品が収められている。本書を見ると、美術絵はがきが日本人の生活に根ざしたアートとして、長い間愛されてきたという歴史が手に取るようによくわかる。

本書によると、美術史的には、浮世絵版画の伝統とその流れを汲むものや創作版画、外国からは、アール・ヌーヴォーとアール・デコ、さらにはアヴァンギャルドの影響を受けたものなど実に多彩な展開が見られたという。

ただ、著者の生田誠によると、画家たちが美術絵はがきに腕を振るった時代は短かったそうだ。明治から大正に移ると、絵はがきは大量生産の時代を迎え、絵はがきに詳しかった巌谷《いわや》小波《さざなみ》も「絵はがきを美術品扱いする時代は去った」という内容の文章を書き残している。そんななか、全盛期を過ぎても高い評価を受けたのが、抒情的な「夢二式」美人画で名高い竹久夢二だった。絵はがき界の寵児《ちょうじ》となって、ほかの画家にも影響を与えたという。

収められた五百十点はすべてがカラー。著者の膨大なコレクションから選び抜かれたもので、内容は、画家と絵はがき、アール・ヌーヴォーの美女たち、戦争とユーモア、都市のにぎわい、夢二と大正ロマン、昭和モダンとアール・デコなど十テーマの構成。解説やコラムなども多く、また、画家たちの略歴も掲載、親切な編集でまとめられていて、見応えがある一冊に仕上がっている。

図❺ 『日本の美術絵はがき 1900 − 1935』には、多くの鏑木清方作品が収められている。ここでは掲載されていなかったものを挙げてみた。「平和紀念」と題されており、これは第 1 次世界大戦後の講和条約が締結された 1919 年（大正 8 年）に発行されたもの。

山田俊幸／永山多貴子編

『小林かいちの世界――まぼろしの京都アール・デコ』

国書刊行会、二〇〇七年、2800円＋税

「大正の写楽」のロマンティシズム

収められた絵はがきを眺めていると、まさに一つの世界に引き込まれ、「これははたして絵はがきなのだろうか。立派な絵画や版画ではないか」と、ほれぼれするような印象を受ける。

一つの独特な世界……悲しみ、十字架、廃墟、墓地……。といって、決して陰湿なものではない。ある種のロマンティシズムが感じられる世界だ。その印象は、赤や黒を主体にした色遣いや、女性に好まれそうな花柄、細身の女性といった構成要素からくるのだろう。

実際、女学生に好まれたという小林かいちの作品群は、単なる絵はがきの枠を超えた世界を構築したと思えるが、にもかかわらず彼は絵はがきと絵封筒しか残さなかったという。いや、もっといえば、これほどの作品を残しながら、正確な生没年さえ明らかになっていないことに驚かされるのだ。

京都・新京極に「さくら井屋」という京みやげの店舗がある（現存）。同店は関東大震災後に《さくら井屋の『現代的版画抒情絵葉書』》のセットを販売することになった。その際、中心になった画家が小林かいちだった。

ということで、本書にはさくら井屋発行のセット絵はがきが多く収録されているのだが、あわせて、小林かいちに魅了された識者たちの文章が掲載されている。そのなかで、編者の山田俊幸（帝塚山学院大学教授）が、小林かいちは「大正の写楽」と位置づけているところが興味深い。版元がわかりながら、人物の詳細が不明という共通点がそう呼ばせたのである。

確かに、本書を眺めていると、浮世絵の作品集を手に取っているような錯覚にも陥る。

やはり本書に寄稿している山田優子（金沢湯涌夢二館学芸員）もまた、「彷書月刊」二〇〇七年六月号（彷徨舎）の「特集 絵葉書国人物誌［大正・昭和初期編］」で小林かいちの項を担当し、「新時代の浮世絵となることを期待したくなってしまうのである」と記している。

美術絵はがきのなかでは別格の存在となっている小林かいち。「彷書月刊」同号の巻末の古書店目録を見ると、彼のセット絵はがきが販売されていた。四枚一組で五万円。価格も別格だった。

カラーで見る絵はがきの世界

芸妓照葉　物憂げな表情で人気があった照葉は 1896 年（明治 29 年）の生まれ。はじめは大阪で、その後、東京に移り新橋の置屋から半玉として座敷に出た。この髪形は束髪と呼ばれ、はじめは和装にも洋装にも似合うものとして広まった。のちに庇（ひさし）の部分を大きく膨らませた。日露戦争の激戦地の名前にちなんで「二〇三高地まげ」ともいう。

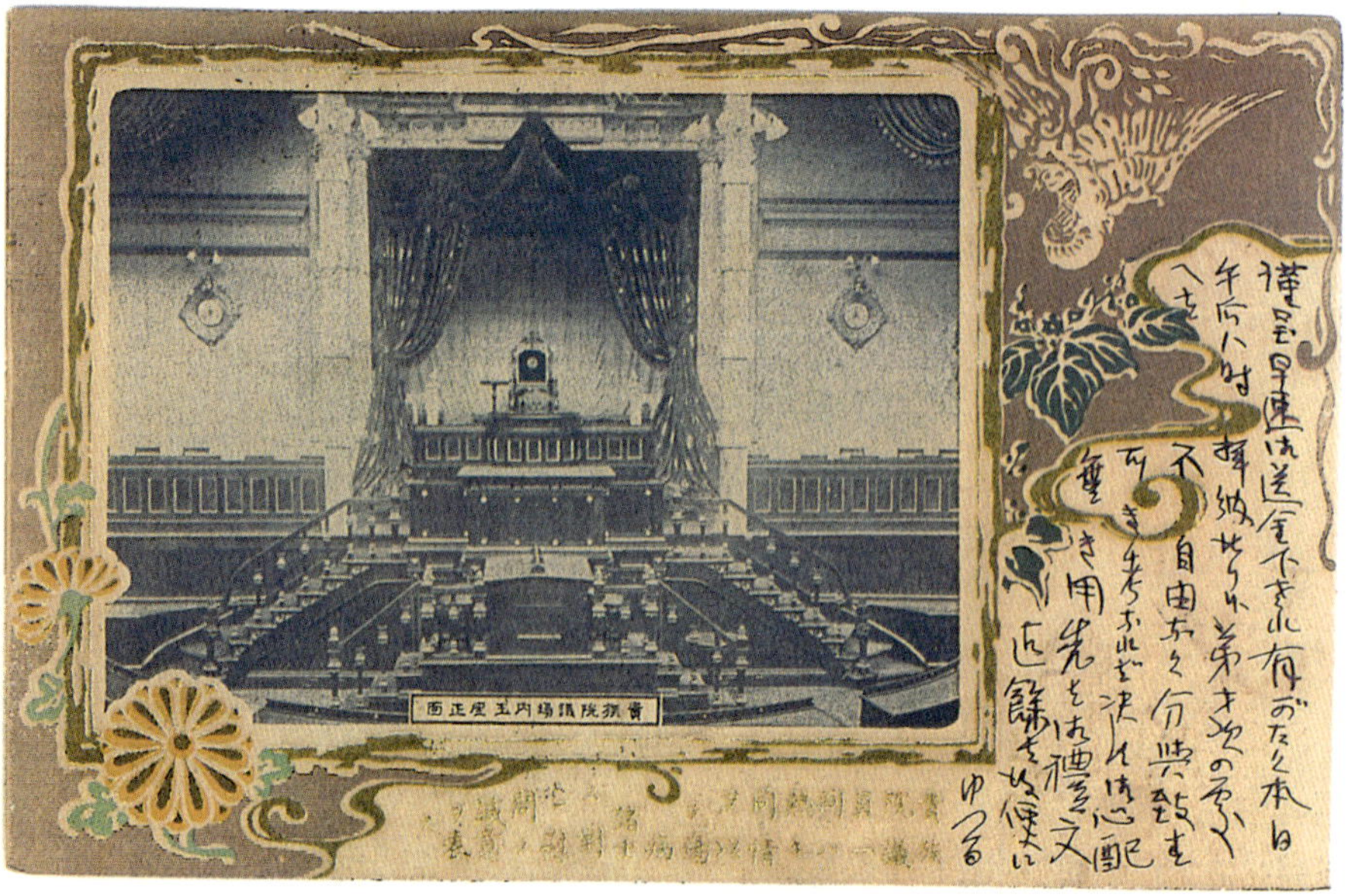

貴族院議場内玉座正面　1890年（明治23年）に第1回帝国議会が開かれた。貴族院は皇族や貴族で構成された。この議場は、第一次仮議事堂とは造作が異なるので、91年（明治24年）から1925年（大正14年）まで使用された第二次仮議事堂のものだろう。宛名面に明治38年6月26日の消印がある。

「THE GRAND HOTEL, YOKOHAMA, JAPAN」　グランド・ホテルは横浜随一のホテルだった。1873年（明治6年）にイギリス人の経営により左端に見える建物で開業、その後、90年（明治23年）に右の建物を増築。旧館・新館合わせて100室を超える規模になった。関東大震災で倒壊し、再建されることはなかった。

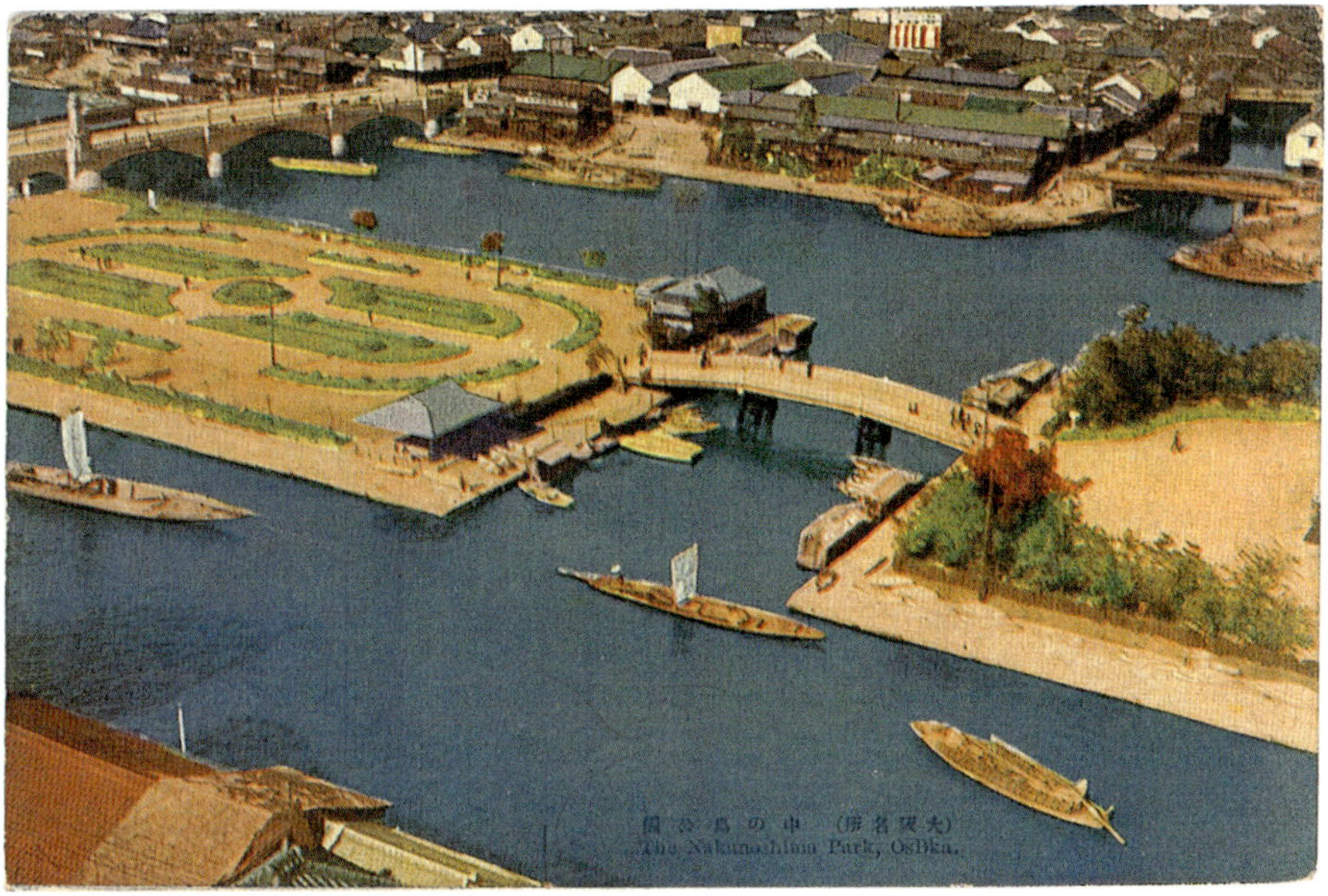

中之島公園　中之島公園は大阪市最初の公園として1891年（明治24年）に開設された。「夏の間ここに納涼する者群集して毎夜非常に賑えり」（矢嶋嘉平次『大阪けんぶつ』矢島誠進堂、1895年）

「滑稽新聞社発行　いくら呉れるだろうか」「滑稽新聞」を発行した宮武外骨（「はじめに――絵はがきを集めた人々」の項を参照）が絵はがきブームの波に乗って、1905年（明治38年）に『高等滑稽意匠絵葉書』全3集を、その2年後からは『絵葉書世界』全26集を発行。絵師たちの筆を通じて宮武独特の風刺と諧謔（かいぎゃく）の精神が表現され、人気を博した。

「Picking HEWLETT'S Natural Japan TEAS」
明治時代、国策によって日本茶は輸出産業として育成され、輸出量は生産量の過半を占めた。1900年ごろから10年ごろ（明治30年代から40年代）にかけては静岡市内に事務所を構える外国人も増えた。これもその過程で発行されたものだろう、03年（明治36年）にアメリカに送られている。

憲法発布20年記念　1909年（明治42年）2月11日、東京の日比谷公園で憲法発布20周年記念祝賀会が開かれた。左から、同年10月に暗殺される初代首相の伊藤博文、06年から08年に衆議院議長を務めた杉田定一、03年から30年間も貴族院議長を務めることになる徳川家達（いえさと）。家達は徳川家16代にあたる人物。

「売出中階下売場の雑踏 三越自転車隊の整列」 三越では写真に見られるように、自転車で買い上げ品の配達をおこなう「メッセンジャーボーイ隊」を1909年（明治42年）9月に導入した。欧米のデパートを見習ったもので、制服姿で颯爽と走る姿が人気だった。

奉天停車場正面 奉天駅（現・中国の瀋陽市内）は南満州鉄道で最大規模だったという。1910年(明治43年）竣工。外観は、赤レンガと白色系の石を組み合わせた辰野式（東京駅を設計した辰野金吾が得意とした様式）で、西澤泰彦の『図説「満洲」都市物語』（河出書房新社、1996年）によると、設計は満鉄技師の太田毅と伝えられる。

名古屋・栄町通り　京都に次いで全国で2番目、1898年（明治31年）に路面電車が走った名古屋市の栄町通りには豪壮な西洋建築が並んだ。ドームがある建物は1910年（明治43年）完成の日本生命名古屋支店（辰野片岡事務所設計）、左端の建物は同年開業のいとう呉服店（松坂屋）（「都市の近代」名古屋市の項を参照）。

大阪新世界　「東洋一の娯楽園」と謳われて1912年（明治45年）7月に誕生。高さ75メートルの通天閣、遊園地のルナパーク、パリの街並みのように放射状に広がった商店街、劇場や活動写真館などが見られた。のちにラジウム温泉浴場や旅館なども増設された。

大連ヤマトホテルのロビー　1914年（大正3年）、大連市の中心部の大広場に面して開業した。南満州鉄道直営の満鉄ホテルチェーンのなかで最も高い格式を誇ったという。なお、創業はダーリニー（ダルニー）ホテルの建物を使用した07年（明治40年）。

「大正七年十一月二十一日休戦条約成立祝賀会 東京市主催奉祝 花自働車」　1918年（大正7年）11月11日、ドイツが連合国との休戦協定に調印、第1次世界大戦が終わった。これを祝して、路面電車に装飾を施した花電車のほか、こうした花自動車も走り、祝賀ムードを盛り上げた。なお、当時は「自働車」と表記した。

第一生命保険相互会社 東京市京橋区南伝馬町三丁目 日本で最初の相互保険会社。日本生命に在籍した矢野恒太が1902年（明治35年）に創業した。相互主義による経営こそが保険会社の理想のあり方と考えたからだ。「相互会社」を「倉庫会社」と勘違いされたことも。この建物は辰野葛西事務所の設計による名建築で、21年（大正10年）竣工。

「摂政宮殿下」 1921年（大正10年）11月25日、皇太子（のちの昭和天皇）は天皇が病気のため、摂政となった。ちょうど20歳のときのこと。この翌年、摂政宮と久邇宮良子（くにのみやながこ）の結婚が天皇により勅許された（結婚はさらにその2年後）。

長崎丸・上海丸特別室寝室　1922年（大正11年）から翌年にかけて竣工、上海までの航路で活躍した。この絵はがきからは、特別室寝室の寝具や壁があでやかな花柄で彩られていたことがわかる（「都市の近代」長崎市の項を参照）。

浦上天主堂　天主堂とはカトリックの教会堂のこと。1865年（慶応元年）の長崎市浦上でのいわゆる「信徒発見」は世界を驚かせたという。この天主堂は1925年（大正14年）に完成。双塔の鐘楼が壮麗な姿を見せていたが、原爆で破壊された（「戦後復興と高度成長の風景」の項を参照）。59年（昭和34年）に再建を果たしている。

東京遊覧乗合自動車　1925年（大正14年）12月、東京遊覧乗合自動車による東京市内定期観光バスの運行が始まった。はとバス社史編纂委員会編『はとバス三十五年史』（はとバス、1984年）によると、当初、人力車組合や旅館組合が反発したが、旅館や車夫が遊覧客を紹介した場合は紹介手数料をバス会社が支払うことで一件落着した。

帝都復興記念　関東大震災後の復興を祝した1930年（昭和5年）の帝都復興記念祭の折に発行された。右は復興小学校の一つ、千代田小学校。復興小学校とは大震災で倒壊焼失した東京市立の小学校117校を、耐震耐火性を考慮したモダニズム建築（インターナショナル・スタイル）で新築したもの。左は昭和通り。

Sakurada-mon Gate and the Metroplitan Police Board (Greater Tokyo)　大江戸の史蹟櫻田門より警視廳の偉容を望む　（大東京）

「目黒雅叙園　四号館二階廊下の偉容」 1931年（昭和６年）、料亭として開業した目黒雅叙園はその後、建物を増築しながら結婚式場として営業、人気を博す。室内はもとより、廊下やトイレに至るまで華麗な日本美術で彩られている。創業者・細川力蔵の美術家・工芸家に対するパトロン精神が発揮されたものだった。現在、「百段階段」の部分が国の登録有形文化財。

「大江戸の史蹟 桜田門より警視庁の偉容を望む」 この警視庁の建物は1931年（昭和６年）の完成。その翌年、ここで桜田門事件が起きている。天皇の馬車列がまさに警視庁前を通り過ぎようとしたとき、爆弾が炸裂したのだ。犯人は朝鮮生まれの男で、朝鮮独立を目的に天皇暗殺を謀った。天皇は無事だった。

GAJOEN, MEGURO, TOKYO,　（目黒雅叙園）　四號館二階廊下の偉容

「南満州湯崗子温泉対翠閣客室ノ一部」 満州（中国東北部）三大温泉の一つ、湯崗子（とうこうし）温泉の高級旅館、対翠閣（31 室）の入念にしつらえられた和室。1932 年（昭和 7 年）の「満州国」建国の直前、愛新覚羅溥儀は関東軍によって対翠閣に連れてこられ、二階の一室に滞在した（「近代史を駆け抜けた人々」の項を参照）。

「浅草公園六区の賑い」 左の垂れ幕に映画『上州七人嵐』の題名が見えるが、これは日活が 1933 年（昭和 8 年）に公開したもの。この 2 年前、松竹が初めての本格的トーキー映画『マダムと女房』を製作しており、活弁（活動写真の弁士）がまくしたてる無声映画から俳優の声が聞けるトーキー映画へと移り変わる新しい時代の光景でもある。

(上)滿洲の曠野を驀進する特急列車アジア號
(下)奉天驛ホームに停車中のアジア號
(Upper) Express "ASIA" (Lover) Express
"ASHIA" At Hoten Station.

山王ホテル全景　1932年（昭和7年）、東京の永田町に開業したこのホテルが一躍注目を浴びたのは、36年（昭和11年）の2・26事件においてだった。決起部隊（反乱部隊）が占拠して立てこもったのである。屋上には「尊王討奸」の日章旗が上がった。中央奥には、国会議事堂の頭頂部がかすかに見える。

「満洲の曠野を驀進する特急列車アジア号」　南満州鉄道が1934年（昭和9年）11月から大連―新京間（翌年に哈爾浜＝ハルビンまで延長）で運行した高速の名列車。食堂車や展望車を備えたほか、車内を冷暖房完備とし、快適な列車旅行の提供を目指した。下は前出の奉天駅に停車中のあじあ号。

SANNO HOTEL
Bird's-eye view of the Sanno Hotel, Tokyo.
山王ホテル全景(新館及日本館ヲ含ム)

「YOKOHAMA HARBOUR」　明治時代後半、貿易が盛んになるとともに、新しい埠頭の埋め立て建設が1899年（明治32年）から始まり、1917年（大正6年）にこの新港埠頭として完成した。絵はがきは国策で設立された日本航空輸送（「新しい制度、新しい技術、新しい産業」の項を参照）の発行で、手前に着岸しているのは浅間丸型の客船。30年代の光景と見られる。

「紀元二千六百年記念日本万国博覧会会場」　宛名面に「昭和十五年三月十五日より八月三十一日迄総額四千四百五十万円の経費を以て東京及横浜に開かれます」とあったが、日中戦争により中止に。会場周辺の混雑緩和のために計画された勝鬨（かちどき）橋だけが実現した。絵は鳥瞰図で有名な吉田初三郎。

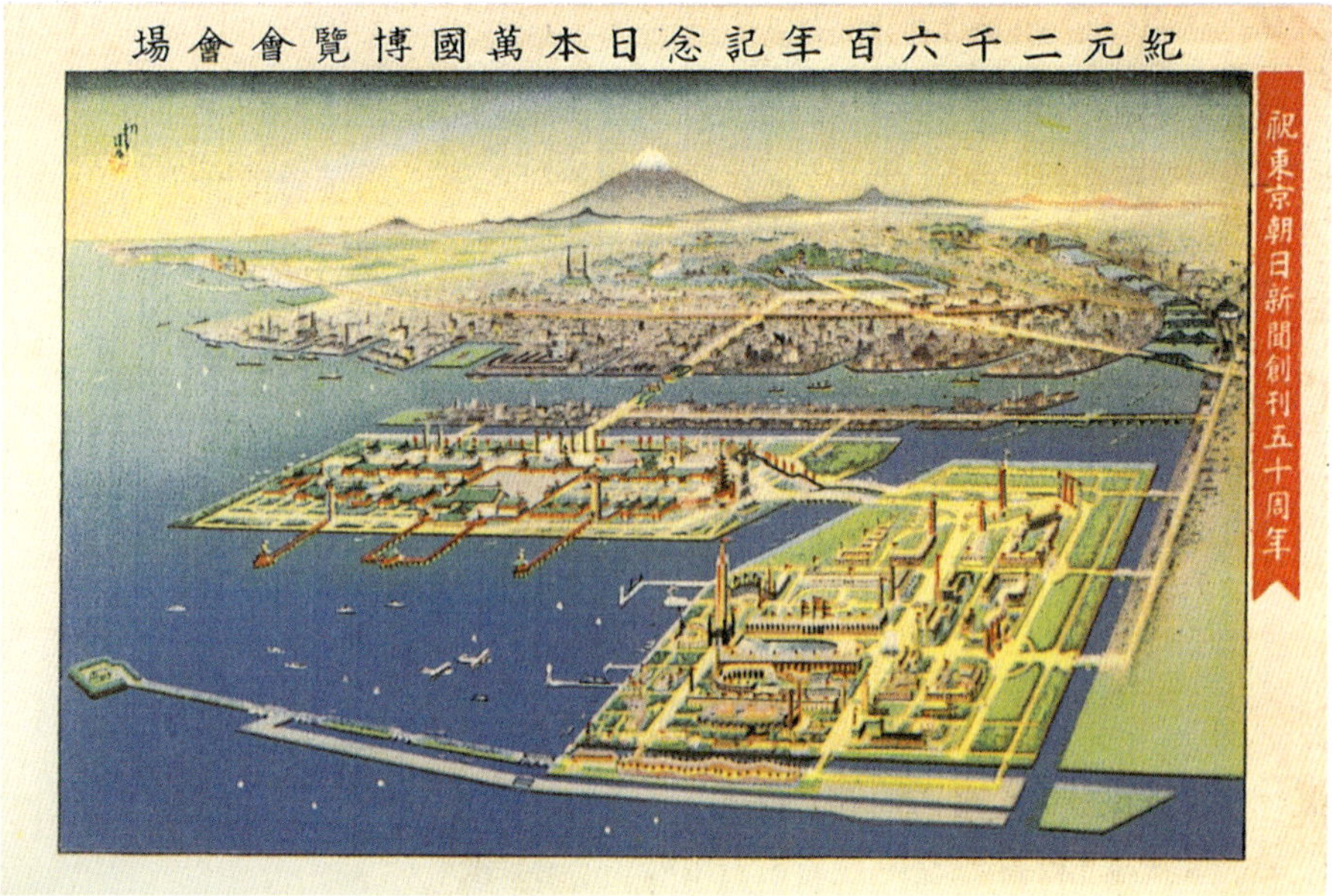

「ハワイ真珠湾強襲」吉岡堅二筆　内閣印刷局製造、逓信省発行。戦争時には多くの画家が戦争画を描き、またそれらが絵はがきにもなった。戦争画の絵はがきは「軍にとっては兵士と銃後の戦意を保つ重要なコンテンツだった」（迫内祐司「戦時下の絵葉書」、河田明久監修『画家と戦争』所収、平凡社、2014年）。なお吉岡堅二は日本画家。

人々の暮らしと文化

慰問袋

戦地の将兵に慰問袋を送る習慣は日露戦争から始まった。吉田八岑《やつお》の『明治考証事典』（新人物往来社、一九七五年）によると、女学校の校長で日本キリスト教婦人矯風会の創立者である矢島楫子《かじこ》が時の佐世保鎮守府司令長官に百個の慰問袋を送った。出征兵士をねぎらうためだ。

一般的に、慰問袋には手紙などの慰問文に始まり、日用品や薬、缶詰や菓子、将棋や雑誌といった娯楽品など、さまざまなものが詰められた。この慰問袋を戦地の兵士たちがいかに喜んだか、陸軍省新聞班つはもの編輯部編『兵営の異聞と秘話』（新知社、一九三三年）が記す。

「〔慰問袋を取りに来いという：引

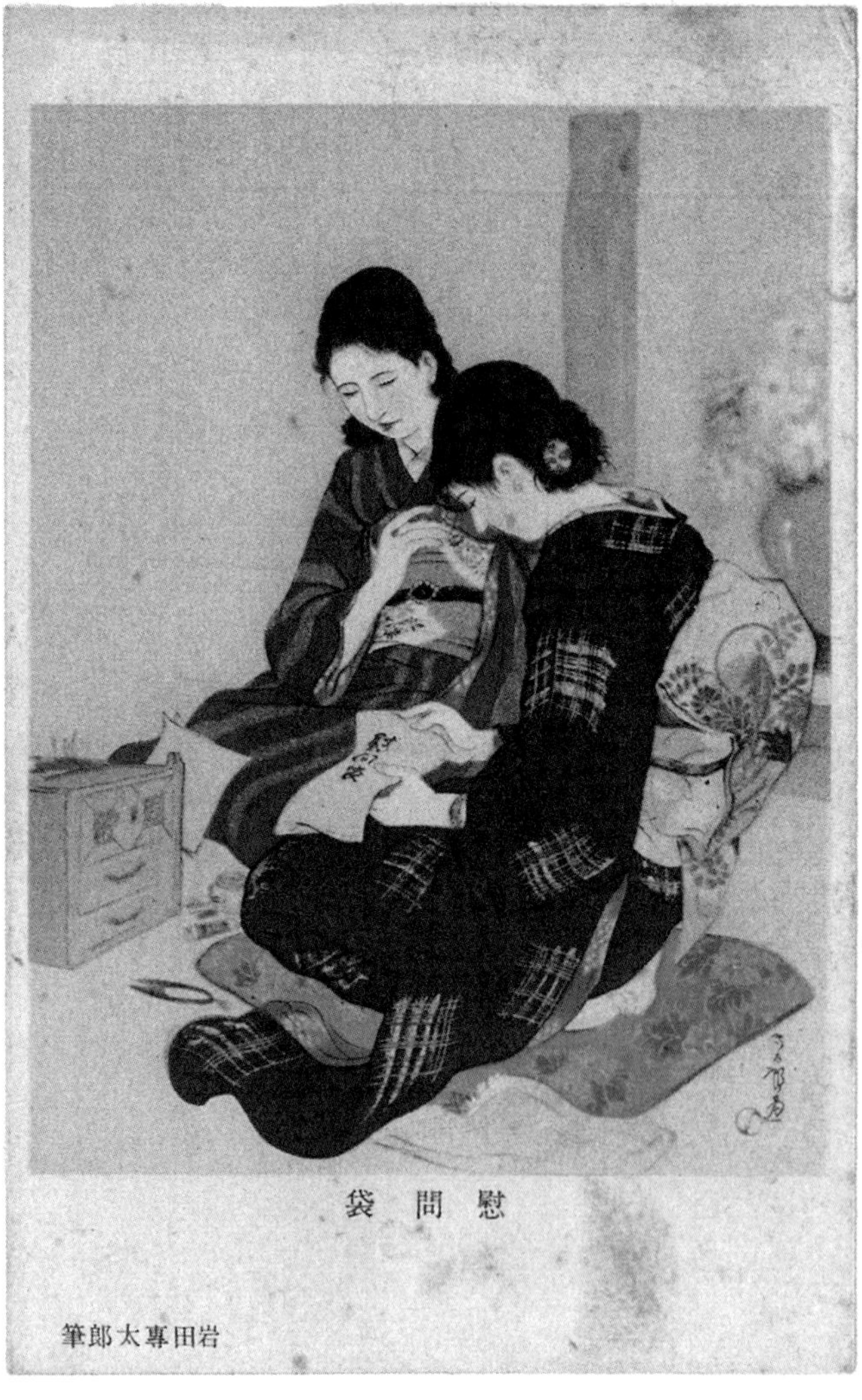

「慰問袋」岩田専太郎筆　愛国恤兵（じゅっぺい）財団助成会発行。川村みのる『僕の見学記』（帝国教育会出版部、1942年）に「慰問袋の常識」という一文が掲載されている。著者が陸軍省恤兵部を訪ねて、何を送るべきかを聞くと、意外なものにハーモニカがあった。殺伐とした空気のなかにいる兵士の心を大いに和らげるはずだと教えられたという。

用者注〕命令が来た時のはしゃぎ様《よう》は早慶戦以上の騒ぎである」「恋人の写真でも抱える様に胸に抱きしめる。慰問袋はこうして抱きかかえるときの楽しみが全く何とも云えない味なのだ」

慰問袋が外国から届くこともあった。例えば太平洋戦争前、北米ロサンゼルスに居住する日本人団から戦地に届いた慰問袋のなかに見慣れない包みのたばこやチョコレートなどを見て初めは戸惑い、次に子どものように喜ぶのだった。

「慰問文」竹中英太郎筆　愛国恤兵財団助成会発行。次の文も前掲『僕の見学記』から。「勇士達の喜ぶのは品物の値段が高い安いではなく、送主の真心です。ですから慰問文を一番喜びます。殊に無邪気な子供さん方が一生懸命書いた手紙は大へん結構です。必ず慰問袋の中に入れることを忘れないで下さい」。竹中は江戸川乱歩の小説の挿絵などで知られた。

「支那事変 昭和十二年 故国より楽しい第一信」 兵士たちが家族や友人知人からの慰問文を読んでいる様子を写し出しているのだろう。この翌年に出版された日本聯合通信社編『支那事変が生んだ皇国銃後赤誠史』（日本聯合通信社、1938年）にも「戦地にある将士の一番心を励まし楽しましむるものは慰問袋や慰問文である」と記されていた。

大相撲人気

一九二八年（昭和三年）一月、春場所の大相撲が初めてラジオ中継された。このときの様子を、日本放送協会編『放送五十年史』（日本放送出版協会、一九七七年）は、こう記している。

「中継放送のマイクロホンは、最初から土俵際に置かれた。アナウンサー松内は国民新聞記者の石谷勝をわき役に、一番一番、熱情を込めて放送した」

当時の大日本相撲協会は、中継放送を許可したら、国技館の観客は減少してしまうとの危惧を抱いたが、六代目出羽海親方の「ラジオでおもしろそうな勝負を耳にすれば、相撲に関心の薄い人もきっと国技館に来るよ

両国国技館　辰野金吾と葛西萬司の設計により、1909年（明治42年）開館。収容人員は1万3,000人で、鉄骨による大ドーム空間となった。この3年前の帝国議会で、相撲常設館に対する国庫補助が可決されたため、東京大相撲協会（当時）が建設を進めた。

うになる」（同書）という意見で中継が決まったという。

そして、中継開始と同時に、土俵中央に仕切り線が設けられ、仕切り時間は幕内が十分、十両は七分、幕下は五分とそれぞれ決められた。

その結果、「マス席はたちまち超満員」（同書）となり、ラジオ中継は「全国の相撲ファンを喜ばせ、相撲人気を大いに盛り立てた」（高永武敏／原田宏『激動の相撲昭和史』ベースボール・マガジン社、一九九〇年）。

横綱太刀山　大相撲史上、屈指の名横綱の一人。1つの黒星を挟んで、56連勝と43連勝があり、無敵だった。1916年（大正5年）に56連勝で止まったとき、国技館は騒然となった。突っ張りに威力があり、「太刀山は45日（ひと月半とひと突き半をかけた洒落）で今日も勝ち」と川柳に詠まれた。

男女（みな）ノ川　1936年（昭和11年）に34代横綱となる。「双葉山の蔭にかくれて弱い横綱の代名詞であった」が、「容貌魁偉な力士こそ、贔屓（ひいき）に好かれる。優男（やさおとこ）よりも鬼の如き男をはべらすことでこそ、贔屓の欲望は満たされる。男女ノ川はまさに、その贔屓に好かれる典型的な力士であった」（川端要壽『奇人横綱 男女ノ川』徳間書店、1996年）。

「十三年春場所千秋楽」「玉の海（右）と磐石（ばんじゃく）（左）の取組は果然大相撲となり満場熱狂！」と説明。この年から13日間の興行だったが（それ以前は11日間）、翌年の夏場所には、相撲人気ということで、15日間となった。

潮田皓哉氏作『双葉関木彫』 名工と謳われた潮田皓哉による双葉山の木像。1939年（昭和14年）に69連勝を成し遂げたが、その連勝が止まったとき、ショックで食事が喉を通らない人が続出したといわれた。

大原女

大原女と書いて「おはらめ」と読む。京都市北方の郊外、洛北の大原などから薪や柴などの生産物を京都市内まで持ち運び、売り歩いた女性のことだ。

このような行商の女性は古来より「ひさめ」とか「ひさぎめ」と呼ばれ、のちに販女の字があてられた。平安京の建設以来、周辺の農村から食料や日用品を持ち込んで売り歩いたが、大原女はそんな販女の代表格だった。

京都では、大原女のほかにも、おもに生花や茶を売り歩いた白川女や、桂川で獲れる鮎を売り歩いた桂女、京都西北部の梅ヶ畑からやってきて踏み台や腰掛け、はしごなどの木工品を頭の上に載せて売り歩いた畑の

この絵はがきに見られるように、ときに牛馬による運搬もおこなわれたが、『大原女』によると、1905年前後（明治30年代後半）を境として大八車が使われるようになった。29年（昭和4年）発行の釈瓢斎『苦悶の筍』（一元社）には「〔頭に載せた：引用者注〕黒木売の大原女姿がもうみられなくなったのは惜しい。それは大八車を利用するようになったからだ」と記されている。

姥《おば》などが市内をにぎわした。

では、近代において、大原女はいつごろまでよく見られていたのか。岩田英彬の『大原女』（現代創造社、一九八四年）によると、若いころから壮年期の終わりまで全面的にこの仕事に携わったのは明治生まれの女性たちで、毎日のように京の町に出て柴などを売り歩いたのは、一九三五年（昭和十年）ごろまでではなかったかという。ガスの普及の影響を受けたのだ。

筆者がセットで入手したこれらの絵はがきには説明がないが、大原女のほか、白川女や畑の姥らを写したものも交じっているようだ。彼女らは、脚絆・手甲を身に着け、身だしなみを整えて行商にあたった。

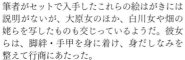

大原女は「夏は衣類が汗でべたつき、格好が悪くなるのを防ぐため、着物（帷子：かたびら）や肌着は固く糊をして出かけ」（前掲『大原女』）た。前掲『苦悶の筍』は「交通機関の発達がむかしゆかしいあの風俗〔大原女のこと：引用者注〕を、根こそぎ破壊するのも遠い将来ではあるまい」と予測していた。

倶楽部ライフ

石井研堂は『増訂 明治事物起原』（春陽堂、一九二六年）で、当時の新聞報道から「クラブの始」を東京・築地に計画されたナショナルクラブとした。一八七二年（明治五年）九月、西村勝三らが「欧州の法に倣」って東京府に願い出て許可を得たものだ。西村は武器商人を経て、日本で初めて靴を製造したとされる人物。

　では、クラブとは何か。石井は別の新聞記事から、共通の価値観や目的をもつ「諸人が寄り合《あい》て相談をしたり、書籍を読んだり、酒食をしたりして遊ぶ所」という定義を紹介している。

日本倶楽部会館球戯室　クラブにはビリヤード室が付き物で、日本倶楽部では研究会や競技会も開かれた。東京倶楽部／日本経済新聞社『東京倶楽部物語』（東京倶楽部、2004年）によると、ビリヤードはオランダ人が江戸時代の長崎・出島に持ち込んだのが最初で、のちに首相となる吉田茂のビリヤードのへたの横好きが記されている。

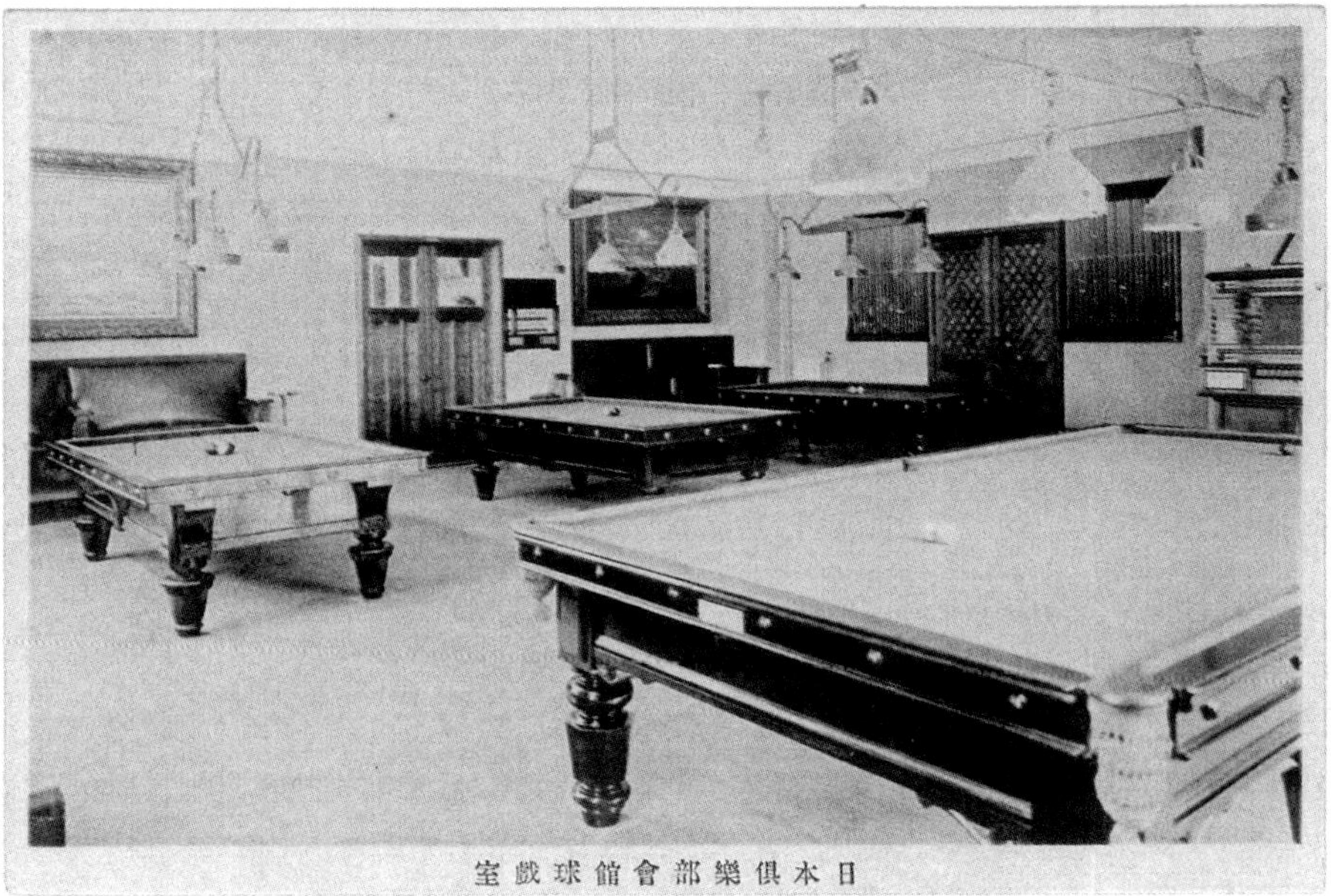

一方、交詢社編『交詢社百年史』（交詢社、一九八三年）は、交詢社を一八八〇年（明治十三年）設立の日本最初の社交クラブとする。ナショナルクラブに活動実績がそれほどなかったということか。

それはともかく、福沢諭吉が提唱し、「知識を交換し世務を諮詢《しじゅん》することを目的とした」交詢社は、発会時に千七百人以上の社員が集まり、その活動が期待された。実際、同種のクラブは「倶《とも》に楽しむ部」の意を表した倶楽部として広まり、東京倶楽部や日本倶楽部など多くのクラブが創設されていった。

日本倶楽部会館迎賓室　俳句や将棋、謡曲などの同好会もあった。一般的に、倶楽部を商談の場に利用することは嫌われ、趣味を通じた社交に重きが置かれた。ただし、明治期の当初は、一般の間ではクラブに対する偏見もあり、「特に快楽を得るところではない」と新聞に誤解を解く記事も出たという（前掲『東京倶楽部物語』）。

日本倶楽部會館玄關

日本倶楽部会館玄関　日本倶楽部は官僚や政治家を中心に1898年（明治31年）創設。この建物は、東京・有楽町に1921年(大正10年)完成。関東大震災の被害は僅少だったという。

紅葉館・芝公園・東京　300人の会員を限度に1881年（明治14年）開業。11年後、予約すれば、非会員でも利用可能に。外国人からは「メイプルクラブ」と呼ばれた。「政財界人の集まり、また条約改正問題等にての外国人の接待、後には文壇、軍人の利用されるところとなった」（池野藤兵衛『料亭 東京芝・紅葉館』砂書房、1994年）

大廣間ヨリ富士山眺望
大廣間客室
紅葉館・芝公園・東京
(The Maple Club, Tokyo.)

宝塚ホテル　1926年（大正15年）に開業した直後、阪神在住の知名人の社交団体として、ホテル5階に本部を置いた宝塚倶楽部が設立された。この背景には、ホテル利用の促進を図る目的もあったようだ。間もなくゴルフ部門が宝塚ゴルフ倶楽部として独立した。

桜島大根

その土地の特産物が流通や加工技術、情報伝達の発展によって全国に広まっていく——近代はそういう歴史でもあった。

鹿児島県の特産、桜島大根はその大きさで有名だが、来歴にはいくつかの説があって、はっきりしないという。ただ、形状は異なるものの、その名称は一八〇四年（文化元年）の薩摩藩編纂『成形図説』に見られ、大型の大根が当時から栽培されていた（宮田正春「巨大で美味な桜島大根」、日本地域社会研究所『日本の郷土産業6 九州・沖縄』所収、新人物往来社、一九七四年）。

明治時代の桜島大根の栽培は、西桜島村を中心に広くおこ

「鹿児島名産桜島大根 重量六拾五斤」 子どもを横に置いて、その巨大さを示した絵はがき。斤という単位は、計るものによって基準重量が変わるという。この場合、一斤450グラムとして約30キロになるだろうか（今日のコンテストでは30キロを少し超えたものが優勝している）。

なわれていたようで、一九一九年（大正八年）に鹿児島市の中園久太郎が「薩摩づけ」の製品化に成功したことも桜島大根の存在を広く全国に伝えた。「このオバケのような大根が、冬期間の季節野菜として消えてゆく」のを残念に思い、「鹿児島の名産につくりあげられないものだろうか」と思った久太郎の熱意が名産品誕生につながったという（同書）。

二〇〇一年（平成十三年）からは「世界一桜島大根コンテスト」も開催され、〇三年にはギネスブックでも紹介された。

「鹿児島名物桜島大根 かごしま漬ノ原料」「かごしま漬」は「薩摩づけ」のことだろう。宮田の著述によると、5年目の冬を迎えた久太郎が「長く苦しい時期・たび重なる失敗にもめげずに努力して」製品化にこぎつけたという。

「桜島名物 豊肥な火山灰の土壌を有する全島に名物桜島大根を生産する」 火山灰が風化してできた土が柔らかい土壌を生み、土のなかに酸素を多く供給する。この土壌の特質が、肉質が細密でありながら柔らかい桜島大根を大きく育てる一因と見られている。

自動車学校（職業としての自動車運転手）

一九一七年（大正六年）一月十三日付の「国民新聞」が自動車運転手の給料が高く、志望者が増えていることを報じた。

一九二五年（大正十四年）に誠文堂が発行した簗瀬幸三郎の『最も容易に自動車運転手になる法』にも、新聞や雑誌に自動車学校や自動車練習所の広告が数多く掲載されていたことが記されている。この時代、職業としての自動車運転手に関心が集まり始めていたようだ。

辻百子編『20世紀の国産車――日本を駆けた、世界を駆けた』（国立科学博物館、二〇〇〇年）によると、日本で最初に自動車学校を名乗ったのは、一九一五年（大正四年）創立の東京自動車学校だったという。

公認 日本自動車学校　同校は文部省や東京府の認可を受け、初めての公認自動車学校となった。創設者の相羽有は、飛行家を目指したが、強度の近視で断念した人物だった。絵はがきには「本邦唯一の大急坂路」を設けているとある。

そして、翌々年に開校したのが絵はがきの日本自動車学校だった。日本飛行学校を創設していた相羽《あいば》有《たもつ》がそれに併設する形で東京・蒲田に開校した。大正後期には、自動車学校が次第に増えていった。

　それと同時に事故も増えた。そのため一九一九年（大正八年）に内務省は全国統一の自動車取締令を出した。正式に免許証を発行するなど制度化した。甲種・乙種と分け、のちに、普通・特殊・小型とした。

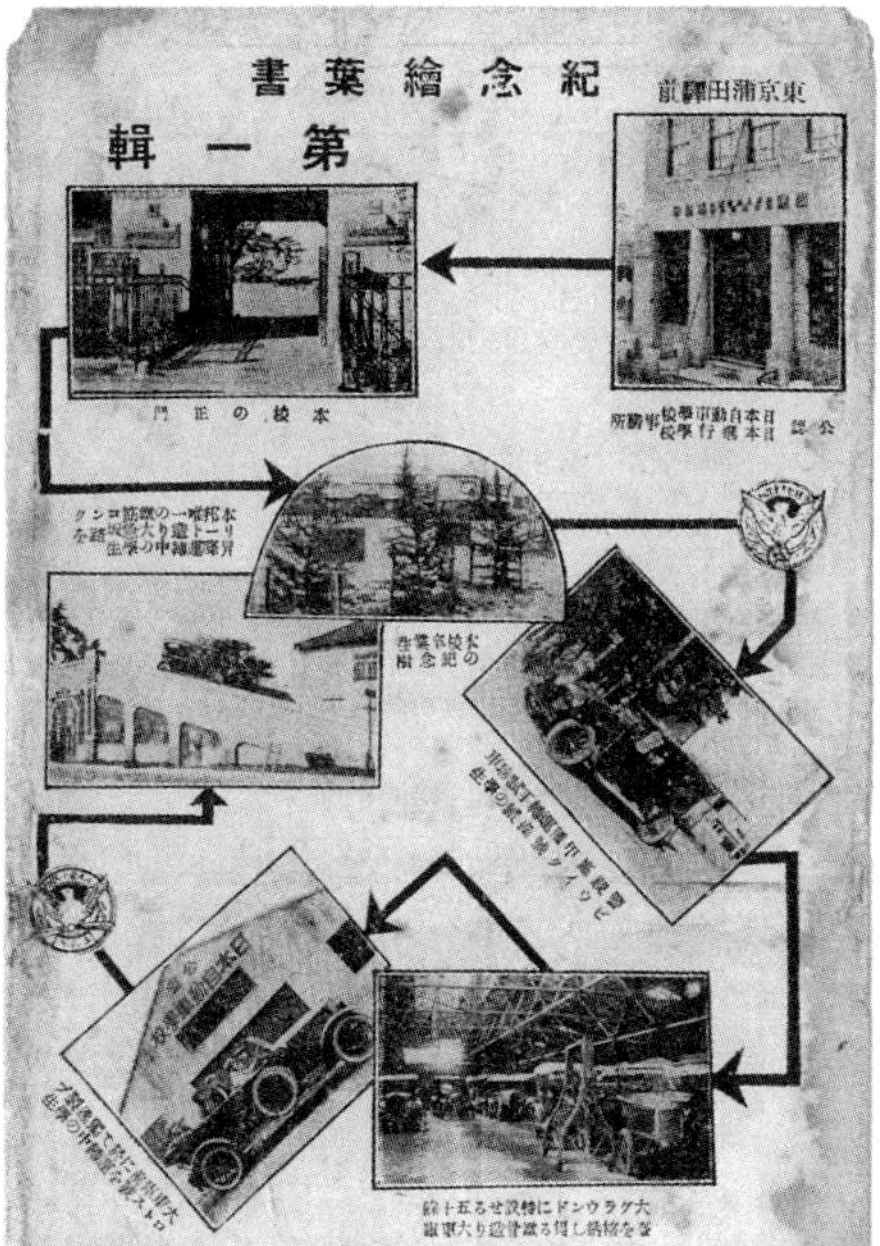

「紀念絵葉書」第一輯　日本自動車学校の絵はがきセットの袋。表には50台あまりの自動車を格納できる大車庫など、裏には所在地を地図でていねいに示している。

「山階宮賀陽宮両殿下七度御台臨の光栄に浴す」　両殿下の練習ぶりや警視庁自動車警官が10人入学したことを告げる絵はがき。

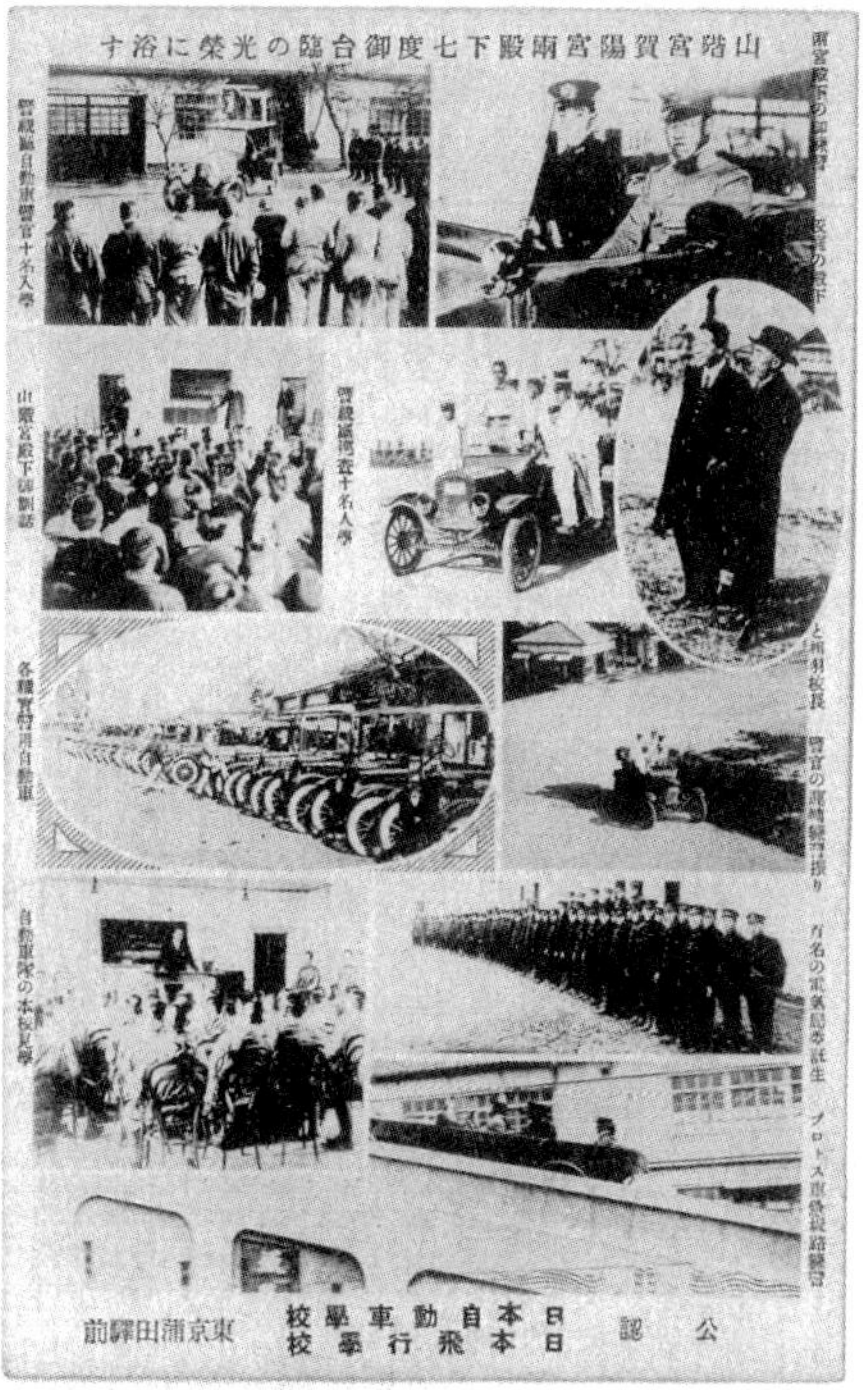

「一千呎（フィート）の上空より飛行機にて撮影したる写真」 京浜電車蒲田駅前に開設された日本自動車学校。前掲『20 世紀の国産車』によると、自動車学校は雨後の筍のように増え、いかがわしい学校も多かったという。1920 年（大正 9 年）には女性運転手第1号が東京自動車学校から誕生した。

西洋家具

明治時代以降、日本人は次第に西洋の生活様式を取り入れるようになり、西洋家具に対する需要が高まっていく。当初は、その多くを輸入品に頼っていたが、やがて自前で製造するようになった。一九一三年（大正二年）の農商務省商務局編『商品改良会報告 第六回』（農商務省商務局）の「本邦に於ける西洋家具需要の趨勢」によると、「需要は洋風建築の流行と共に近年益々増加の趨勢にあり、（略）東京市に於ては西洋家具の製造販売を業とする者凡《およそ》百二三十軒あり」という状況だった。大阪でも「頗《すこぶ》る盛ん」だったようだ。

京都市 近太旅館 応接室　和室空間でも椅子やテーブルを置く和洋折衷の生活様式が生まれたが、その際、絵はがきに見られるような「畳摺り」を椅子の下部に付けた。接触する面積を増やすことで畳を傷めないようにする工夫だった。なお「畳摺り」は明治以前、文机（ふづくえ）にも見られたという。

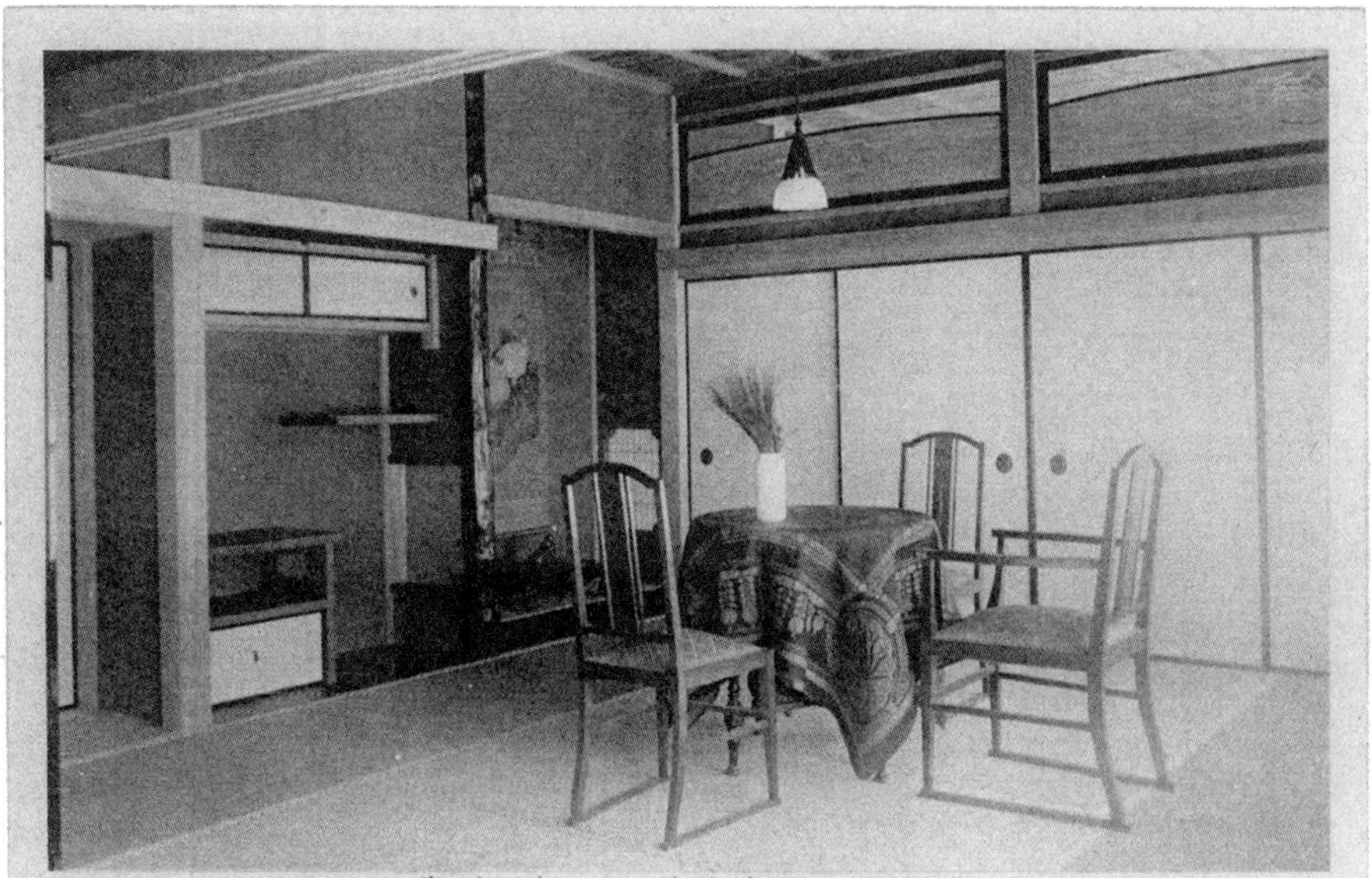

崎山直／崎山小夜子の『西洋家具文化史』（雄山閣出版、一九七五年）によると、明治時代の一般家庭では子どもの勉強用の机がまず購入されることが多かったようで、「明治時代の教育に対する熱意がうかがわれる」と述べている。

百貨店が西洋家具を広める時代もやってくる。神野由紀の『趣味の誕生――百貨店がつくったテイスト』（勁草書房、一九九四年）によると、高島屋はいち早く一九〇〇年（明治三十三年）に装飾部を設置、その四年後には、三越が家具デザインや装飾設計を総合的に手がけ始めた。

「日本橋三越 新設計室内装飾展観（書斎兼応接室）大西功二設計 1938 年度」 セット絵はがきの１枚。このセットには絵はがきとともに、「趣味と実用とを兼ねたる洋室向の小家具類を陳列致します」と記された家具売り場のチラシが同封されていた。

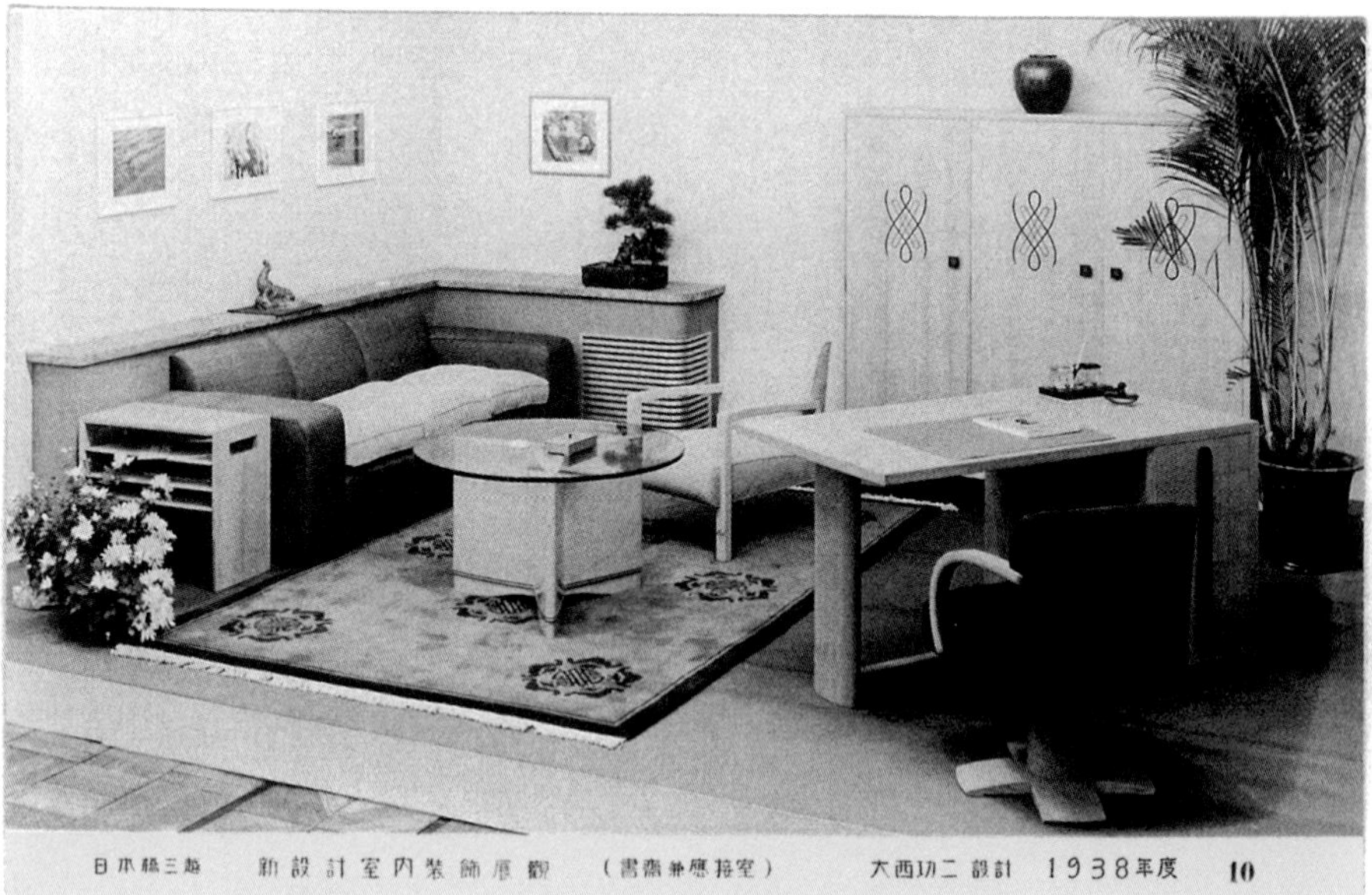

同（寝室）定方希一設計　同じく三越発行のセット絵はがきの1枚。前掲『趣味の誕生』は三越が1910年（明治43年）に家具加工部を創設したことに言及。輸入物よりも廉価な国内製の洋家具を販売した。西洋家具は次第に大衆化し、18年（大正7年）には応接家具“三越セット”も誕生した。

仙台七夕まつり

毎年八月六日から八日に催される「仙台七夕まつり」は、東北三大祭りの一つに数えられ、また全国の七夕祭りのなかで有数の規模を誇り、たいへんなにぎわいを見せるが、今日につながる発展の原点は意外にも、商業・観光振興にあったという。

近世の時代から続いた「仙台七夕まつり」が一時期、衰退しつつあった。その流れを変えたのが、一九二六年（大正十五年）に各商店街が七夕に合わせておこなった大売り出しだった。江戸川大学の阿南透教授が論文「都市祭礼「仙台七夕まつり」の成立と変容」（「情報と社会——江戸川大学紀要」第十九号、江戸川大学、二〇〇九年）で、当時の新聞報道を丹念に追跡しな

「五彩の短冊美しき。七夕祭の豪華版」大町五丁目の飾り物　1936年（昭和11年）8月6日の撮影。この10年前に飾り付けの審査がおこなわれ、七夕祭り復活の契機となった。右下に「中元大売出し」の看板も見える。この大町5丁目に対して、東一番丁は「こっちが本元」と、福引の景品に力を入れて対抗したこともあった。

がら、そう指摘している。

　その年、なかでも注目されたのが大町五丁目全戸を対象におこなわれた飾り付けの審査だった。特等から四等までを表彰して話題を集めた。

　以後、各町内会での装飾競技会が催され、一九三一年（昭和六年）には「河北新報」が「東京日本橋の株式仲買人から百名の団体が来仙するが、七夕祭だけを目あてにくる団体としては最初」と報道、観光化が一層進んだのだった。

「伝統の流れをいまに伝える七夕祭 藤崎百貨店」
地元老舗デパートの飾り付け。復活の当初、七夕飾りは大売出しの装飾という位置づけだった。その後、仙台商工会議所などの呼びかけもあって、飾り付けは年々大掛かりになっていった。

「林立する郷土芸術のいろどり 東一番丁」 飾り付けの競技会は個人と団体、それぞれの部でおこなわれるようになっていき、対抗意識が行事を発展させた、と阿南教授は論文で指摘した。また、復活の過程では町同士の競争意識もいい方向に作用したようだ。

転地療養と南湖院

近代に生きる人々が最も恐れた病気、それは結核だった。一九一三年（大正二年）には結核予防協会が発足、国家的な取り組みが始まっている。

その治療に対し、転地療養が有効と考えられた時代があった。それは「理学的療法中の一要部を占むるものにして土地、空気、気温、気圧、海水、鉱泉等の自然力を応用して治病保健の目的を達せしむるを謂《い》う」（長尾折三編『日本転地療養誌』吐鳳堂書店、一九一〇年）。そこで、高原や海浜に長期療養所が建てられた。

ここに挙げた南湖《なんこ》院はその代表格だ。神奈川県茅ケ崎の南湖《なんご》

「南湖院航空写真 傾斜式 高度二〇〇米」 最盛期の1940年前後（昭和10年代）には約5万坪（約17ヘクタール）の敷地に病舎などが点在、「東洋一のサナトリウム」と呼ばれた。衛生新報社編輯局編『実用問答呼吸器篇』（丸山舎書籍部、1912年）は、療養所について「編者の実見せる範囲にては南湖院が最も優れて居る、それに院長高田先生の学識経験人格共に優れて居るのは患者の信頼を得るに充分である」と評価。

に高田畊安《こうあん》が一八九九年（明治三十二年）に第一病舎を開設、勝海舟夫人たみ（高田は勝海舟の孫娘と結婚）ほか二人を受け入れて始まった。そして病舎を増やしていき、一九三六年（昭和十一年）には十四棟を数えている。

この南湖院の成功の要因として、川原利也は『南湖院と高田畊安』（中央公論美術出版、一九七七年）で、治療法や畊安の人柄、経営手腕などのほか、衛生的な環境を重視した水道施設や汚水浄化装置、気象情報を得るための観測所、そしてキリスト教施設を挙げている。

「南湖院海気浴場に於ける体操」 1919年（大正8年）の光景。国木田独歩は08年（明治41年）にこの南湖院で5カ月弱を過ごし、ここで亡くなった。著名人ではこのほか、児童文学者の坪田譲治が入院、女性活動家の平塚らいてうは姉の入院で、活動の拠点が茅ヶ崎になった時期があった。

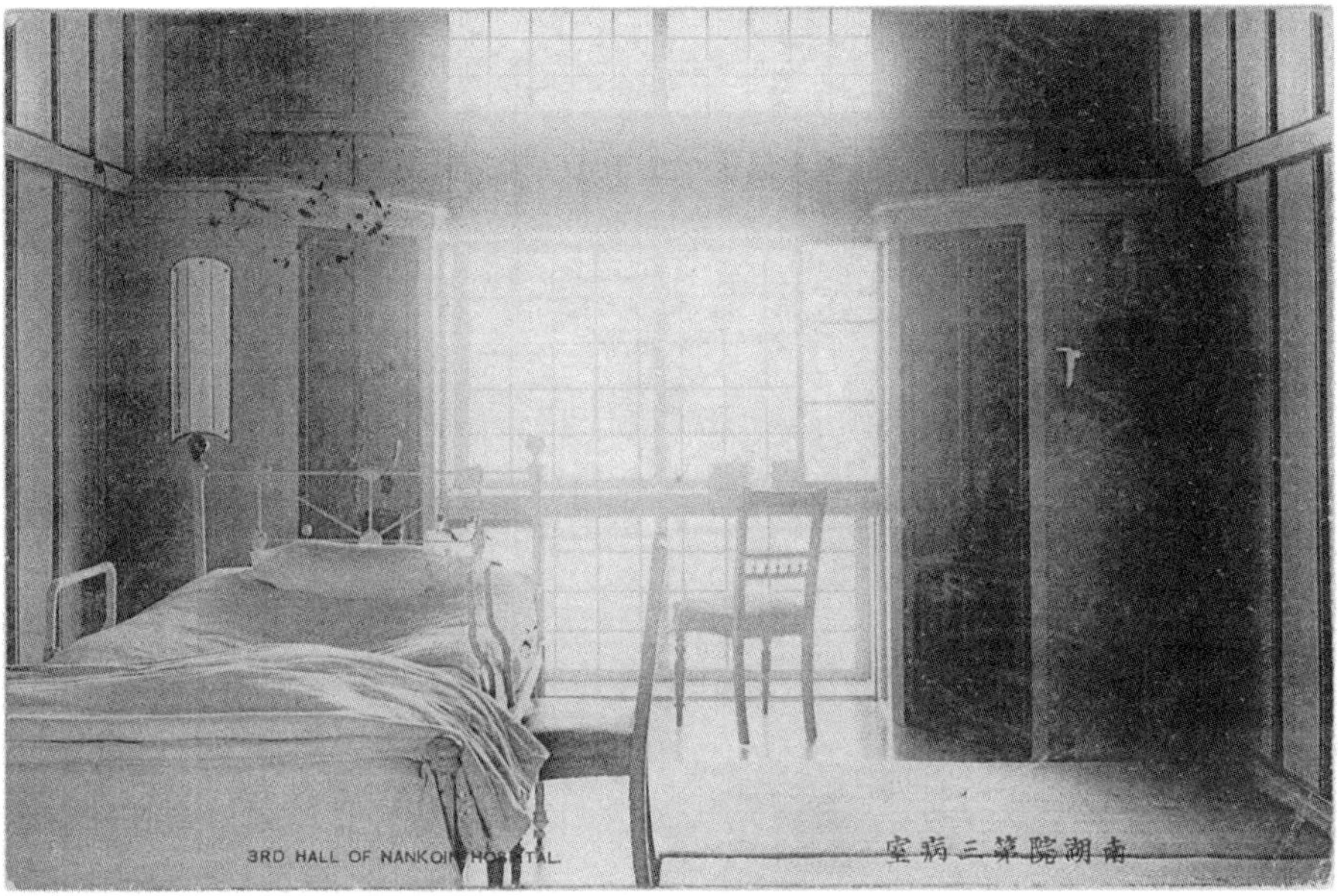

南湖院第三病室　実際にこのタイプの病室に入院していた女性患者が使用した絵はがき。「左に見えるねだい〔寝台：引用者注〕の上に毎日起きたりねたり志て暮らして居ります」と、遠州浜名郡で暮らす母に書き送っている。

南湖院職員一部 汽缶部員 建築部員 園芸部員 使丁部員　さまざまな職人の職場にもなった。汽缶（ボイラー）室には4台の高圧汽缶があり、炊飯や浴場湯沸かし、消毒、洗濯、滅菌水製造、暖房などで144カ所に給汽、207カ所に放熱、134カ所に給湯していたという。大掛かりなもので、「巨大な南湖院の心臓部」だった（前掲『南湖院と高田畊安』）。

「南湖院 衛生講話 海浜会場に於て」「南湖院の詩」として右上に「かみよたすけを／つねにたまいて（以下略）」とある。敬虔なキリスト教信者だった高田は、大会堂でも講話をおこなった。日曜日には全職員も礼拝と講話に参加したことを看護師見習の女性が述べている（茅ヶ崎市史編集委員会編「茅ヶ崎市史研究」第31号、茅ヶ崎市、2007年）。

富士登山と富士講

富士山は古くから崇められてきたが、庶民にとってぐっと身近な存在になったのは、江戸時代に入ってからだった。富士講というものが結成され、代参者を立てて参拝する仕組みができあがったからだ。その数、江戸末期の最盛期には八百を超えたといわれている。

その信仰心は明治時代に入ってからも受け継がれた。近代の参拝登山者の数は、大正から昭和初期にかけてが最も多い。

また、実際には入山を禁じられていた女性や高齢者のために、富士山に見立てた富士塚が江戸時代から各地に設けられた。これに登れば、富士山参拝

HAKUSANDAKE TOP OF MT FUJI.
富士山頂上白山岳ノ割石

「白山岳ノ割石」「釈迦の割石」とも呼ばれる。貞観年間(859―877年)に富士山が噴火した際に割れた岩だという。昔から行者(ぎょうじゃ)が苦行したところと伝えられている。後掲の富士山頂上実景の図では右上に描かれている。

と同等のご利益があるとされた。

外国人が初めて富士山登頂を果たしたのは、一八六〇年（万延元年）のこと。駐日イギリス公使ラザフォード・オールコックが足跡を記した。六七年（慶応三年）には、外国人四例目となる二代目イギリス公使ハリー・パークス夫人が登頂、外国人女性としては初めてだった。以後、外国人の登頂が急増した。当時の英字紙は七五年（明治八年）までに女性三人を含めて百人以上に達したと報じたという。

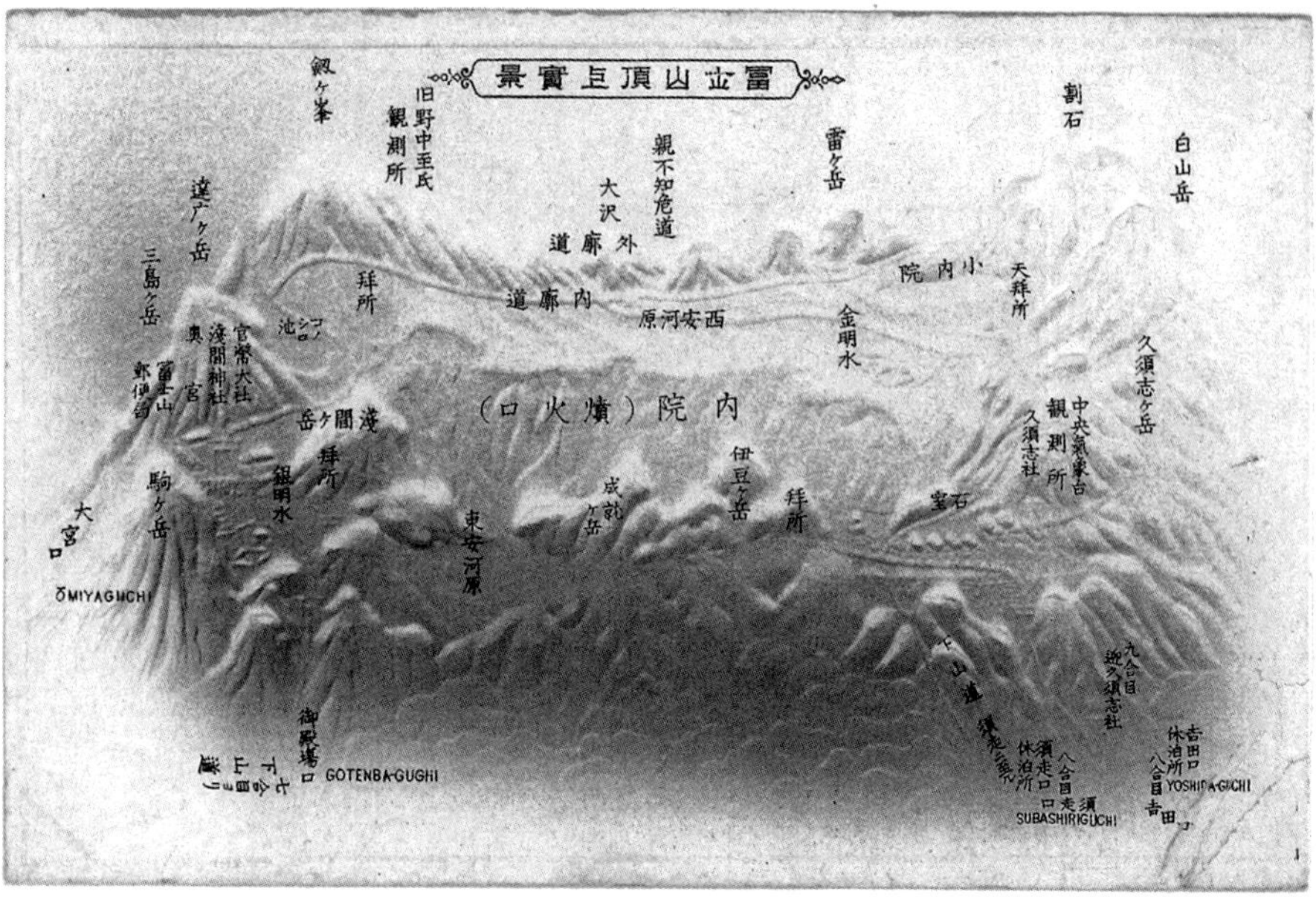

富士山頂上実景　頂上の様子がエンボス加工で表現された絵はがき。右側に中央気象台観測所、左側に浅間神社や郵便局といった人工物の存在も記されている。中央の内院（噴火口）は、富士吉田市歴史民俗博物館編『絵葉書にみる富士登山』（富士吉田市教育委員会、1999年）によると、「おおむね円形をなしており、その直径はおよそ東北〜南西間において六七〇 m ほど」。

富士山頂上　浅間神社奥宮　806 年（大同元年）に建立されたのが起源といわれる。小さな祠だったものが絵はがきの規模に改築されたのは 1905 年（明治 38 年）。激しい風雨に耐えられるよう、石室造りになっている。

開局当時の郵便局　1906 年（明治 39 年）、季節郵便局としては初めての富士山郵便局が 8 合目に開設された（7 月 30 日から 9 月 10 日まで）。登山者の多くが記念スタンプの押印などで利用した。翌年には電話も架設された。

THE CLOUD OF TOP MT. FUJI.
富士山頂上ヨリ見タル雲海

「富士山頂上ヨリ見タル雲海」 明治以降の近代は、信仰登山から観光登山へと移り変わる時代でもあった。1889年（明治22年）の東海道線開通（御殿場経由）や1913年（大正2年）の富士身延鉄道開通など、富士山周辺の交通網の発達が観光化を促したという。

文化住宅

一九二二年（大正十一年）に東京・上野で開催された平和記念東京大博覧会。その会場の一画に、建築業者が競い合って設計した、当時最先端の十四棟の洋風モデルハウス「文化村住宅」が展示され、話題を集めた。

この最新住宅は、居間を中心にした間取りで、食事の場所と寝室を分け、椅子による生活を前提に設計、清潔感がある台所も備えるというもの。庶民の目には憧れの家庭に映った。

人々の住環境は明治以降、徐々に近代化が進み、例えば、洋風の応接間を備えた和洋折衷型の住宅が明治中期以降に見ら

「出品人 生活改善同盟会」 展示された住宅はどれも建坪30坪（約100平方メートル）前後で、この住宅の建坪は25坪（約83平方メートル）。同会は1920年（大正9年）に文部省が設立した外郭団体。平和記念東京大博覧会が開催された同年、大阪でも住宅改造博覧会が開催されている。大阪では27棟が展示・販売された。

れるようになった。そして、大正期半ばごろから官民諸団体によって暮らしの合理化を目指した生活改善運動が推進され、その運動のなかで生まれたのが文化住宅だった（文化という言葉は、新しい洋風文化を表す流行語になっていた）。

　当時は私鉄の鉄道網が郊外に延び、新興住宅地が開発される状況にあった。また、先の博覧会の翌年発生した関東大震災によって、東京の近郊に移り住む人が増えた。こうした時流に乗って、文化住宅が建設されていった。

「出品人 銭高組東京支店氏（応接間より見たる子供の間）」 文化研究会編『文化住宅の研究』（文化研究会、1923年）には子ども部屋に関しても一項目を設けていた。「理想からいえば、位置はまず家全体から見て、一番日当りのよい所でなければなりません。構造は畳を全廃して板敷にすることであります」。旧来の住宅では子ども専用の空間は考えられないことだった。

「出品人 あめりか屋氏」 あめりか屋とは、滞米生活の経験がある橋口信助が1909年（明治42年）に創業した住宅建設会社。生活の洋風化を提唱する活動もおこない、別荘建築でも実績を残した。

奉安殿

一八九〇年（明治二十三年）十月、国家への献身や忠孝の大切さなどを説いた教育勅語が発令され、文部省は各学校に、御真影（天皇・皇后の肖像画や写真のこと）と教育勅語謄本を奉置するよう訓令を出した。すると、学校は祝祭日ほか儀式の日に、御真影の礼拝と教育勅語の奉読をおこなうようになった。

その八年後。長野県の上田学校女子部の校舎が火災で焼失すると、校長の久米由太郎（次男の正雄がのちに作家となる）が自殺した。一説には御真影と教育勅語謄本を焼失せしめた責任を感じての自害だったという。この事件を記述した井出孫六は『明治民衆史を歩く』（新人物往来社、一九八〇年）で、「校長先

松枝学校奉安庫落成記念 人の背の倍ほどの高さに建てられた奉安殿。扉には菊の御紋があしらわれている。前掲『明治民衆史を歩く』によると、上田学校長の自害の後、朝鮮の小学校でも同様なことがあった。校舎内部の保管では、火災のときに焼失の危険性が高まるため、校舎外での奉安殿建設が促された。

生たちは、いつ自分が久米由太郎の立場に追いやられるかも知れないことに気づいたとき、「奉安殿」は日本中の小、中学校につくられることになっていくのであった」と締めくくっている。

当初は校舎や講堂の内部に奉安室が設けられていたが、次第に独立した形で奉安殿が設けられていった。建設費は学校の予算だけでなく、卒業生や地域住民の寄付で賄われる例も見られた。

奉安殿 栃木県立栃木中学校　神社の祠を思わせる奉安殿。埼玉県のある中学校でも、神殿のような厳かさをたたえた奉安殿が設けられたが、その建設の契機は1933年（昭和8年）の皇太子誕生だったという。

姫路中学校 奉安殿　頑丈な石造りが存在感を漂わせている。生徒にとっても奉安殿の存在は大きく、1937年（昭和12年）発行の山崎力之介『学校家庭郊外日本訓育の実相』（第一出版協会）によると、「奉安殿における最敬礼」として「御六方の 御真影に対し奉って／昇下校の際、恭敬の赤誠を顕（あら）わして、最敬礼を行う」ほか、朝礼でも奉安殿に対する礼拝がおこなわれていた。

もんぺファッション

増田美子編『日本衣服史』（吉川弘文館、二〇一〇年）によると、もんぺは江戸時代から北海道・東北・北陸にかけての農村で常用された仕事着の下衣で、「もんぺい」「もっぺい」とも呼ばれた。ここに掲げた絵はがきは「山形風俗」として紹介されているが、林喜一は『羽越案内』（羽越案内同志社、一九二四年）で記す。

「市中用便に歩行するにも此儘《このまま》では婦人美を破壊する事甚しい」、また「山形風俗もんぺ美人」として芸妓に着用させ、その写真を展示・販売するのも「罪悪だ！悪戯だ！」と批判した。著者はまさにこの絵はがき

山形風俗 モンペ姿 上は和装だが、下衣は洋装のような形で、前掲『日本衣服史』は、この和洋折衷の上下二部式の形態が「戦後の洋服の普及に大きな影響を与えたといわれている」と述べている。

のような写真を見て、立腹したのだろう。

このもんぺが全国で市民権を得る日がやってくる。一九三九年（昭和十四年）ごろから「決戦服」として推奨されたのだ。

佐賀県の女性がこう記す（毎日新聞社編『銃後戦記　西部篇』毎日新聞社、一九四四年）。

「防空演習や訓練のときは勿論、お買いものにも、お使いにもみんなモンペ、モンペで、『モンペ着用でないお方は御遠慮下さい』と肉屋や菓子屋へ掲示が出されるほど、街はモンペの氾濫です」

着慣れると、具合がよかったという。

戦中の本山桂川の『生活民俗図説』（八弘書店、1943 年）では、仙台以北の各地では女学生の制服として、セーラー服の下にもんぺを着用することが試みられていると述べている。

もんぺという名称自体に面白さを感じながら、ズボンのような形のおかしさを指摘する人もいた。兼常清佐は『よもやま話』（厚生閣、1941年）で、「もし男がモーニングのズボンをはいてその上に羽織を着たとしたら随分おかしな恰好でしょう。それがモンペの恰好です」と記している。

遊園地

橋爪紳也の『日本の遊園地』（講談社、二〇〇〇年）によると、一八九〇年前後（明治二十年代）に遊園地のブームがあったという。大阪では「遊園」や「遊園地」などと称する私営の庭園がいくつも建設された。ただし、ここで留意すべきは、遊園や遊園地はあくまで大人の遊び場としての庭園だった。子ども連れで楽しむような今日の遊園地とはやや趣を異にしていた。

やがて、さまざまな遊具や遊戯器械が開発され設置されるようになって、娯楽色が強まっていく。

その先鞭をつけたのが博覧会であり、大阪を中心とする関西地区の遊園地だった。同書はこ

東京博覧会内展望車　1907年（明治40年）に上野で開催された東京勧業博覧会で、東京初の観覧車が設置された。日本初の観覧車は、石井研堂の『増訂 明治事物起原』（春陽堂、1926年）によると、「明治三十九年四月、大阪府博覧会記念会あり、同時観覧車あり」というように、大阪戦捷紀念博覧会での観覧車が第1号（当時は展望旋回車）だった。

う述べる。「博覧会場の遊園地化も大阪が先鞭をつけ、（略）郊外型遊園地も関西が先行し事業化を展開した」。後者では、私鉄企業が遊園地を沿線開発に利用した例も多く見られた。

　また、遊園地の開発は、温泉地や旧来の観光地でも見られたほか、遊園地と呼ぶほどの規模はなくても、敷地の一部に最新設備を投入することで娯楽色を加味し、誘客に役立てる観光地も出現し、大衆の娯楽に花を添えていった。

「（あら川遊園）観月橋ヨリ龍宮館及売店ノ一部」
王子電気軌道（現・都電荒川線）沿線に1922年（大正11年）開業。明治初期に創業したレンガ工場の敷地を再利用して設けられた。遊戯施設のほか、広大な日本庭園もあった。

粟ヶ崎遊園付属浴場　粟ヶ崎遊園とは平沢嘉太郎が1925年（大正14年）、金沢近郊の内灘海岸6万坪（約20ヘクタール）の土地に開園したもの。施設の内容も多彩で、「「北陸の宝塚」という異名をとった」（前掲『日本の遊園地』）という。浴場の壁には孔雀の絵が描かれている。

名鉄経営犬山遊園地　名古屋鉄道が景勝地・犬山に開園。丘の上に犬山城が見える。1927年（昭和2年）に開業した犬山ホテル（左の建物）の案内書によると、「園の中にはバンガロー式大簡易和洋食堂、カンツリークラブを設け、木曽川に沿いたる所に純日本式割烹兼旅館彩雲閣〔右の建物だろうか：引用者注〕を修めました」。

「(宝塚名所) ルナパーク」 少女歌劇団で有名な宝塚新温泉の遊園地。1924 年（大正 13 年）に宝塚ルナパークとして発足し、動物園のほか、25 メートルプール、大滑り台、18 ホールのベビーゴルフ、飛行塔、メリーゴーラウンドなど多彩な設備を順次増やしていった。

夜の須磨寺遊園 神戸市の西に位置する名刹・須磨寺の隣接地に兵庫電気軌道が開設。動物園や花人形館を構え、多くの遊具が並べられた。夜は池に電飾が映え、竜宮城のように美しいと評判だった。付近には検番もあり、最盛期には 200 人ほどの芸者で華やいだという。

(別府温泉名勝)展望東洋一を誇る遊園地 鶴見園

「(別府温泉名勝)展望東洋一を誇る遊園地 鶴見園」
広島県呉市で土建業を営む松本勝太郎が鶴見ヶ丘を造成して開園。1925年(大正14年)には600人収容の大劇場が完成、別府開発の恩人と謳われた油屋熊八(亀の井ホテル経営者)が宝塚の小林一三に交渉して少女歌劇の公演を実現させた。「西の宝塚」と呼ばれ、人気を博した。

近代史を駆け抜けた人々

清水次郎長（一八二〇—九三）

侠客として有名な清水次郎長については、これまで百五十本以上の映画が作られたといわれるが、そのほとんどは明治維新前の侠客としてのものだ。

しかし、維新後の次郎長の後半生は全く異なっていた。山岡鉄舟との出会いが彼の人生を一変させたのだ。

一八六八年（明治元年）に旧幕艦の咸臨丸が清水沖で新政府軍の攻撃を受け、十数人の死者が出た。その遺体を次郎長が収容し、丁重に埋葬した（自発的におこなった説と鉄舟から依頼された説がある）。

これがきっかけとなり、鉄舟は次郎長に新しい時代の到来を説き、囚人を使役して富士の裾野を開墾する事業を次郎長に任

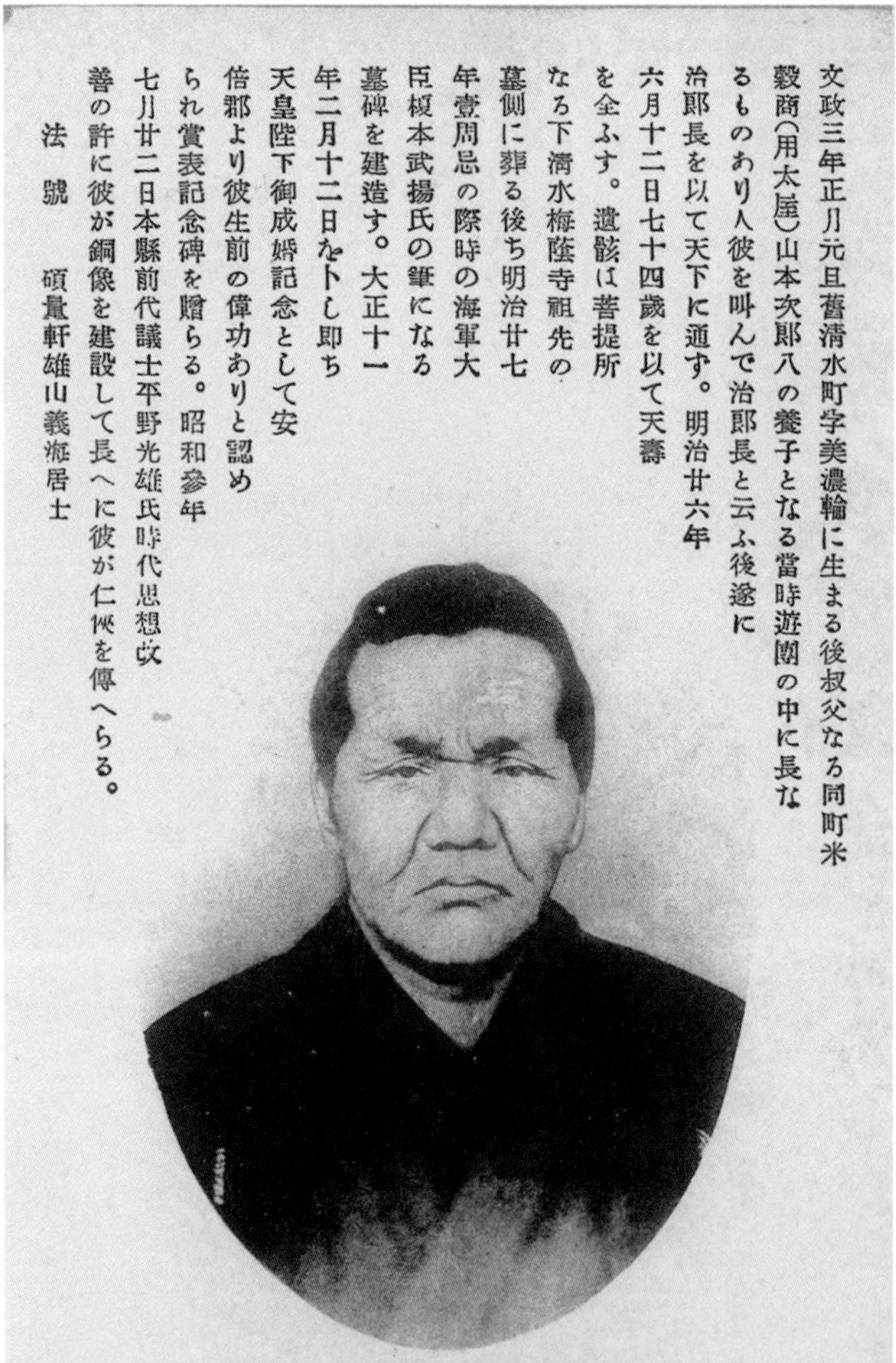
文政三年正月元旦舊清水町字美濃輪に生まる後叔父なる同町米穀商(用太屋)山本次郎八の養子となる當時遊閑の中に長なるものあり人彼を叫んで治郎長と云ふ後遂に治郎長を以て天下に通ず。明治廿六年六月十二日七十四歳を以て天壽を全ふす。遺骸は菩提所なる下清水梅蔭寺祖先の墓側に葬る後ち明治廿七年壹周忌の際時の海軍大臣榎本武揚氏の筆になる墓碑を建造す。大正十一年二月十二日をトし即ち天皇陛下御成婚記念として安倍郡より彼生前の偉功ありと認められ賞表記念碑を贈らる。昭和參年七月廿二日本縣前代議士平野光雄氏時代思想改善の許に彼が銅像を建設して長へに彼が仁俠を傳へらる。
法號　碩量軒雄山義海居士
東海の侠客清水治郎長　本姓山本長五郎

「東海の侠客清水治郎長 本姓山本長五郎」 船持ち船頭の家に生まれ、米穀商を営んでいた叔父の山本次郎八の養子となる。本名は山本長五郎といったが、次郎のところの長ということで、次郎長と呼ばれた。74歳で病死したときは、数千人の会葬者があったという。

せた。

　一八八六年（明治十九年）には船宿・末広を開業、その一室を開放し、英語教師を招いて青年たちに勉強の場を与えた。また、蒸気船を建造すべきことを周囲に力説、回漕事業の静隆社の創業に貢献した。実現はしなかったが、馬車鉄道の計画にも奔走したという。

　このように、侠客をやめ正道を歩んだ次郎長は、地域発展に活躍した一廉《ひとかど》の事業家として晩年を送ったのだった。

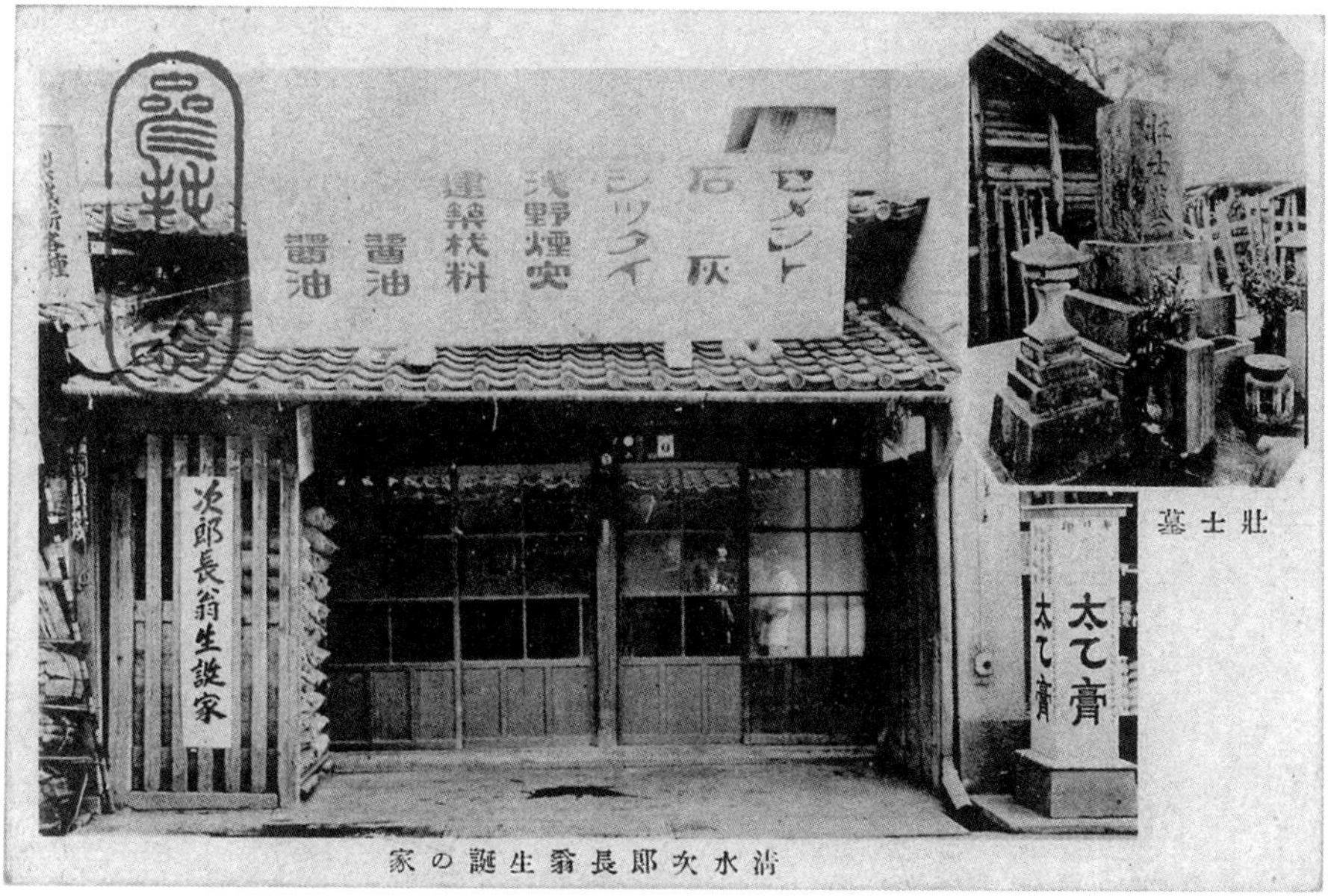

「清水次郎長翁生誕の家」　子どものときは腕白だった。壮年時代のおよそ30年間、渡世人として世を送ったが、その間も、しばしば実父をここに訪ねた。右に「壮士墓」とあるのは咸臨丸乗組員の墓碑。碑銘は鉄舟の揮毫（きごう）。

次郎長傳（富士裾野の大開墾）

三保松原

「次郎長伝 富士裾野の大開墾」 1874年（明治7年）から10年間、富士裾野（のちの富士市大淵）の開墾事業に取り組んだ。次郎長には「有識者の話に耳をかたむける柔軟性と、その期待に十分応え得るだけの才能が備わっていた」（戸田書店「人間清水次郎長」編集委員会編『人間清水次郎長』戸田書店、1968年）。

「次郎長伝 静隆社創立」 実際に静隆社が設立されたのは1876年（明治9年）のことだった。三隻の蒸気船で創業、京浜—阪神間を回漕し、静岡茶などを運んだ。当時は、技術が必要な蒸気船は敬遠されがちだったが、次郎長は時代の先を見越して関係者を説得、蒸気船の建造を実現させた。

清水港

次郎長傳（靜隆社創立）

「東海の侠客清水治郎長墓」榎本武揚氏筆　「晩年の次郎長は、まったくの好々爺であった」（前掲『人間清水次郎長』）。一周忌に当時の海軍大臣・榎本武揚の筆による墓碑が建てられた。銅像も 1928 年（昭和 3 年）に建てられたが、戦時中に供出され、52 年（昭和 27 年）に 2 代目の銅像が設置された。

渋沢栄一（一八四〇—一九三一）

明治・大正期の目覚ましい活躍で「日本資本主義の父」と呼ばれた人物がいる。渋沢栄一である。生涯に関係した企業の数は五百社に及ぶといわれる。

一八四〇年（天保十一年）に現在の埼玉県深谷市の豪農の家に生まれた渋沢は、将軍徳川慶喜の弟・昭武に随行する機会に恵まれ、パリ万博のために渡航。ヨーロッパを歴訪することで若くして広い視野を獲得した。その後、大蔵省に入省するも五年間で退官、七三年（明治六年）に日本初の近代銀行、第一国立銀行（一般銀行業務のほか、国立銀行紙幣を発行）を設立した。このとき三十三歳だった。

これを契機に、渋沢は実業界

平和記念東京博覧会協賛会　中央が渋沢栄一。1922年（大正11年）に開催された同博覧会で協賛会長を務めた。渋沢は、博覧会を民間経済外交の絶好の機会と考えていた。この年、渋沢は82歳を迎えていて、日印協会の会長だった。

で指導的な立場に立つことになる。というのも、多くの実業家が自社の発展に努めるのに、彼は実業界全体の世話役的な役割を果たそうとしたからだ。そのため、関与した企業が多数にのぼるのである。

その一方、渋沢は政治的・文化的な着想も豊かで、晩年は教育や文化交流、社会事業や国際親善など幅広い分野で活躍した。豊かな人脈を生かして、民間経済外交の指導者として重要な役割を演じていく。

帝国ホテル　外務卿を務めた井上馨の提言を受け、1890年（明治23年）に開業した帝国ホテルでは理事長に就任した。そうした関係もあって、自身が関与した会社の株主総会をホテルで開催したり、来賓の晩餐会を催したり、視察団の歓迎会を開いたりと、ホテルを頻繁に活用した。

青淵文庫　渋沢が傘寿（80歳）を迎えたこと、またその翌年に男爵から子爵になったことを記念して、東京・飛鳥山の一画に1925年（大正14年）設立された。「青淵（せいえん）」は渋沢の号。郷里を流れる清流の青い淵に由来するという。図書室や記念品陳列、外国からの賓客をもてなす場に使用された。

伊藤博文（一八四一―一九〇九）

一八八五年（明治十八年）十二月二十二日、日本に最初の内閣が誕生し、初代総理大臣に伊藤博文が就任した。幕末、秘密裏にロンドン留学を果たし、開国論者に転じた長州藩士がついに政治の頂点に上り詰めたのである。

明治時代に入ると、伊藤は大蔵省の幹部となり、その後、藩を県に改めることを建白。また、のちに伊藤と同様、総理大臣を務め、早稲田大学を創設する大隈重信とともに鉄道の導入を推進、その実現に尽力した。

次いで、殖産興業を推し進める工部省の設立に携わり、貨幣制度・公債制度を調査するため

THE DATE PRINCE ITO.
故公爵伊藤博文君

「故公爵伊藤博文君」 伊藤の総理大臣在位期間は4回、計7年半に及んだ。最後に退任したのは1901年(明治34年)。05年（明治38年）12月には初代韓国統監に就任した。若いときは尊皇攘夷・倒幕の志士だった。井上馨ら長州藩士4人とともに密航してロンドン留学を果たした。

に渡米、金本位制の採用を主張した。政府もこの意見に従った。

さらには、憲法調査のために渡欧して憲法草案の作成に当たり、ヨーロッパ各国の皇帝と政府・国民の関係を研究するなど、重要な役割を次々にこなした。この実績と、明治天皇の内諾もあって総理大臣に就いたのである。

政治の世界で大きな足跡を残す一方、陽気な性格で女性関係も豊富だった。庶民性もあり、大磯の別荘では漁師を招いて酒を酌み交わしたり、散歩の途中で誰彼となく話しかけ、雑談に興じたという。

「伊藤博文公ノ旧宅」 伊藤は農民の子として、現在の山口県光市に生まれた。13歳のとき、父が萩市の足軽・伊藤直右衛門の信頼を得て養子になったため、一家で茅葺き平屋のこの小さな家に移り住んだ。17歳のときには松下村塾に入門している。

伊藤内閣 大隈内閣　第3次伊藤内閣と、それに続く大隈内閣の顔ぶれを紹介した絵はがき。大隈重信の在任期間は、1898年（明治31年）6月末から同年11月までと短かった。

伊藤公国葬行列　ハルビン駅頭で暗殺された後、1909年（明治42年）11月4日に「4万5000円（現在の約5億9000万円）を国庫より支出し」（伊藤之雄『伊藤博文』講談社、2009年）、国葬が執り行われた。絵はがきの葬列は当時、官邸があった霊南坂から斎場の日比谷公園に向かうところ。

神戸大倉山伊藤公銅像　初代兵庫県知事を務めた伊藤にとって、神戸は縁の深い土地だった。大倉財閥の創始者・大倉喜八郎が造った大倉山公園には春畝楼が建てられ、伊藤は別荘のように使ったという。銅像は1911年（明治44年）に建てられたが、戦時中の金属供出で姿を消した。

後藤新平（一八五七―一九二九）

台湾総督府民政長官や南満州鉄道初代総裁、内務大臣、東京市長、関東大震災後の帝都復興院総裁など、後藤新平はさまざまな要職を歴任した。

後藤は、愛知県医学校（現・名古屋大学医学部）に勤務し、二十四歳の若さで学校長兼院長となる。一八八二年（明治十五年）、岐阜で遊説中の板垣退助が暴漢に刺されたとき、治療に当たったという逸話もあった。

その後、行政や政治の場へと躍り出る。医療行政官時代に児玉源太郎の信頼を得、児玉が台湾総督になると、後藤は民政局長、民政長官に就任して台湾で力を発揮、さらに南満州鉄道の

「故後藤新平伯爵閣下肖像」
逓信大臣や外務大臣なども歴任、亡くなる前年に伯爵に陞叙（しょうじょ）された。少年団日本連盟の初代総裁にも就いたが、ことにボーイスカウトの制服が好きだったという。

初代総裁に抜擢されて飛躍を遂げた。

晩年の業績で特筆すべきは、やはり帝都復興院総裁の仕事だろう。復興計画の始動期に指導力を発揮した。予算の縮小を余儀なくされたものの、革新的な計画の一部は実行され、昭和通りなどの幹線道路や耐震耐火の小学校、公園などのインフラ整備が進められた。

後藤は、人に揮毫を頼まれると、「遠眼鏡ひとりで持てば罪つくり」とよく書いていたという。

「台湾阿里山上神木を囲み全島小学校長初陣に立つ」 民政長官時代、後藤は台湾中部の阿里山を視察、この巨木の前に立った。下のレールは木材運搬の森林鉄道。視察後、林業が本格化した。東京市政調査会編『日本の近代をデザインした先駆者』(東京市政調査会、2007年)に同じ角度で撮影された写真が掲載されている。

大連 南満州鉄道本社　後藤の満鉄総裁在任期間は2年足らずに終わったが、多岐にわたる同社の事業の基礎を築いた。2代目総裁には、台湾時代からの後藤の腹心、中村是公が副総裁から就任した。

帝都復興記念　関東大震災の7年後、1930年（昭和5年）に帝都復興祭がおこなわれた。復興事業では橋梁や道路、公園、住宅、小学校などあらゆる施設に新しい考え方が投入された。この記念絵はがきでは、上の段右に後藤の写真が掲載されている。

滿鐵直營　大連ヤマトホテル　宴會大食堂
The Grand Banquet Hall, The Yamato Hotel, Dairen
Owned and Operated by the South Manchuria Ry.

満鉄直営大連ヤマトホテル宴会大食堂　満鉄では、満州各地に直営のホテル網を広げていった。ホテルを満州の開発拠点にしようとした後藤初代総裁の考えによるものだった。大連ヤマトホテルはその旗艦的存在。

中村直吉（一八六五—一九三二）

明治時代以降、海外に飛び出す冒険家や探検家が出現したが、中村直吉もその一人だった。豊橋で生まれた直吉は幼いころから旅への憧れがあり、結婚後にようやく渡米することができた。

帰国後、帽子店を開いたものの、冒険心を抑えられず、一九〇一年（明治三十四年）八月、いよいよ西回りで世界一周無銭旅行の途に就いた。

無銭旅行とはどういったものか。無銭といっても、いわゆる貧乏旅行ではなかった。彼は、旅先で地位の高い人の署名をもらい、それを次の旅先への足掛かりにした。その証拠に、五巻

「探険家中村直吉欧羅巴（ヨーロッパ）旅行装」 写真の馬はメキシコ在住の日本人から寄贈されたもの。渡し船の船長にこう交渉したこともあった。「イヤ実は吾輩は無銭世界探検者だが、今迄殆ど総ての汽船や汽車を無料で乗って来たので、君の汽船（ふね）でも何とか都合してくれませんか」（中村直吉／押川春浪編『欧洲無銭旅行』（「五大洲探検記」第五巻）、博文館、1912年）

本のシリーズとして博文館から発行された中村直吉／押川春浪編『五大洲探検記』（一九〇八―一六年）には、各国の大臣や日本公使館などの証明書が掲載されている。ときには寄付やカンパも募った。このようにして六年間で二十四万キロを踏破したという。

帰国後、彼は、移民を推奨する拓務省の依頼で各地を講演して歩き、帽子店の隣には南米移民相談所を開いたりした。実は、直吉は元来から日本人の移民に関心があり、その観点からも世界を見て回っていた。冒険の裏には、こうした実利も隠されていたのだった。

探検家中村直吉全世界旅行線　まさに世界一周を達成したことがこれでわかる。「維納（ウィーン）滞在中、日本留学生の誰彼から貰い蒐めて置（おい）た古郵便切手、日本風景絵葉書、日本美人絵葉書を、汽車の乗客に売り付け」（前掲『欧洲無銭旅行』）、こうして旅費を稼いだこともあった。

「土耳古（トルコ）の菓子売と其の風俗 アラビヤ人の風俗と其の男女」「世界探検拾五萬哩（マイル）記念絵葉書」のセットには、ここに掲げた3点のほか、世界の風俗がわかる絵はがきが7点収められていた。

二宮忠八（一八六六—一九三六）

大阪府との境に近い京都府八幡市に、一風変わった名の神社がある。二宮忠八《ちゅうはち》が一九一五年（大正四年）に建立した飛行神社である。

二宮は、日本で最初に飛行原理を発見した人物だといわれる。少年時代に凧《たこ》作りに熱心だった彼は、一八八九年（明治二十二年）にカラスが滑空しているのを見て飛行原理を発見、空を飛ぶ機械の発明を試みるようになる。

そして当時、看護卒として軍に在籍していたこともあって、一八九四年（明治二十七年）に「飛行器」開発計画を上層部に具申したが、軍の長岡外史《がいし》参謀はその有用性を理解できず、却下した。

「飛行神社境内ノ飛行記念館内部二宮飛行機記念及光栄品」 左端に二宮の肖像画（写真か）が見える。「忠八は自分が航空界に尽くすことのできる唯一の道は尊い空の、犠牲者の慰霊にあると考えて」（飛行神社編『二宮忠八小伝』飛行神社、2002年）、邸内に祠を建立した。神職の試験にも合格し、本物の神官にもなった。

その後、二宮は製薬会社で働きながら（のちに大阪製薬を興す）、自力で「飛行器」開発に努めたが、一九〇三年（明治三十六年）にライト兄弟の初飛行成功の報に接し、開発を断念した。将来成功しても、ライト兄弟の模倣という評価しか得られないと判断、悔し涙を流した。

やがて世界は、飛行機の時代を迎えるが、それに伴い、犠牲者が増えた。そこで二宮は、殉難者を慰霊するために飛行神社を建立したのだった。

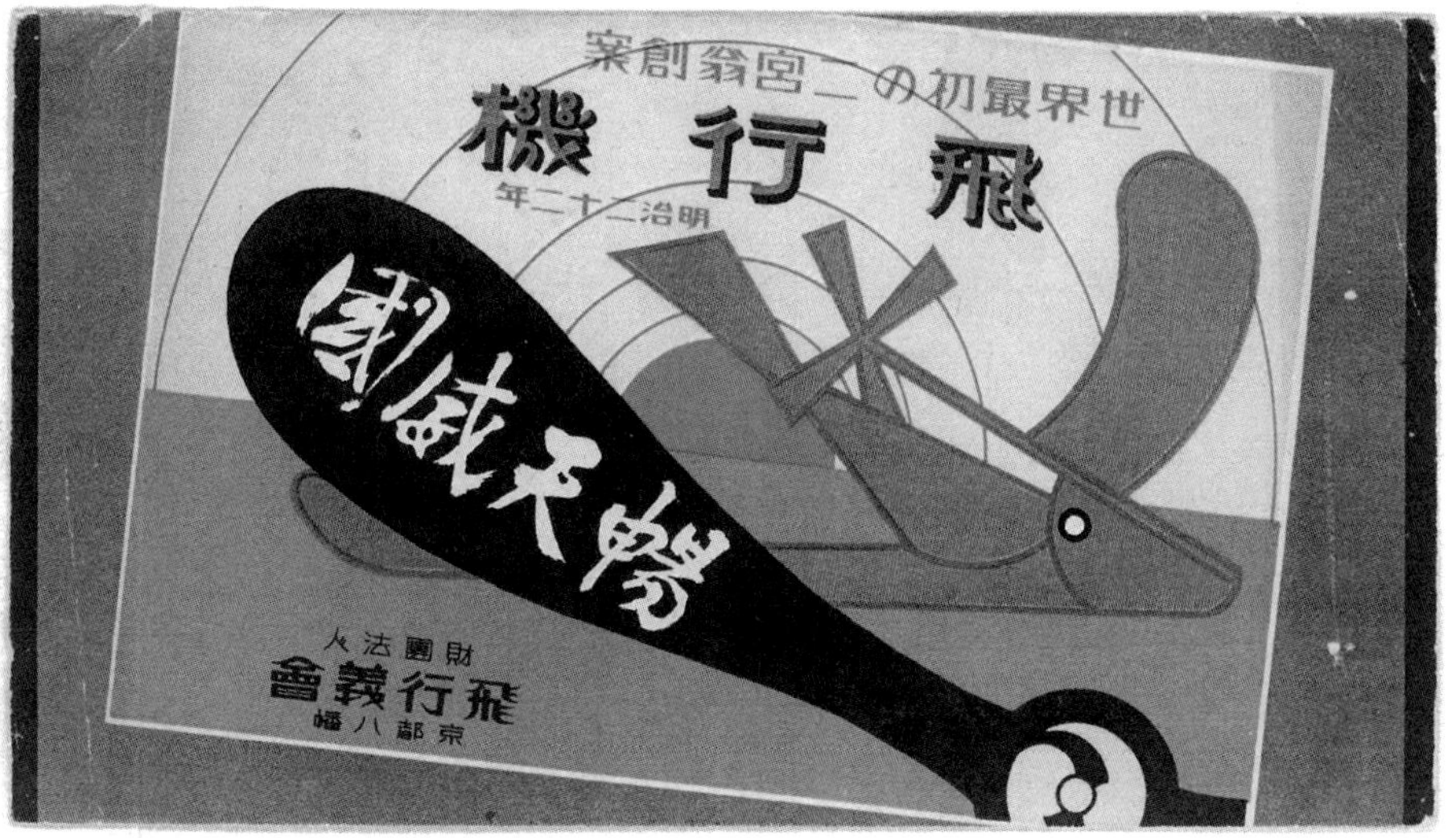

「世界最初の二宮翁創案 飛行機 明治二十二年」
絵はがきセットを収めた袋の表紙。前掲『二宮忠八小伝』によると、二宮少年は「人々を驚嘆させる程奇抜な」さまざまな形の凧を考案したという。

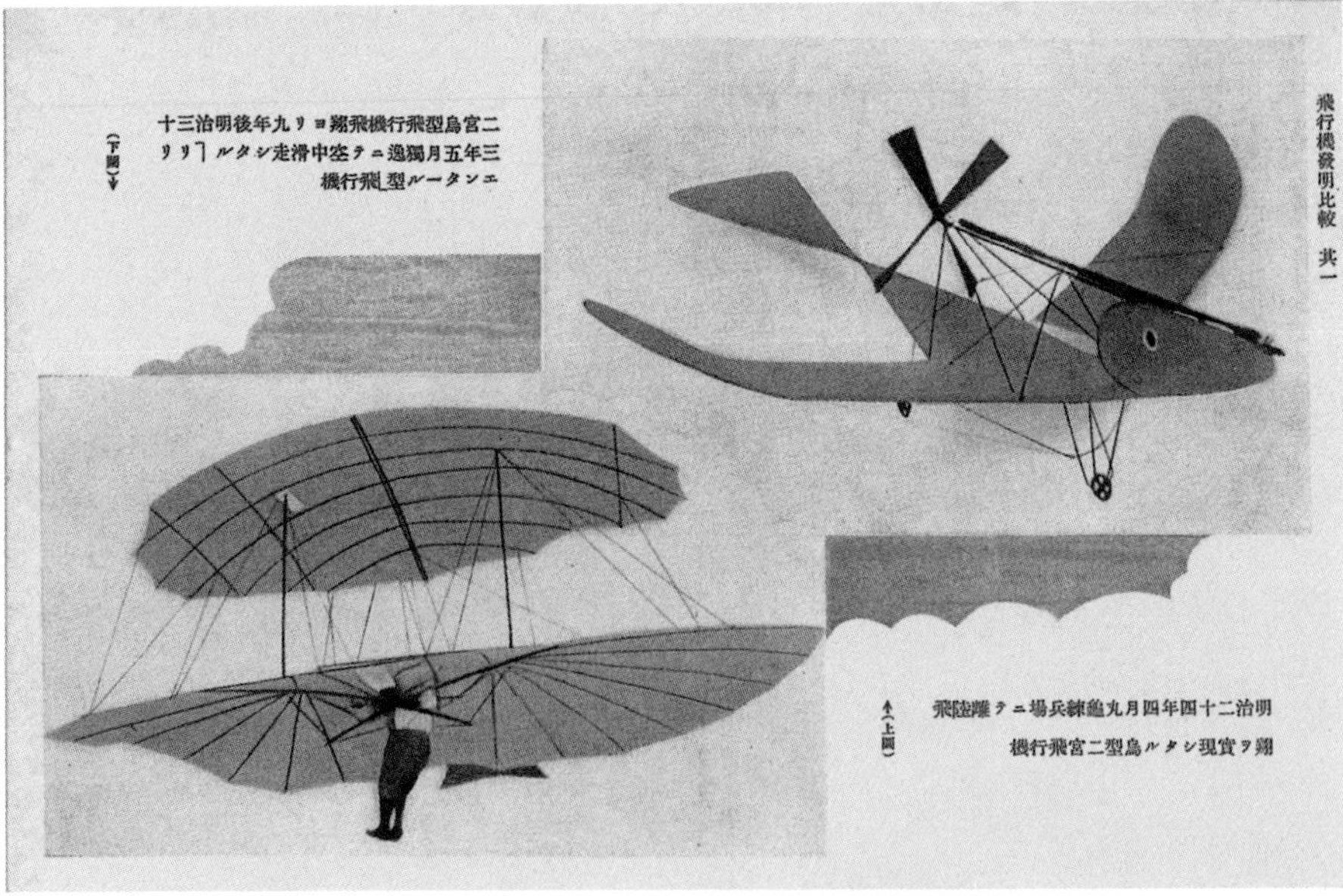

「飛行機発明比較 其一」 右は1891年（明治24年）、丸亀練兵場で二宮が飛ばした烏型の模型飛行機。左はドイツで空中滑走したリリエンタール型飛行機。ドイツのオットー・リリエンタールは「グライダーの父」と称されたが、96年（明治29年）に墜死している。

「飛行機発明比較 其二」 右は1894年(明治27年)、日清戦争が始まった直後、二宮が請願した玉虫型飛行機（1号機は前年に製作）。固い羽根の下に、もう一枚柔らかな羽根を持っている昆虫の玉虫にヒントを得て、模型を作った。左はライト兄弟が空中滑走させた機体。プロペラも着陸用の車輪もなし、と説明。

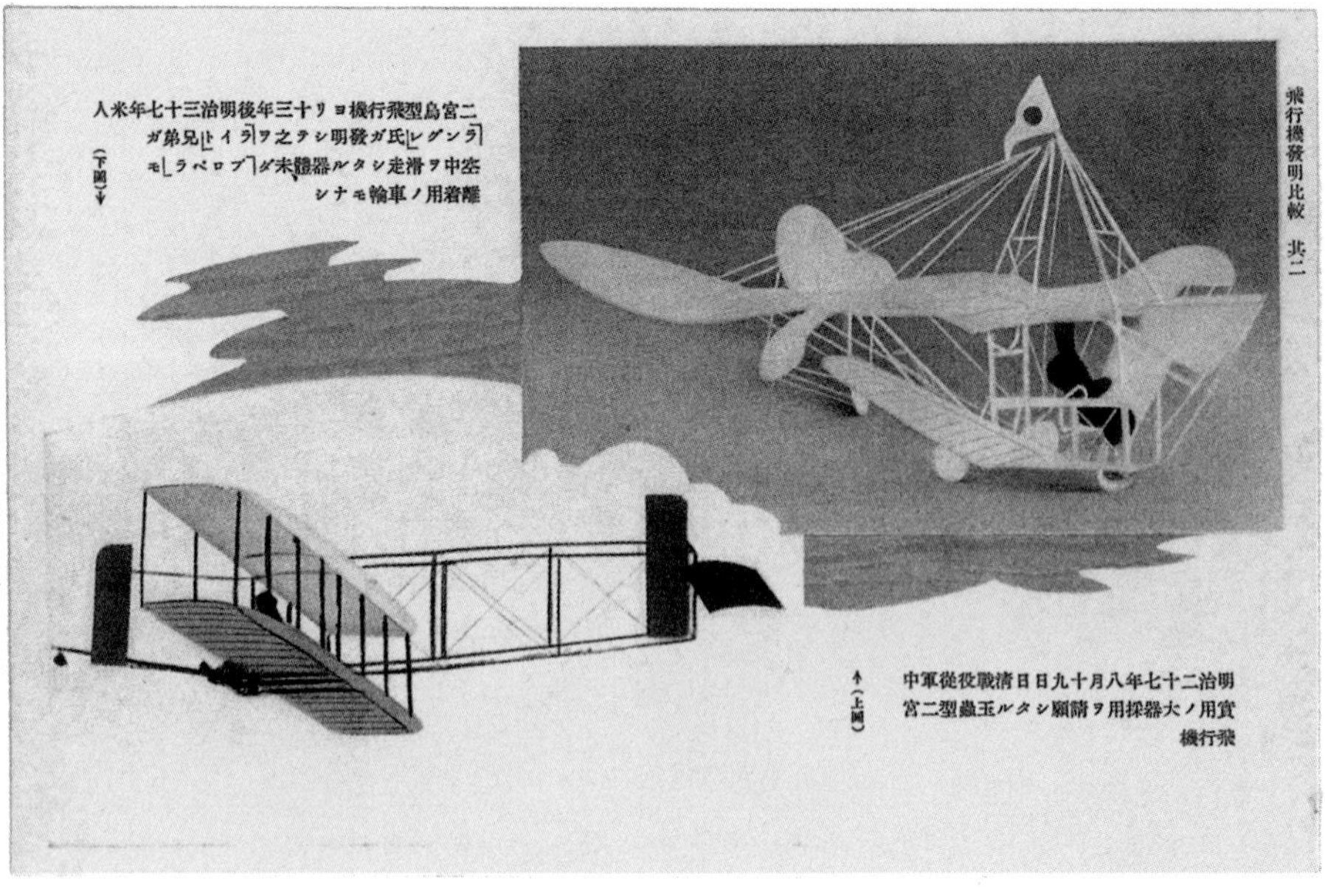

飛行神社拝殿　懸額は長岡外史の揮毫によるものと説明。皮肉にも、二宮の具申を却下した長岡は、のちに帝国飛行協会副会長を務めている。長岡は二宮に「貴兄の折角の大発明を台無しにしたのは全く小生である」（吉村昭『虹の翼』文藝春秋、1980年）と詫び状を送るとともに、自らの不明を公表した。

徳冨蘆花（一八六八―一九二七）

一八八九年（明治二十二年）に兄・蘇峰が経営する民友社に入ると、翌年同社から創刊された「国民新聞」や「国民之友」で雑文や翻訳文を書くようになった。

それから九年後。「国民新聞」で連載を始めた小説の「不如帰《ほととぎす》」が人気を集めた。

その内容はこうだ。嫁いだ女性が当時のはやり病、結核に罹ったため、姑から離縁を言い渡され、夫を思いながら死んでいくというもの。当時の封建的な家族制度のなかで苦悩する女性の姿が世に感動を呼び起こしたのだ。

この連載小説が本にまとめられると、ベストセラーとなって、十年間で百版を重ねて五十

「千歳村 徳冨 大正九年一月三十一日 於紐育（ニューヨーク）」 千歳村とは、1907年（明治40年）から暮らした東京府北多摩郡千歳村粕谷（現・世田谷区粕谷）のこと。キリスト教思想に目覚めた蘆花は、19年（大正8年）に世界周遊旅行に出発している。

万部を売り、大正、昭和と読み継がれていく。いや、そればかりか、舞台や映画にも取り上げられ、長い間、全国の女性の涙を誘うことになる。

また、この小説が、陸軍大将・大山巌の娘・信子をモデルに創作されたという噂が広まり、人々の関心をさらに深めることになって作品の話題性を高めた。

その一方で、兄・蘇峰との不仲も社会の関心を呼んだ。和解に至るのは、蘆花がこの世を去る直前のこと。十五年ぶりの再会で生涯を締めくくった。

『不如帰』本郷座　舞台では大阪の高田実一座による1902年（明治35年）が初演。東京の本郷座では、新派劇団によってその翌年から上演された。当時の不治の病、肺結核の悲哀が読む者、観る者の同情を誘った。

「伊香保温泉開祖ホトトギス館 千明仁泉亭（ちぎらじんせんてい）客館」 蘆花は1898年（明治31年）から何度も伊香保を訪問、千明仁泉亭を定宿とした。『不如帰』の冒頭の舞台ともなった。永眠したのもここ、正確にいえば、同亭の二の段別荘で、のちに移築され徳冨蘆花記念館となっている。

沖禎介（一八七四―一九〇四）

日露開戦直後の一九〇四年（明治三十七年）四月、哈爾浜《ハルビン》郊外でロシア軍により横川省三とともに銃殺された。彼らは東清鉄道鉄橋爆破を企てたが、ロシア軍に捕らえられたのだ。

沖は長崎県平戸に生まれた。二十七歳のときに北京に渡り、私学の東文学社の教師となり、やがて文明学校を設けて清国の子弟を教育する。そして、日露戦争が勃発すると、横川らとともに「国家に報公する事を計画した」（雄山閣編『類聚伝記大日本史』第四巻、雄山閣出版、一九三六年）。

銃殺される二カ月前、沖と横川は特別特務班に加わり、北京

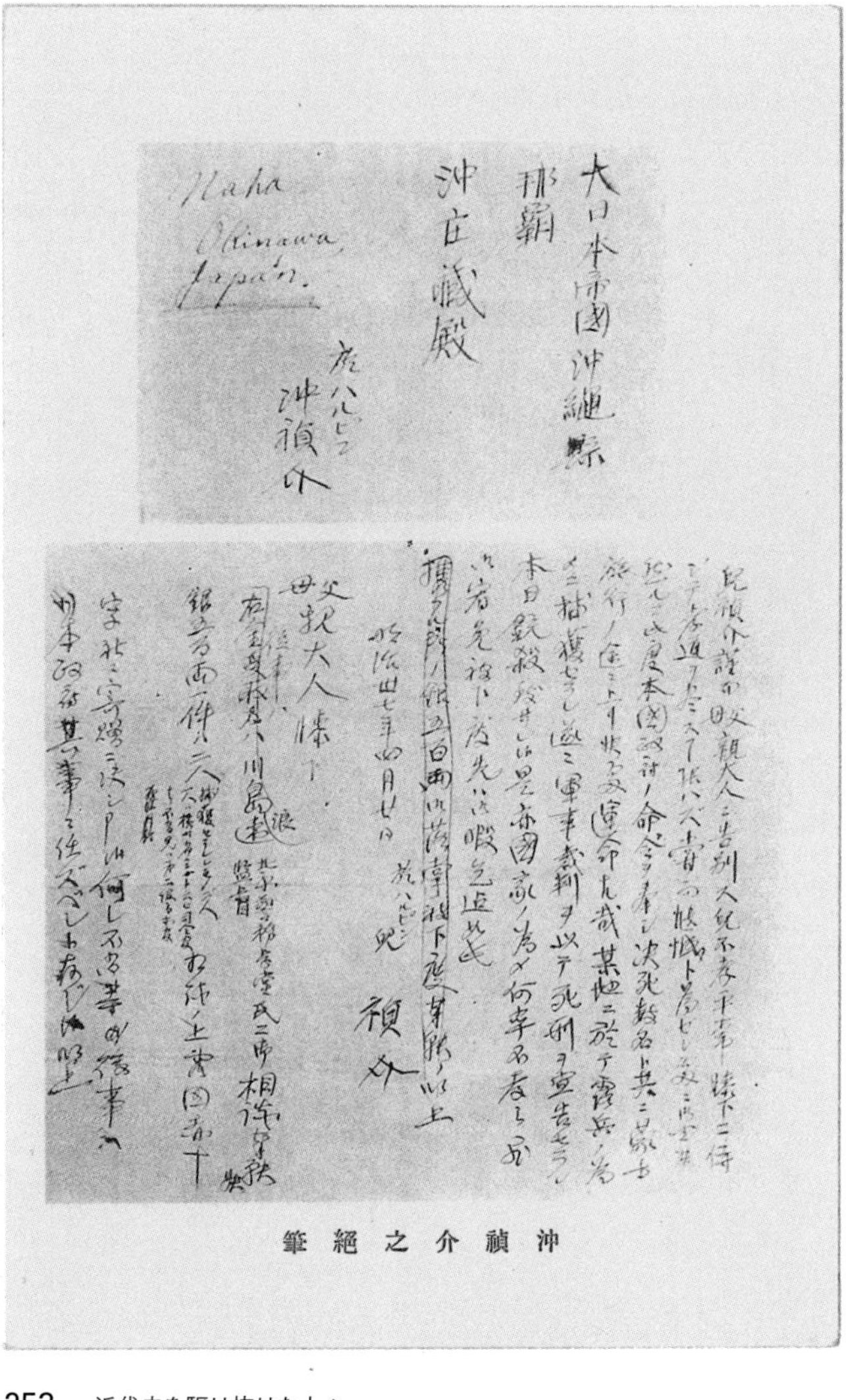

「沖禎介之絶筆」 那覇市に暮らす父親・庄蔵に宛てた絶筆。「児禎介謹而父母大人に告別す。（略）本国政府の命令を奉じ決死数名と共に蒙古旅行の途に上り候処運命なる哉其地に於て露兵の為に捕獲せられ遂に軍事裁判を以て死刑を宣告せられ本日銃殺致され候是亦国家の為何卒不孝なる児を御宥免被下度先は御暇乞此如　明治三七年四月二十日　児禎介　　父母大人膝下」

から斉斉哈爾《チチハル》へと向かい、目的地にたどり着いた。そこでロシア軍の兵員・軍事物資の輸送路を断つため鉄道を爆破しようとラマ僧に変装していたところをロシア軍に逮捕されたのだ。二人は軍法会議にかけられ、銃殺の刑に処せられた。特務班の残り四人も命を落とし、彼らの慰霊碑「志士之碑」が哈爾浜に建てられた。

また、日露戦争後、功績がたたえられ、勲五等と千五百円が授与された。作戦は実現できなかったが、その行為が大きく評価されたということなのだろう。

故沖禎介記念図書館　那覇地方裁判所の判事を務めた父親が平戸の自邸内に設けた。左の顔写真が沖禎介。沖は一時期、東京で学んだこともあった。前掲『類聚伝記大日本史』は北京時代について「紹興酒を愛飲して、飲量は又甚だしきものがあった」と、その酒豪ぶりを記している。

「乃木大将篆額 東京青山ニ於ケル沖禎介碑 高九尺 幅二尺八寸」 銃殺処刑 3 年後の 1907 年（明治 40 年）、青山墓地にこの碑が建てられた。なお、沖とともに処刑され、のちに「忠君愛国の志士」などと呼ばれた横川は数年間、「東京朝日新聞」の記者をしていたこともあった。

瀧 廉太郎（一八七九―一九〇三）

瀧廉太郎は一八九四年（明治二十七年）、東京音楽学校（のちの東京芸術大学）に十五歳で入学した後、ピアニストとして活躍、数々の演奏会に出演するとともに、作曲の分野でも豊かな才能を発揮していく。一九〇〇年（明治三十三年）には日本人で初めてピアノ曲『メヌエット』を作曲した。

それから彼は、短期間に名曲を次々世に送り出した。「春のうららの隅田川」でお馴染みの「花」（歌曲集『四季』の第一曲で、作詞は武島羽衣）、幼稚園唱歌である「もういくつ寝るとお正月」の「お正月」（作詞は東くめ）、そして中学唱歌の「荒城の月」（作詞は土井晩翠）など、後世に歌い継がれる曲を書い

ドイツ留学中の瀧廉太郎と自署　大きな期待を背負って、文部省留学生の第１号としてドイツ留学を果たした。読売新聞文化部『愛唱歌ものがたり』（岩波書店、2003年）によると、彼が作曲した「箱根八里」が中学唱歌演奏会で大評判を呼んでいたころドイツに到着したというのだが、ほどなく病に倒れてしまった。

た。

　しかし、残念なことに瀧は夭逝する。

　一九〇一年（明治三十四年）、瀧はドイツのライプチヒ王立音楽院に留学した。そこで風邪をひき、それがもとで結核に罹患、三年間の留学という予定を切り上げ、〇二年（明治三十五年）に帰国した。

　その後、大分県の父母のもとで静養するが、体調は回復しないままこの世を去った。享年二十三。あまりにも早すぎる死だった。

「明治三十四年三月三十一日東京音楽学校に於ける瀧廉太郎の留学送別会名残の演奏」　留学前に多くの名曲を残した。東京音楽学校が中心になって作曲を懸賞募集した「中学唱歌」では、「荒城の月」「箱根八里」「豊太閤」の3曲が当選、前掲『愛唱歌ものがたり』によると、賞金15円を手にした（それまでの授業補助の手当てが月10円だった）。

晩年の瀧廉太郎
大分縣竹田町岡城址の「荒
城の月」碑面の文字
は土井晩翠筆「荒城の
月」春秋二節
大分市万壽寺瀧家墓側
に同窓有志者の建てた
記念碑「嗚呼天才之音
樂家瀧廉太郎君碑の文字
あり

晩年の瀧廉太郎　右は「大分県竹田町岡城址の「荒城の月」碑」との説明があり（碑面の文字は土井晩翠の筆）、左は大分市万壽寺に同窓有志者が建てた記念碑。「嗚呼（ああ）天才之音楽家瀧廉太郎君碑」と記された。なお、小長久子の『滝廉太郎』（吉川弘文館、1987 年）によると、留学中、滝は美しい絵はがきでよく便りを書き送ったという。

アート・スミス（一八九〇—一九二六）

日本で大人気を博したアメリカ人の曲芸飛行家である。一九一六年（大正五年）とその翌年に来日し、全国各地で飛んだ。

最初に東京の青山練兵場で飛行したとき、彼は観衆が多いことに驚いた。来日前の伝記や新聞報道などで、日本人は彼の人柄のよさや親孝行ぶりを知っていたのである。その大群衆を眼下に飛んだときの印象を「素的《ママ》に愉快な飛行であった」「未だ嘗て東京ほど面白き所を飛んだことはない」と自著で回想した（アート・スミス著、佐々木弦雄編『日記から』新橋堂、一九一六年）。上空からの眺めにも魅了されたようだ。

「機上ノスミス氏将（まさ）ニ出発セントスル実況」
最初の東京飛行のとき、伏見宮と山階宮が見学、両宮から下賜品を受け取ったスミスは感激し、「余は永久に之を記憶し且つ珍重するであろう」と前掲『日記から』で述べている。長岡外史陸軍中将についても「余を祝して極めて丁寧なる賛辞を賜った」と回想。

だが、最初の来日では負傷もしている。札幌での飛行のとき、エンジンが故障して墜落、足を骨折したのだ。

この事故を多くの新聞が号外として世界に報じたことを見た長岡外史（「二宮忠八」の項を参照）は、同時に「忽《たちま》ちの間に金一万円の見舞金が集った」ことも知り、「決して不思議では無かった」と述べている（長岡外史／日高謹爾『飛行機の話潜水艦の話』興文社、一九二八年）。なぜなら、スミスが「世界から如何に愛されていたかが知れよう」からだ。日本の飛行家も大きな刺激を受けたのだった。

「豆自動車ト抵空飛行競争」（正しくは低空飛行競走）
豆自動車との競走は、アメリカ人に比べると、日本人の興味は低かったという印象をスミスは抱いた。「宙返りを演じた、逆転も試みた、螺旋降下も行うた、其他の種々飛行をも行うた」（前掲『日記から』）ように、やはり華々しい曲芸飛行に関心が集まっていたからだろう。

「空界の両勇者スミス君とスチンソン嬢の堅き握手」 キャサリン・スチンソン嬢もまたアメリカの飛行家で、1916年（大正5年）末、19歳のときに来日。女性飛行家の先駆者的存在で、日本の女性にも少なからぬ影響を与えたという。

愛新覚羅溥儀（一九〇六―六七）

のちに「ラストエンペラー」と呼ばれる愛新覚羅溥儀は、幼いときに中国・清朝の皇帝に即位した。一九〇八年（明治四十一年）のことだ。しかし、それから四年後に辛亥革命で清朝が倒れ、溥儀も退位して歴史の表舞台から去った。

ところが、再び表舞台へ上がる日がやってくる。一九三二年（昭和七年）に日本の関東軍の説得を受けて、満州国皇帝となるのである。

当時のことを溥儀は『わが半生――「満州国」皇帝の自伝』（上・下、小野忍ほか訳、筑摩書房、一九七七年）で回想する。関東軍の土肥原賢二に新国家が「共和制か、それとも帝制《(ママ)》か」と尋ね、「もちろん帝国です」

「満州国皇帝陛下 満州国皇后陛下」 溥儀の皇后選びのことも前掲『わが半生』で述べられている。4人の候補のなかから、満州貴族の栄源の娘・婉容（えんよう）が選ばれた。「この后妃を選ぶ過程は、口で言ってしまえば簡単だが、実際には1年という期間をかけてやっとそう決まったのである」。互いに16歳で結婚した。

の答えに、「帝国ならば、行きましょう」と満足げに承諾した。だが、のちに、関東軍に利用されたことを知る。「私には自分の外出を決定する権利さえなかった」と述べている。

満州国は関東軍が実権を握って統治し、溥儀は傀儡《かいらい》政権の象徴にしかすぎない存在だったのだ。

戦争末期、ソ連が満州国に進撃してくると、溥儀は首都の新京を脱出、朝鮮との国境に近い大栗子《だいりっし》（ターリーツー）に入る。二日後、日本が降伏し、彼は退位した。

「満洲国皇帝陛下御来訪記念」
溥儀は1935年（昭和10年）に来日、記念スタンプと同じ日付の4月6日に日本の軍艦比叡で横浜港に到着した。4月8日に首相官邸で奉迎晩餐会が開かれている（「東京名所案内」の項を参照）。宿舎は、絵はがきに見られるように赤坂離宮があてられた。

飯沼正明（一九一二—四一）

一九四一年（昭和十六年）十二月、一人の飛行士が戦死した。飯沼正明という人物だ。四年前、機関士の塚越賢爾とともに亜欧連絡飛行で世界記録を打ち立て、世界的に有名になった飛行士だった。

朝日新聞航空部長の河内一彦編『飯沼飛行士遺稿並小伝』（朝日新聞社、一九四二年）には「北部マレー方面の作戦に出動、敵防空砲火の弾幕をくぐって任務遂行中」の被弾で戦死したとあるが、実際はプノンペン飛行場でプロペラに巻き込まれての事故死だった。なぜ、真相が報じられなかったか。深田祐介は『美貌なれ昭和――諏訪根自子と神風号の男たち』（文藝春秋、一九八三年）で、こう記

凱旋の兩勇士に畏くも謁を賜ふ
無邊の天恩に感泣して參内の飯沼（左）塚越（右）兩鳥人（宮中東車寄にて）

「凱旋の両勇士に畏くも謁を賜う」「無辺の天恩に感泣して参内の飯沼（左）塚越（右）両鳥人（宮中東車寄にて）」と説明。亜欧連絡飛行で華々しい成功を収めた両人は、天皇拝謁の栄誉に浴した。「百武侍従長を通じて、『今後も大いに奮励努力して民間航空に尽せ』との優諚を拝し別室で茶菓等を賜わった」（前掲『飯沼飛行士遺稿並小伝』）

す。

「名パイロットなりし飯沼の名誉を救うための、陸軍と朝日の苦肉の策であった」

長野県の南穂高村で生まれた飯沼は、受験者数二百余名のうち合格者は四人という所沢陸軍飛行学校の難関を突破して飛行士となった。卒業後は朝日新聞社の航空部に入社して写真や原稿などの航空輸送の任に就き、やがて亜欧連絡飛行の飛行士に抜擢され、英雄となったのだ。

次はニューヨークへの無着陸飛行と夢は膨らんだが、実現には至らなかった。


朝日新聞社の亜欧記録大飛行　東京・ロンドン間を94時間17分56秒の世界記録で飛行（実際の飛行時間は51時間19分23秒）した国産機の神風号。「私達は二人で飛んでいるのではない。この「神風」には全国から寄せられた厚意と声援が籠っている」（前掲『飯沼飛行士遺稿並小伝』）

神風凱旋第一夜　「朝日新聞社前で立往生の両勇士の自動車」と説明。前掲『飯沼飛行士遺稿並小伝』の編者、河内によると「飯沼君は実に文章をよくした」という。以下は同書の冒頭の一節から——「空に生きる男達は、地上の人達には考えられないような苦しみと、悲しみと、また愉しさを持っている」。

新しい制度、新しい技術、新しい産業

X線撮影

一八九五年（明治二十八年）にドイツの物理学者ウィルヘルム・レントゲンがX線を発見すると、翌年には「人体の皮膚、筋肉を透かして骸骨のみを写す法を発見したるよし」などと日本でも報道された。いや、そればかりか、わが国でもその報道があった年にX線撮影に成功した。

その先駆けの成功例の一つが、第三高等学校（現・京都大学）の村岡範為馳《はんいち》教授と、京都の島津製作所・二代目島津源蔵のチームが上げた成果だった。

その後、理化学器械の製造・販売を本業とする島津製作所は研究を重ね、日本で初めて医療用のX線撮影装置の開発に成功した。一九〇九年（明治四十二

太平診療所 レントゲン室の一部　太平診療所の所在地は不明。右上から時計回りに、診断室（透写室）、操作室、深部治療室、手術室。島津製作所では、1937年（昭和12年）に組み立て・分解が可能な携帯用のX線撮影装置を開発して救急医療用に広め、4年後にはレントゲン自動車を開発、集団検診を可能にして、肺結核などの早期発見に貢献した。

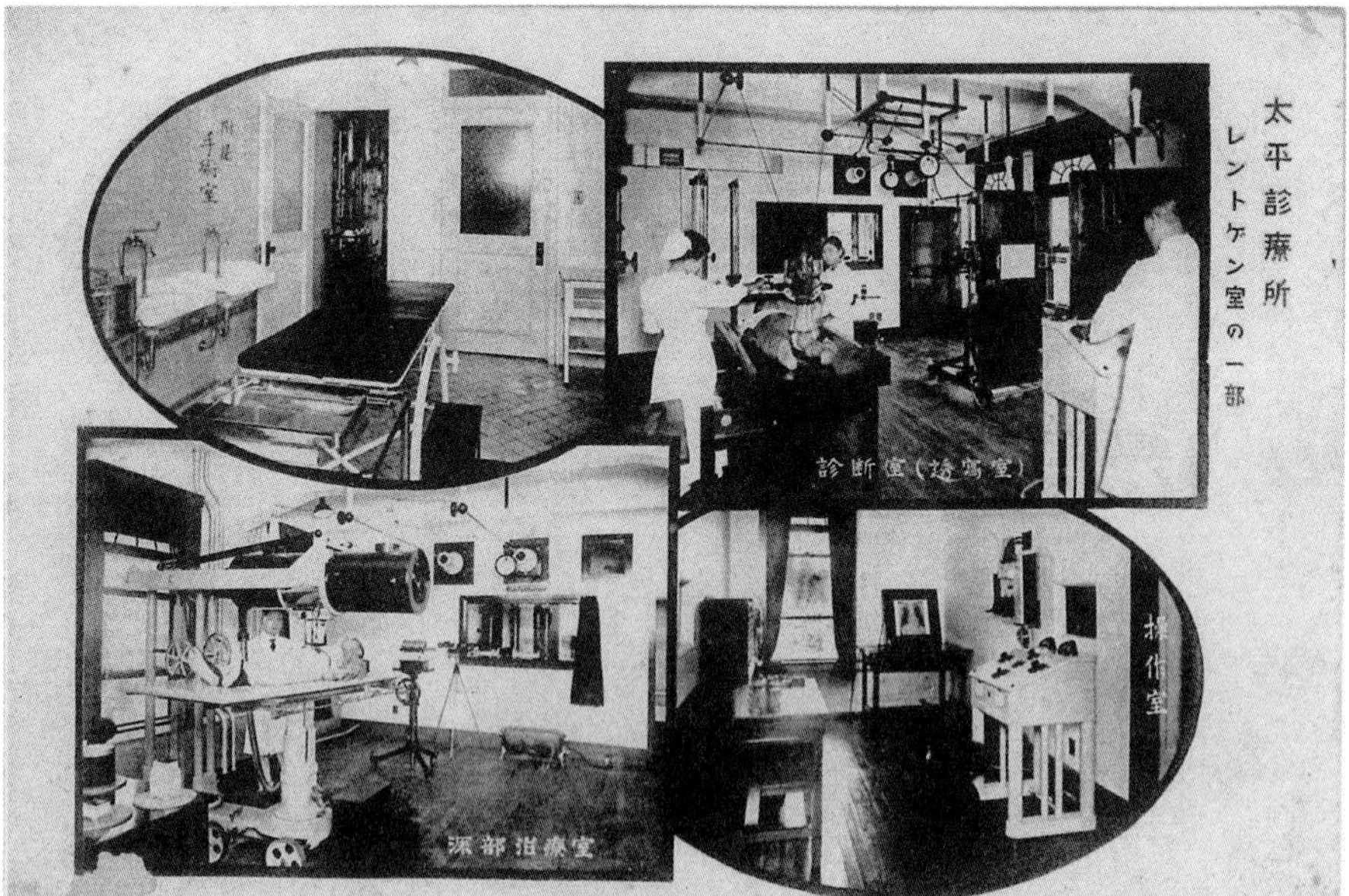

年）のことだ。この国産第一号機は千葉県の陸軍病院に収められ、使用されたという。

同社はこれ以降もＸ線撮影装置を作り続け、また研究雑誌「島津レントゲン時報」（島津製作所レントゲン部）を一九二五年（大正十四年）から発行した。一方、装置の適切な操作を欠くと放射線障害を起こす危険があったため、医師や技術者の要望に応え、二一年（大正十年）から講習会を実施、その六年後には社内に島津レントゲン講習所を開設して、技術普及に努めた。

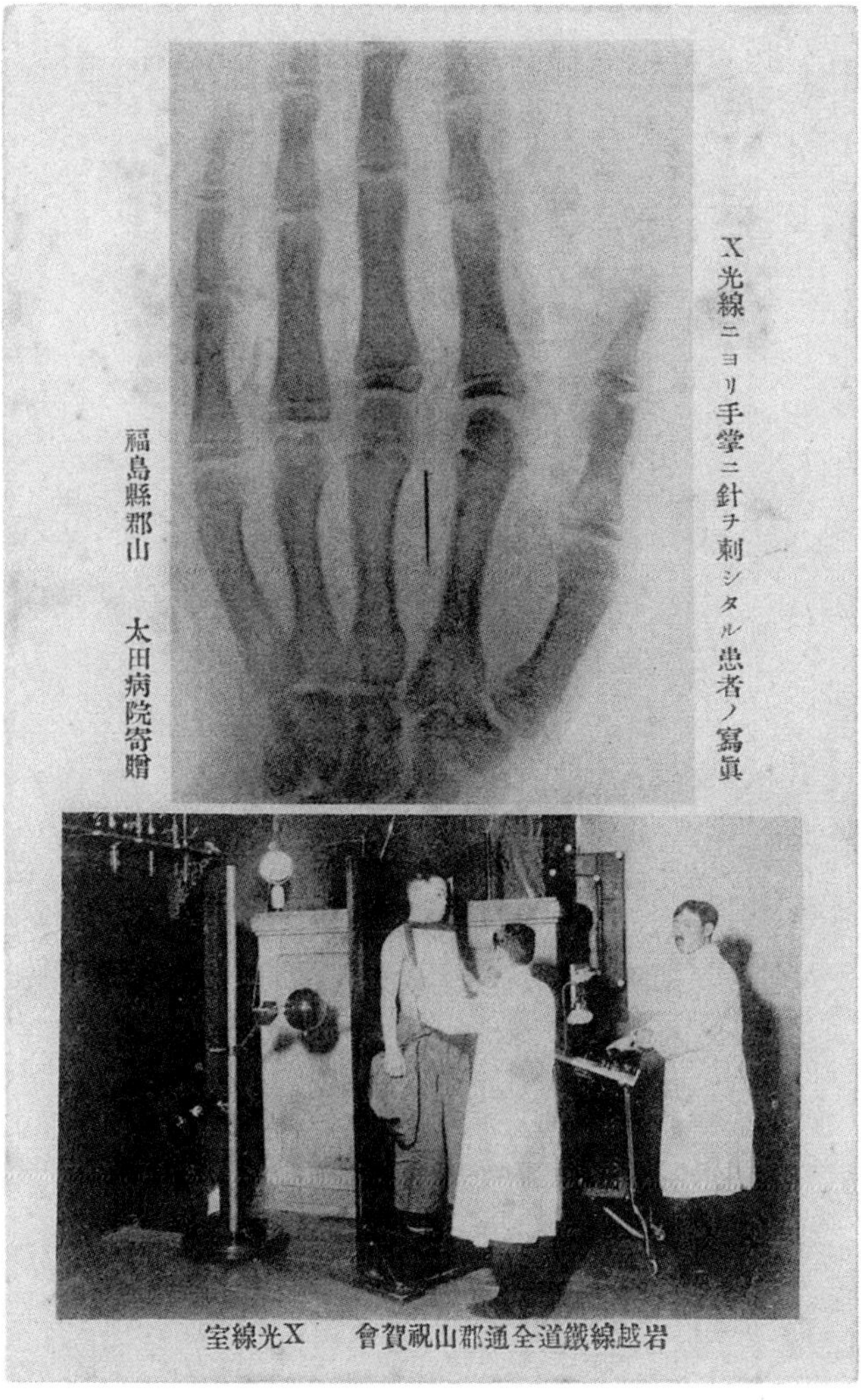

Ｘ光線ニヨリ手掌ニ針ヲ刺シタル患者ノ寫眞
福島縣郡山　太田病院寄贈
岩越線鐵道全通郡山祝賀會　Ｘ光線室

岩越線鉄道全通郡山祝賀会 X光線室　郡山・新津間の岩越（がんえつ）線が全通したのは、1914年（大正3年）。絵はがきにある郡山の太田病院（現・太田綜合病院）は、ウェブサイトによると、その前年に「レントゲン装置を導入」したようだ。

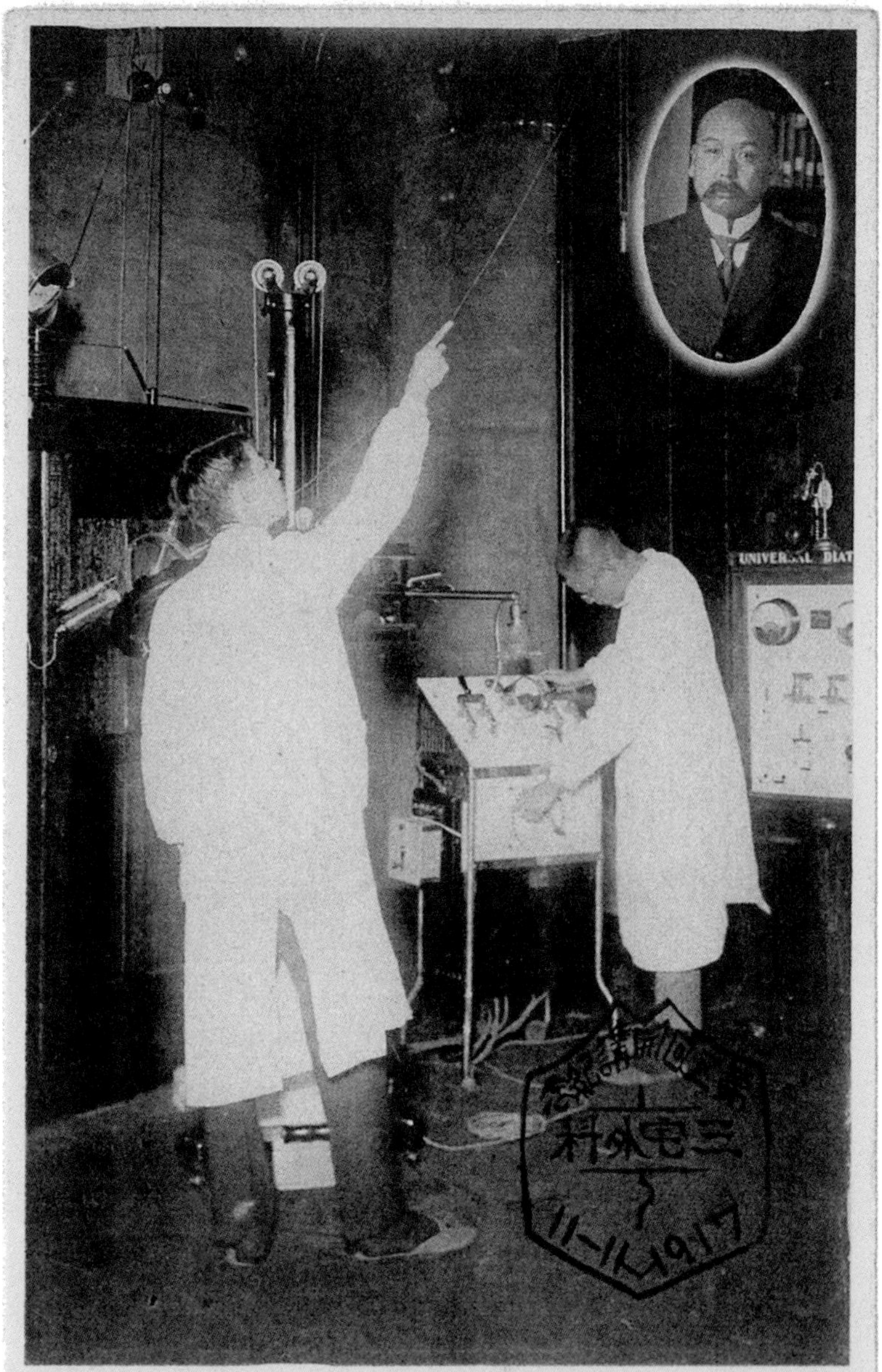

レントゲン線室　右下のスタンプには「第五回開講紀念 三宅外科」とあり、1917年11月11日の日付が記されている。17年（大正6年）にX線撮影の講義が開かれたということなのだろうか。ちなみに、この10年後に発行された竹内時雄の『物理学夜話』（大鐙閣、1927年）では、ミイラや古画の調査研究にもX線が利用されていることが記されている。

株式取引所

明治時代に入ると、日本は経済の新たな仕組みを導入する必要があったが、その一つに株式市場の確立と株式取引所の創設がある。新政府のなかには、株式の取り引きを賭博的な行為と見なす声もあったものの、ロンドン株式取引所を模範として、一八七八年（明治十一年）六月には東京で、同年八月には大阪で株式取引所の営業が開始された。

ただし当初は、上場会社の規模も小さく、株式取引が近代産業の発展を促すまでには至らなかった。鉄道などの運輸業や紡績業が興隆する一八九〇年代（明治二十年代）ごろになって、

「東京株式取引所外観（前方本館後方市場）」 横河民輔（横河工務所）の設計によって、1931年（昭和6年）に完成。円形部分のドラムの壁にはうねりをもたせ、ドリス式の柱の上に人物像を置くなど、建築においても独創的なデザインで存在感を示していた。

取引所は活気を帯び始めるのだ。

東京に限ってみると、開業時に四社にしかすぎなかった上場会社は、一八九六年（明治二十九年）までには累計で百十社に及んだ。

やがて、株式取引は全国にブームを巻き起こしていく。のちに大正バブルといわれたが、第一次世界大戦による好景気で熱狂的な投資がおこなわれ、一九一六年（大正五年）には二年前の約八倍の取引高が見られた。その四年後には暴落するものの、株式取引は経済や社会の動向と切っても切れない関係になっていった。


東京株式取引所立会場の光景　東京証券取引所編『東京証券取引所10年史』（東京証券取引所、1963年）によると、1878年（明治11年）から1913年（大正2年）の間で、持続的な上場を見たのは、「鉄道を中心として　繊維工業　食料品工業ならびに鉱業であった」という。戦後は、49年（昭和24年）から東京証券取引所として発足した。

大阪名所 大阪株式取引所　明治時代、大阪の株式取引所創設に尽力したのは、そのほかの重要な商業機関の設立にも大きな役割を演じた五代友厚だった。この建物は 1935 年（昭和 10 年）の完成。住友工作部出身の長谷部・竹腰建築事務所が設計した。

国策航空会社

一九二九年（昭和四年）七月十五日、東京の立川飛行場から一機の旅客機が大阪へ向けて飛び立った。日本航空輸送の一番機の離陸である（同年四月には郵便・貨物の第一便が飛んでいる）。

それまで、国内ではいくつかの民間航空会社による定期路線が見られた。しかし、「欧米各国の既に長足の進歩をなせるに著しく遜色あるを以《もっ》て、政府の補助誘導の下に（略）本格的航空輸送事業を開始せしむることは、朝野の要望」（日本航空輸送編『日本航空輸送株式会社十年史』日本航空輸送、一九三八年）として、国策で同社が設立された。

その結果、旅客数は、通年の実績が集計できる二年目の約六千人から十年目には約五万六千人

三菱エアスピード エンボイ旅客機　イギリス・エアスピード社の双発機で、巡航速力 240 キロ、定員は旅客 8 人、乗務員 1 人。まず同機を輸入し、三菱航空機がライセンス生産をおこなった。当時の日本航空輸送の案内書には最初に「御搭乗の注意」とあり、「服装—普通の儘（まま）で結構です」などと記されていた。

に、飛行距離も四・六倍と飛躍した。

　その間、女性客室乗務員エア・ガールの本格採用も始まった。一九三七年（昭和十二年）の募集では「二〇〇〇人余りの応募者から九人を採用、正に東大入試以上の難関」（佐藤一一《かずいち》『日本民間航空通史』国書刊行会、二〇〇三年）だった。

　一九三八年（昭和十三年）にはさらなる発展を図るため、満洲航空系列の国際航空と合併、大日本航空が発足した。

フォッカー F. Ⅶ b3m　オランダのフォッカー社から９機を購入し、東京―大連間の長距離航路などに投入、高速機が登場するまで主力機として活躍した。巡航速力160キロ、旅客８人、乗務員２人。この機に限らず、乗客は防音耳綿を渡されたが、「機内は騒音が激しく耳綿をしてもあまり利（ママ）き目はなく、お客の耳もとに口を近づけてアナウンスする始末」（前掲『日本民間航空通史』）。

中島ダグラス DC－2 型　巡航速力 300 キロ、旅客 14 人、乗務員 4 人の大型機。エア・ガールの存在は「空の旅の魅力を大きくしたうえに、乗客に安心感を与えていた」（前掲『日本民間航空通史』）。当時の案内書によると、昼食時にはサンドイッチなどが提供された。

自動車製造

日本で最初に自動車が走ったのは、一八九八年（明治三十一年）のことといわれている。競売を目的に、フランスで製造された自動車が持ち込まれたという。

その後、外国で製造された自動車が上流階級の間で徐々に広まり、また、乗合自動車の営業開始や商品・郵便物の配送、軍用にと、自動車の用途が広がっていく。

それに伴い、国内で自動車を製造しようという動きも活発化した。当初は個人が取り組み、一九二〇年ごろ（大正半ばごろ）からは企業化が図られるようになった。

「日本フォード自動車工場全景 全長百五十呎（フィート）の組立台」 絵はがきセットに収められた「日本フォード工場御巡覧案内」には、巡覧順序として37の施設と製造工程の解説が記されていた。例えば「六、車体の架装」では「出来上がった車体を圧搾空気の力で吊るし上げて車台に取付けます」と説明していた。

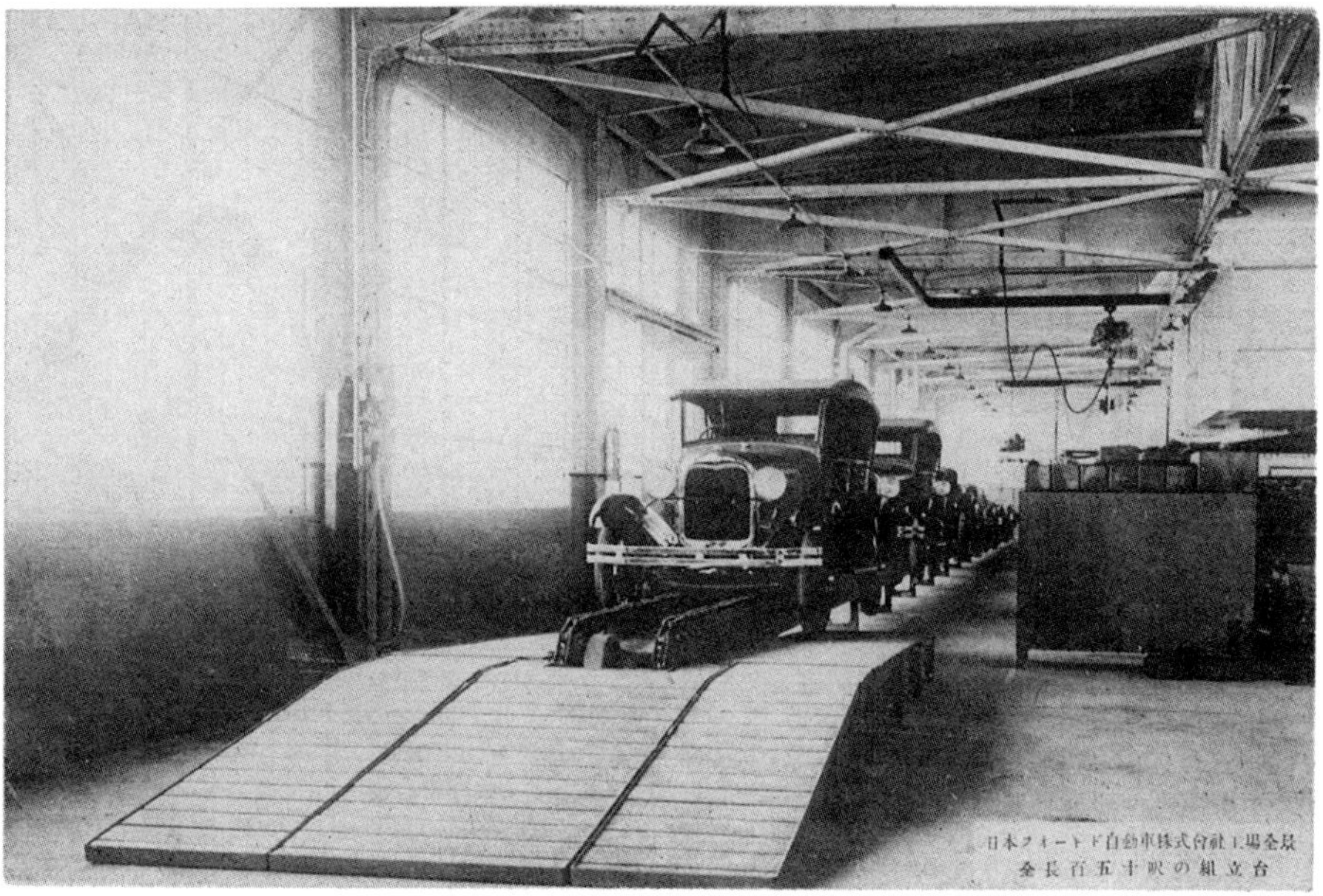

ちなみに、自動車製造の先駆者は吉田真太郎という。一九〇八年（明治四十一年）の警視庁管内の自動車総数は四十六台にのぼったが、そのうち八台が吉田式だった。

関東大震災以降になると、アメリカの自動車メーカーが相次いで上陸する。一九二五年（大正十四年）に日本フォード自動車が設立されると、その二年後にはゼネラル・モーターズ（GM）が、さらにその三年後にはクライスラーも製造に乗り出した。一九二七年（昭和二年）には、フォードとGMを合わせての製造台数は一万台を突破、自動車の大量生産時代を迎えた。

横浜子安 日本フォード自動車 空中撮影　横浜船渠会社の倉庫を借り受けて開設された。屋根に「FORD」の文字。敷地は2,500坪（約8,250平方メートル）。斉藤俊彦の『くるまたちの社会史』（中央公論社、1997年）によると、フォード社は関東大震災後に調査員を派遣、「日本市場有望なり」の報告を受けての進出だった。

「日本フォード自動車工場全景 艀船から部分品陸揚の工程」 戦前では、1934年（昭和9年）に年間製造台数の最高（1万7,244台）を記録した。前掲『くるまたちの社会史』によると、フォード社は当初、上海をアジア進出の拠点に考えていたが、急遽、日本に変更したのだという。

新聞

近代のジャーナリズムは新聞から発展したといってもいいだろうが、明治初期の新聞は、今日の新聞と比べて情報量ははるかに少なく、また識字率も高くなかったようで、読者も限られていたという。

しかし、教育制度が整備され、一八九〇年代（明治中期ごろ）から連載小説も掲載され始めると、大衆の新聞に対する関心も高まっていく。また名物記者が活躍し、個性豊かな新聞が発行されるなど、全体としての発行部数は伸びていった。

そんな成長期の一八九〇年（明治二十三年）に東京朝日新聞社がフランス製の輪転機を導入。それまでの印刷機の二十倍のスピードをもつ最新鋭機で、

「新聞が出来るまで（一）」 東京朝日新聞社の発行。飛行機や伝書鳩、伝送写真室、電話など、交通・通信手段が紹介されている。下の写真は整理部の様子。「全国からの原稿、写真等は編輯局内の整理部で取捨選択され編輯される」と説明している。

他の新聞社もこれに続いた。

　その後も編集・印刷の現場では改良が進められた。写真電送の技術は、一九二八年（昭和三年）の昭和天皇御大典報道あたりから導入され始め、またそれと前後して、飛行機による原稿・写真の輸送も活発化した。

　一方で、新聞社は外国訪問飛行や日本新八景の選定投票などのイベントをおこない、読者の興味を集め、販売競争に生かしていった。

「新聞が出来るまで（三）」「輪転機からキャリヤーで発送室に流れ込む新聞は自動的に折り畳まれ、地方別に荷造りされて専属トラックで市内配達所へ。地方は駅まで送られる。之等の作業に要する時間は僅に数十分」と説明。下の写真は本社１階の営業局全景。

「新聞が出来るまで（二）」「整理部から来た原稿は文選、植字係の手で小組のゲラ刷となり、校閲部の校正を受ける」と説明。左下の写真は輪転機。「朝日式電光輪転機 十五台 全印刷能力は一時間約百四十万枚」

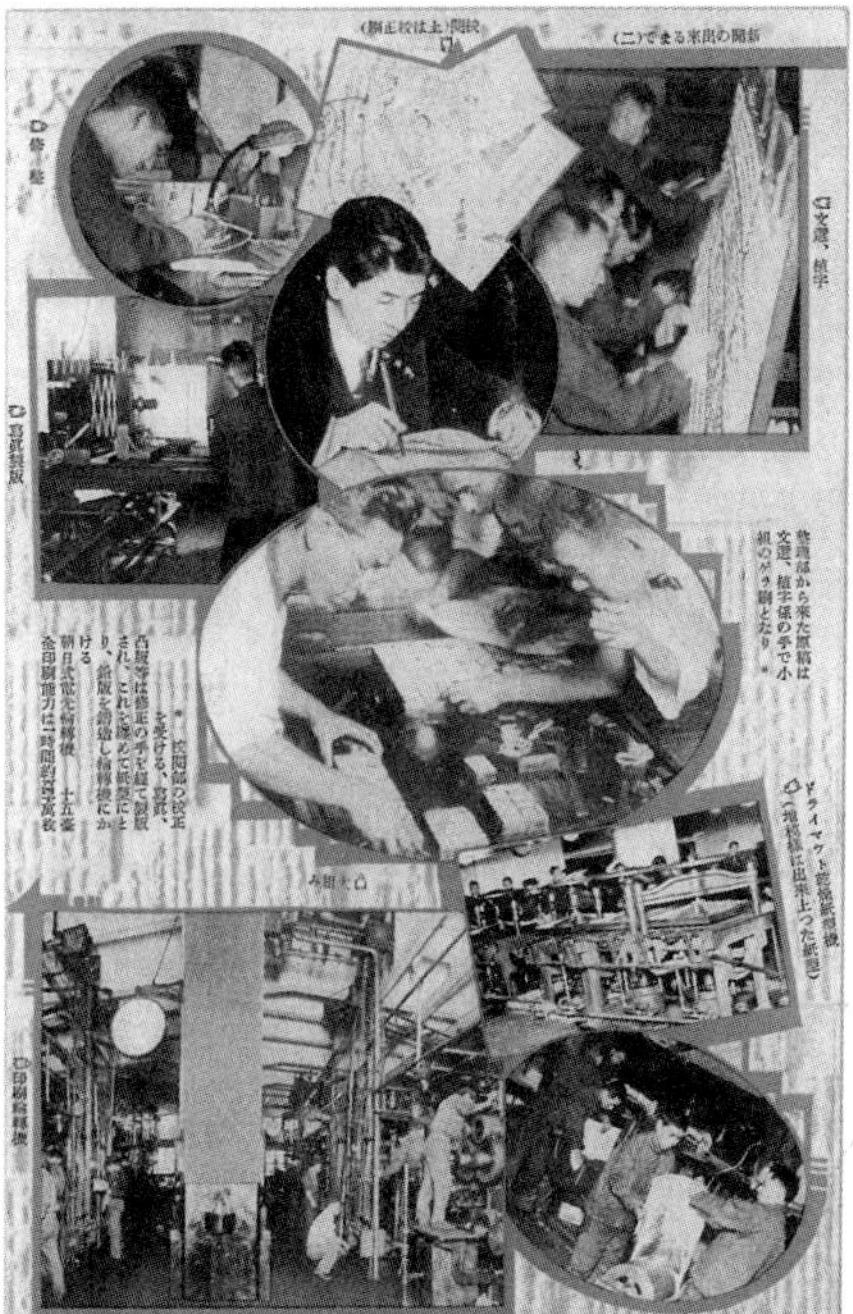

「既往十年間の発行紙数」大阪毎日新聞社　1920年（大正9年）から10年間の、「大阪毎日新聞」と「東京日日新聞」の発行部数が示されている。それぞれが10年間で2.5倍に部数を伸ばしている。ちなみに大阪毎日新聞社は09年（明治42年）3月、神戸―大阪間でマラソン大会（20マイル）を主催。マラソンの呼称を初めて利用した大会となった。

「東京日日新聞 仏国ベラン式電送写真機」 1928年（昭和3年）、大阪、京都、東京に導入された。競争紙の「朝日新聞」がシーメンス社の電送機を発注したとの情報が入り、「毎日新聞」「東京日日新聞」でも採用を決定したという（毎日新聞社社史編纂委員会編『毎日新聞七十年』毎日新聞社、1952年）。右上は大阪から電送された政治家・浜口雄幸の写真。

人力車（輸出品としての）

一九二八年（昭和三年）の日本少年少女文庫刊行会編『漫遊写真だより』下（日本少年少女文庫刊行会）に、こんな一節がある。

「ズール人の人力車はダーバンの呼び物である。（略）日本人の発明品である人力車が南アフリカまでも拡がってこんなに変っているのだから誠に不思議である」

一八七〇年（明治三年）に和泉和助らによって製造が始まった人力車は、職業紹介事業協会編『日本職業大系 第七 工業篇四』（職業紹介事業協会、一九三八年）によると、「僅二年を出《い》でずして海外に驥《き》足《そく》を伸ばし」、輸出され始めたという。

もっとも、当初はその台数も

「Ricksha Boys, Durban」 南アフリカのダーバン名物だったリキシャ・ボーイ。「頭に大きな牛の角を二本立てた帽子を冠（かむ）り、角の外（ほか）にも山荒（やまあらし）刺毛や鳥の羽毛を一ぱいくっつけてあるから重そうにしている」（前掲『漫遊写真だより』下）

少なかっただろう。だが、次第に勢いを増し、最盛期の明治末期には一万台を超える年が続いた。斉藤俊彦の『人力車』（産業技術センター、一九七九年）掲載の大日本外国貿易年表をみると、最多記録は一九一〇年（明治四十三年）の約一万四千二百台。

海外では人力車のことを「リキシャ」と呼んだ。前掲『日本職業大系』は「外国人は、我国を「フジヤマ」の国として認識すると同様に、「リキシャ」の国としても認識づけようとする」と記し、「重要な役割を演じて居た」と評価している。

「北京東停車場 北寧鉄路正陽門の終点で メンストリートの交通中心地である」 中国では現地生産される人力車も少なくなかったようだが、前掲『日本職業大系』や『人力車』によると、日本からは蒔絵の装飾を施した二人乗りの人力車が輸出されていた。

「GROUP OF RICKSHAW COOLIES CEYLON」 セイロン（現スリランカ）をはじめ、アジア諸国にも多く輸出された。明治後半期、「輸出の拡大こそが、人力車製造業者の活路でもあった」（前掲『人力車』）。人力車は、営業車ばかりでなく、自家用車としても利用されたようだ。

石油鉱業

一九三五年（昭和十年）三月二十日のことである。秋田市八《や》橋《ばせ》の油井で、大量の原油が噴き上がった。この出来事に、資源確保に頭を悩ませていた政府は大いに期待を抱いたという。

わが国の石油採掘は、江戸時代の慶長年間（一六〇〇年代）から手掘りで始まったとされているが、明治時代に入ると石油ランプの普及で石油（灯油）の需要が急増、アメリカなどから輸入する一方、日本各地に採掘業者が現れた。

そして、一八八八年（明治二十一年）には日本石油会社が設立され、三年後には古くから石油の存在が知られていた新潟県

八橋油田大噴油の実況　日本鉱業が前身の久原鉱業時代の1916年（大正5年）から試掘し、19年後にようやく大噴油を見て、日産1,000石（約180キロリットル）の巨井となった。これに刺激された日本石油も隣接鉱区を掘削、翌月にこれまた日産1,000石の巨井となり、八橋の名は全国に知れ渡った。

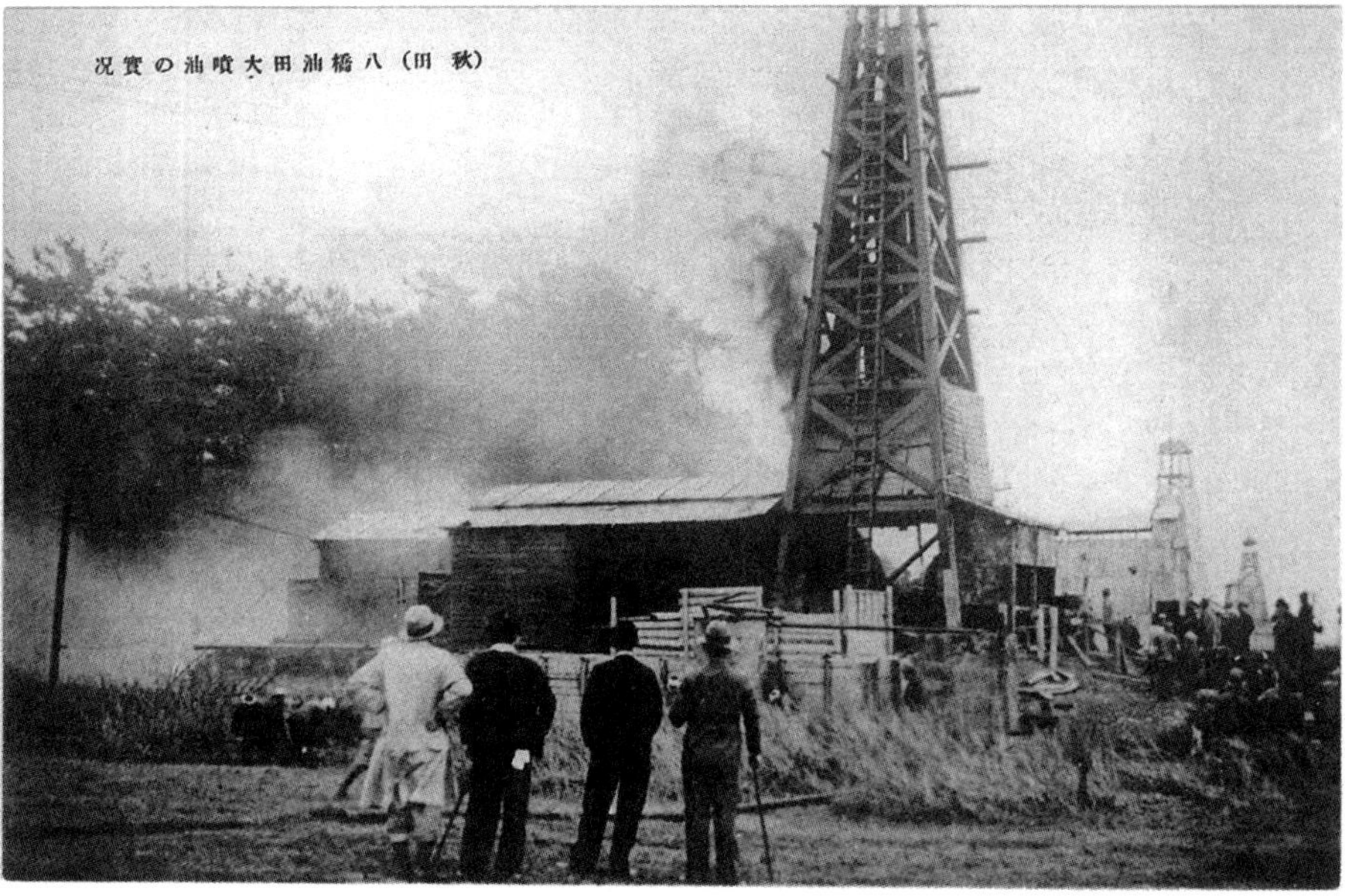

の尼瀬《あまぜ》海岸で初めて機械掘り（アメリカから掘削機を輸入）に成功、石油鉱業の近代化が始まったのである。
　その後、掘削技術も進歩し、一九〇〇年代から一〇年代（明治三十年代から大正初期）にかけて産油量が急増、大正初期には戦前で最も多い数値を記録した。初めて機械掘りが成功した年の四十倍以上である。一五年（大正四年）からの四年間には、毎年四十万キロリットル以上にのぼった（日本石油／日本石油精製社史編纂室編『日本石油百年史』日本石油、一九八八年）。

「西光寺ヨリ日本会社タンクヲ望ム」　新潟県柏崎市西山町長嶺の西光寺の境内から見えた日本石油のタンク（絵はがきに日本会社とあるのは日本石油）。日本石油のいわゆるコウモリマークが見える。同社は1899年（明治32年）、本社を創業の地・新潟県三島郡尼瀬（当時）から柏崎に移した。

日本石油会社鎌田坑場　石油櫓が林立する柏崎の西山町鎌田の様子。明治時代から西山油田は日本石油にとっては重要な存在だった。前述のように、日本石油が本社を柏崎に移したとき新聞各社が取材、新潟県下で石油鉱業が盛んなさまが全国に伝えられたという。

地下鉄

浅草と上野を結んだわが国初の地下鉄が開業したのは、一九二七年（昭和二年）十二月三十日のことである。東京地下鉄道創業者の早川徳次がロンドンの地下鉄を利用し、地下鉄事業に目覚めてから苦節十三年を経て実現したものだった。

一方、大阪で地下鉄が開業したのは、その六年後の一九三三年（昭和八年）のこと。市営の形で、いわゆる大阪のキタとミナミ、梅田と心斎橋を結んだ。尽力したのは、市長の関一《はじめ》だった。

東京にしろ大阪にしろ、華々しく開業し、初期のころは珍しさもあって乗客数も多かった。だが、やがて飽きられてくる。東京では夏には「地上より十七

「東洋唯一（東京地下鉄道）出入口の混雑」 開業時から自動改札のターンスタイル方式が採用された。運賃は10銭均一で、10銭白銅貨を投入すれば、直ちに棒が回転するという仕組みで、これが乗客には評判だった。

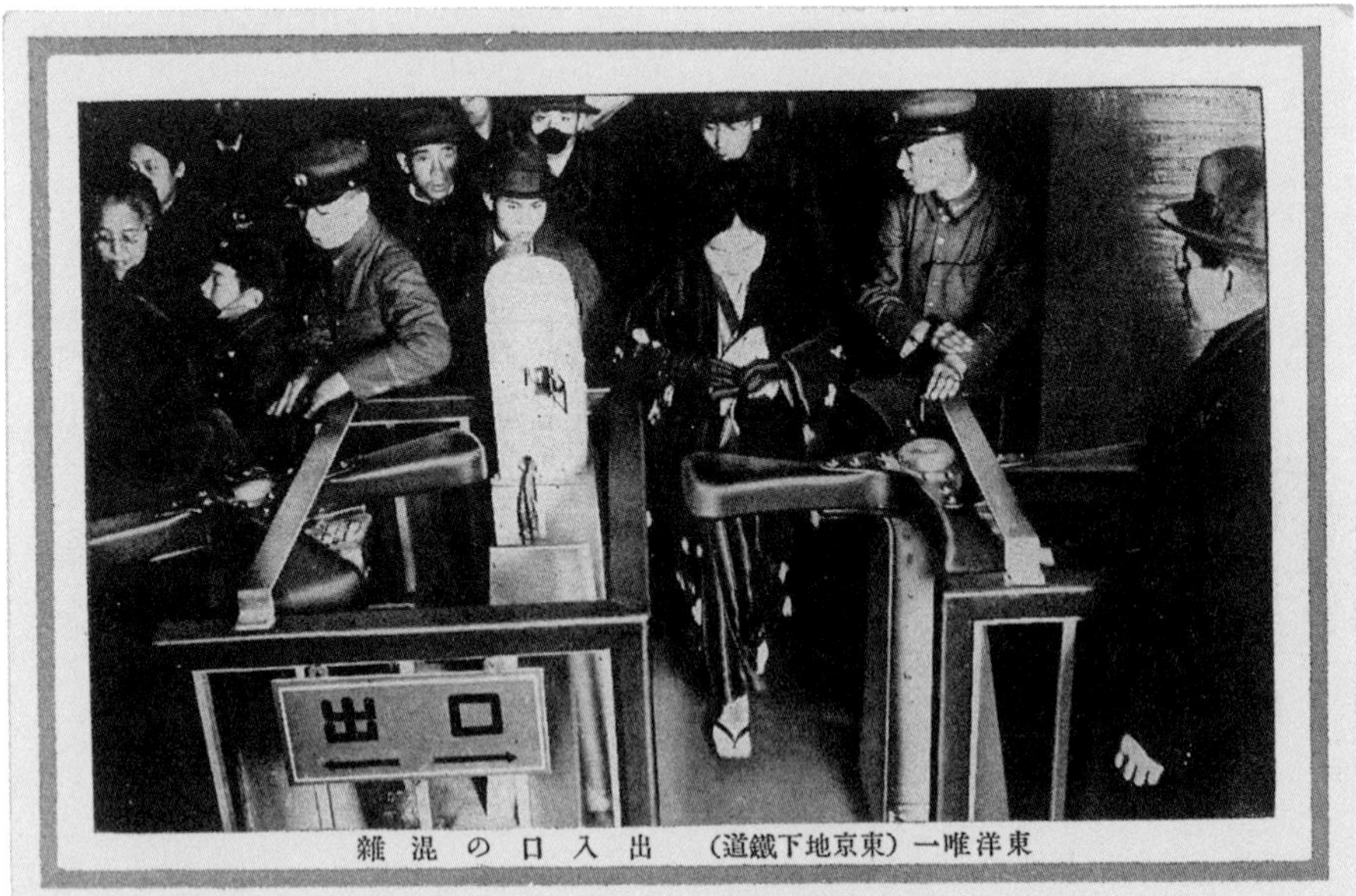

度涼しい地下鉄」、冬には「地上より二十二度暖かい地下鉄」と宣伝したが、次代を担う交通機関としては線路を伸ばすことが最重要課題だった。

東京では七年かけて新橋まで伸ばしたのち、一九三九年（昭和十四年）には、東京高速鉄道との相互運転で渋谷まで延長した。

大阪は二年かけて心斎橋—難波間を完成させた。梅田では阪急電車と、難波では南海電車とつながり、「神戸から和歌山まで傘なしで行けます」と宣伝した。

「（東京地下鉄道）あさくさ駅乗車口 うえの駅」 浅草、田原町、稲荷町、上野の4駅で開業。開業日には名士3,000人が試乗した。本文中の東京高速鉄道は1938年（昭和13年）に青山6丁目（現・表参道）—虎ノ門間で開業。

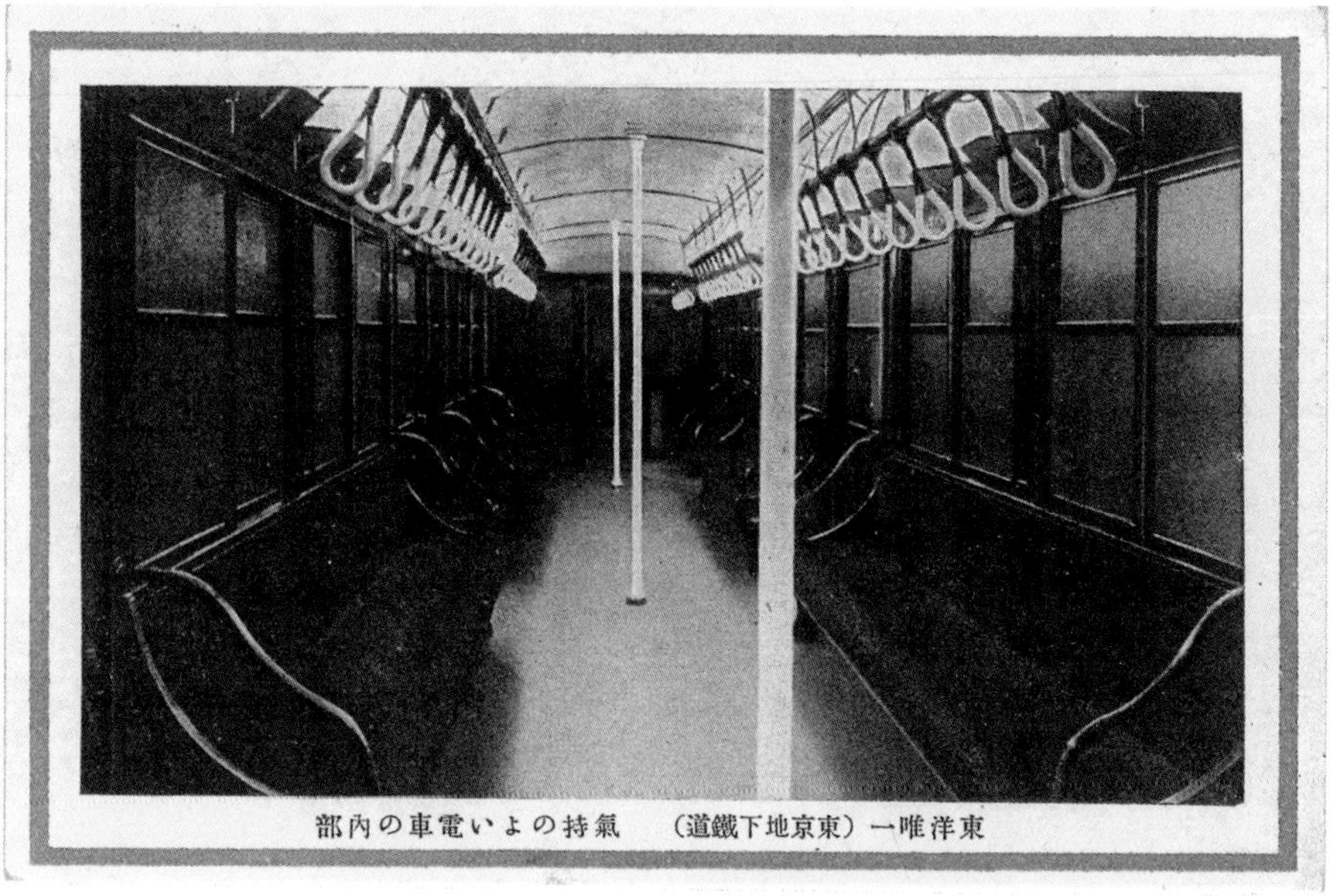

「東洋唯一（東京地下鉄道）気持のよい電車の内部」 宣伝文句のように快適性が売り物だった。「間接照明によって車内を照らして蔭の生ぜぬ朗らかな照明装置」（東京地下鉄道編『東京地下鉄道史 乾』東京地下鉄道、1934年）を施した。

「（京都）新京阪電車地下鉄道」 1931年（昭和6年）、京阪電鉄が新京阪線（現・阪急京都線）の西院・大宮間の約1.4キロを地下鉄で開業。京阪電鉄ではこれを「関西初の地下鉄」とした。

「地下高速度電車（大阪）」 大阪では1933年（昭和8年）に梅田（仮駅）、淀屋橋、本町、心斎橋の4駅（3.1キロ）で開業。この絵はがきは淀屋橋駅。大阪の地下鉄駅は「豪華地下殿堂のようだ」と人々が目を見張った。「当時、欧米で近代建築様式を体験」した建築家・武田五一が深く関与したという（安達英俊「地下鉄「駅」モダニズム」「大阪人」2003年6月号、大阪都市協会）

陪審裁判

一九二八年（昭和三年）十月、大分地裁で日本初の陪審裁判が開かれた。

陪審制度を導入しようという動きは明治期からあったが、一般人の裁判への参加は司法権の独立を侵すといった考え方が根強く、実現には至らなかった。しかし、原敬（首相経験者）の熱心なはたらきかけや人権擁護への関心の高まりを受け、一九二三年（大正十二年）に陪審法が成立、五年後の施行となったのだ。

しかし、当時の陪審制にはさまざまな制約が設けられた。刑事事件だけを対象とし、被告人は陪審裁判でなく普通の裁判を選べること、陪審員は三十歳以上の男性に限定し、しかも直接

長野地方裁判所陪審法廷　陪審制度が始まった1928年（昭和3年）10月1日、長野地方裁判所が発行した「陪審法施行記念絵葉書」4枚セットの1枚。各市町村長が抽選によって陪審員候補者名簿を作成、所轄の地方裁判所長がその名簿からさらに抽選で36人を選び、なおかつ検察官と被告人に忌避された者を除いて、最終的に12人の陪審員と1人から2人の補充陪審員を抽選で選んだ。

国税を三円以上・二年以上納めていること、などだ。

　こうした条件はあったものの、政府は莫大な資金を投じて宣伝に努めた。その結果、滑り出しの時期は一般人の興味も高まった。件数も初年の十月から十二月までで三十一件、二年目の一九二九年（昭和四年）には百四十三件にのぼった。

　ところが、三年目には半減した。軍事色が濃くなるにつれて人権擁護的な空気が弱まり、制度としての脆弱性も相まって、一九四三年（昭和十八年）に停止した。


長野地方裁判所陪審員宿舎内　食堂兼談話室（右）と寝室（左）を紹介。公判は1日から3日で終わるものがほとんどで、最も長かった陪審裁判は判決日を含めて8日間だった。その裁判は1929年（昭和4年）の静岡地裁での「貰い子殺人事件」で、この事件は謎が深かったという（夏樹静子『裁判百年史ものがたり』文藝春秋、2010年）。

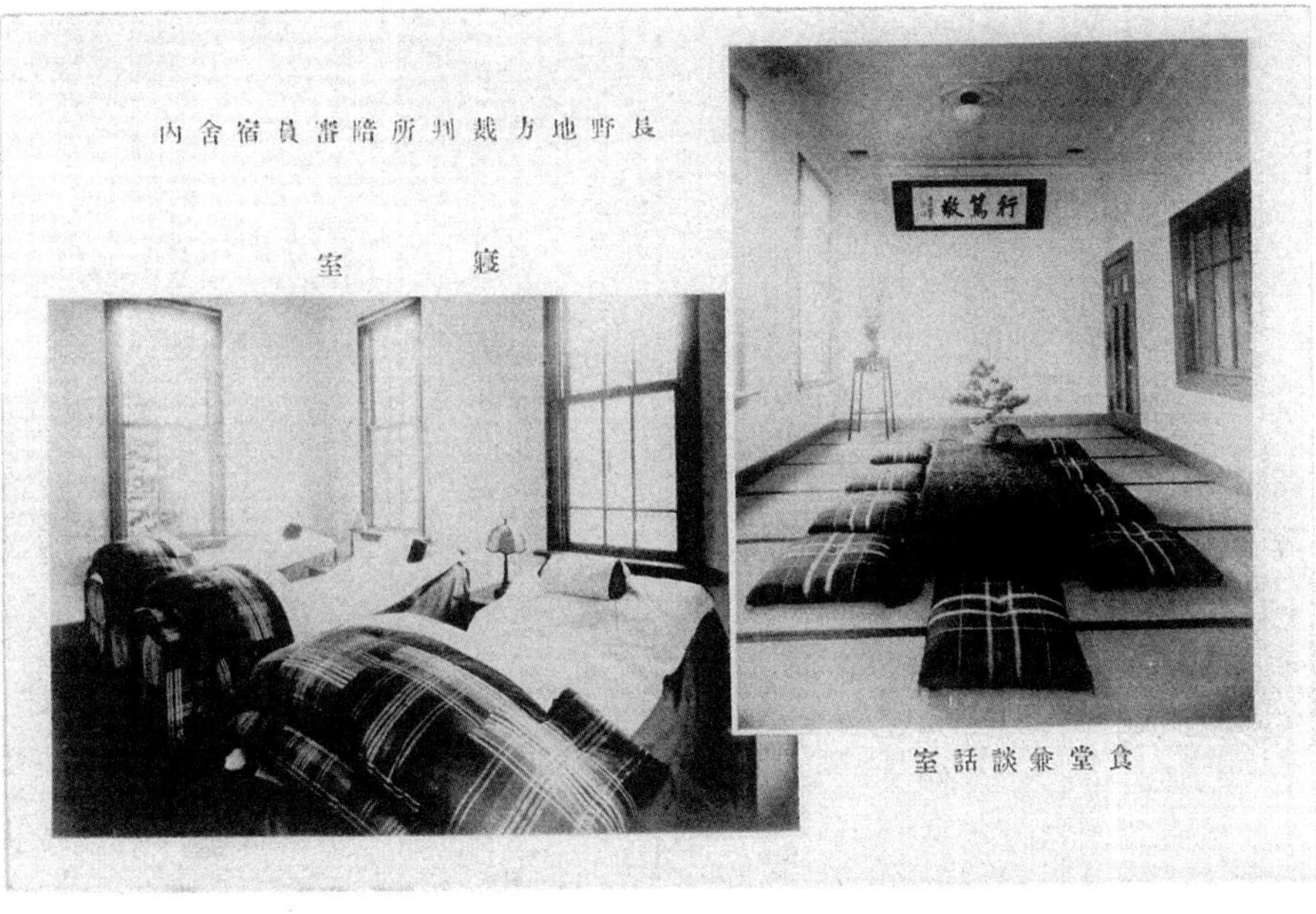

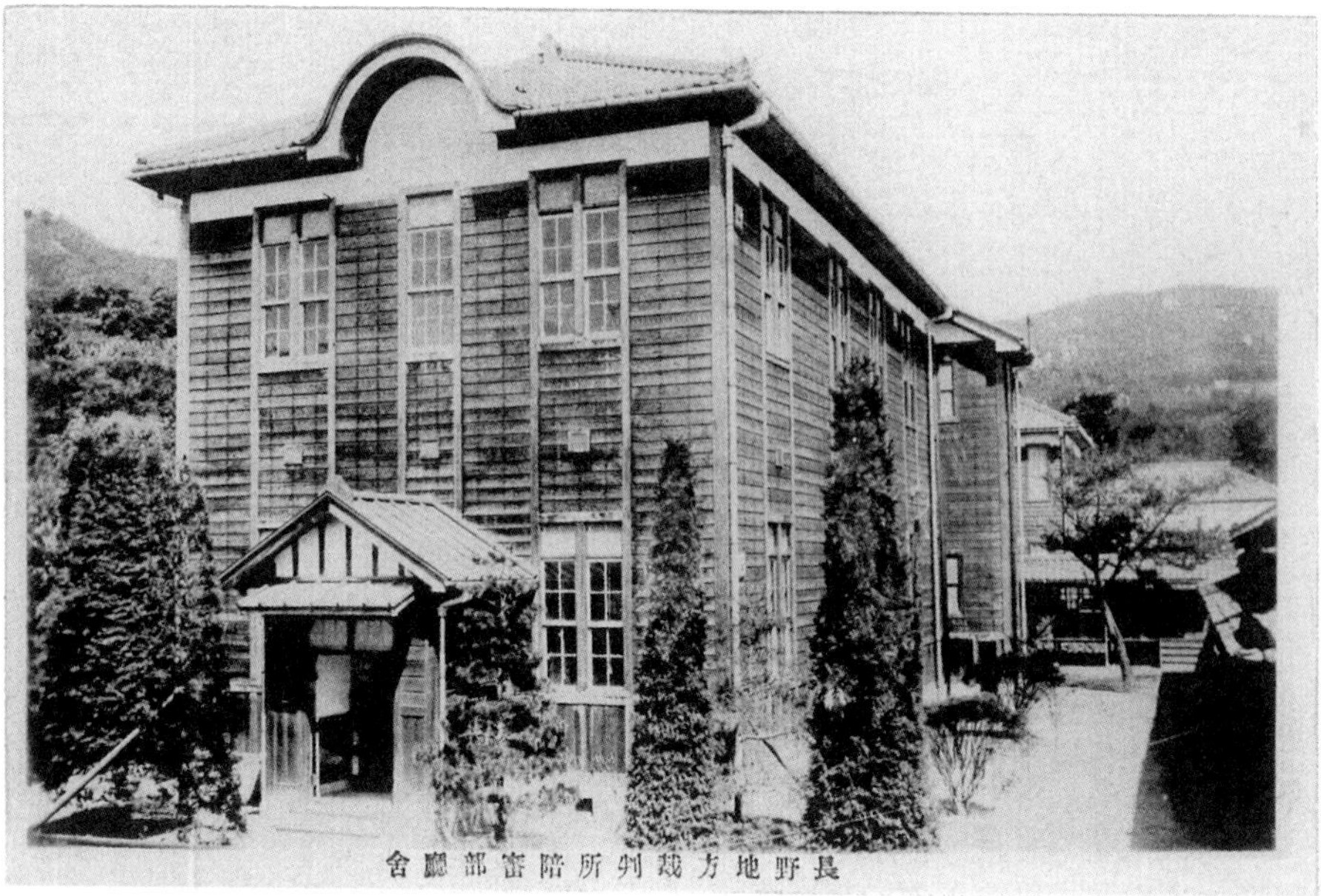

長野地方裁判所陪審部庁舎　絵はがきセットのなかには説明書きが同封されていて、「陪審員として裁判手続に参与することは、国民の名誉ある権利であると同時に、重要なる義務であります。その職責の重大なることは申す迄もありません」などと記されていた。

ビール醸造

麒麟麦酒編『ビールと日本人』(三省堂、一九八四年)によると、横浜では開国早々から、ヨーロッパ製の輸入ビールが飲まれていた。

国産化に向けた動きで特筆されるのが北海道開拓使による札幌麦酒醸造所の創設だ。殖産興業の一環でビールに注目が集まり、一八七七年(明治十年)に最初の製品が出荷された。

その九年後には民間に払い下げられ、翌年に札幌麦酒株式会社が設立されたが、この時期は日本麦酒や大阪麦酒も誕生し、国産ビール業界の大きな発展期になった。

それと同時に競争が激化、過

サッポロビール醸造工場製品部 札幌　浜田徳太郎『大日本麦酒株式会社三十年史』(大日本麦酒、1936年)は「明治二十年より同四十年に於いてほぼその基礎を確立したのであって、主なる麦酒会社は殆んどこの期間に創業され、又は拡張されたのであった」と述べている。

当競争を避ける目的もあって、一九〇六年（明治三十九年）に三社が合併、大日本麦酒が発足する（同社は戦後、サッポロビールとアサヒビールに分割される）。

一方、この大合併に加わらなかったのが、わが国最初のビール醸造所を前身にもち、一八八八年（明治二十一年）からキリンビールを世に出していた麒麟麦酒株式会社（会社設立は一九〇七年）である。そのほか、弱小醸造所も数多く存在したが、大資本の醸造所の前に、泡と消えていった。

大正博覧会とキリンビール　1914年（大正3年）に開催された東京大正博覧会で、麒麟麦酒は製品を出品し、ビヤホールを営業した。明治時代に開催された博覧会でも「各ビール会社の手で、会場内に大規模なビヤホールが設営されて客を奪い合うようになった」（前掲『ビールと日本人』）。

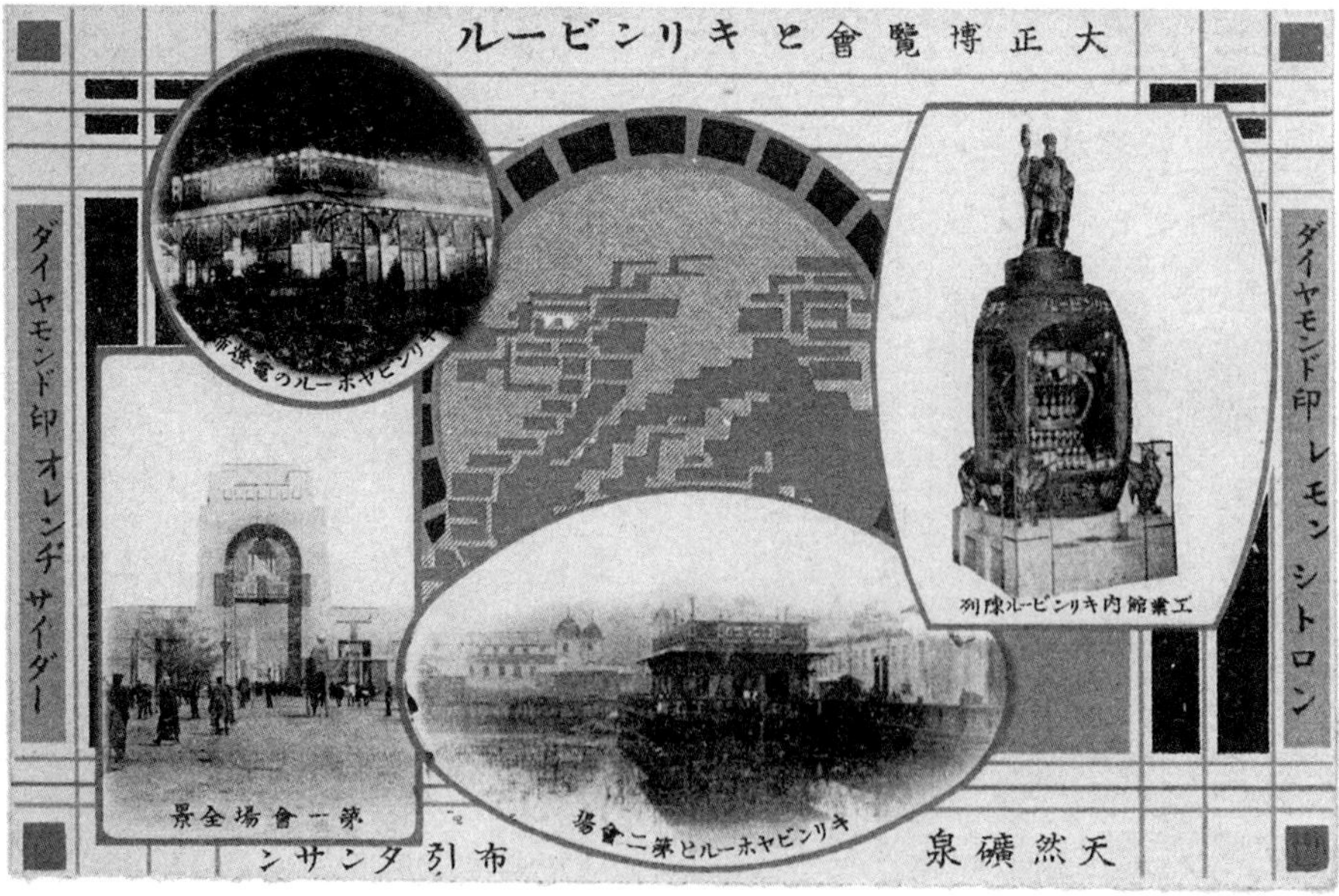

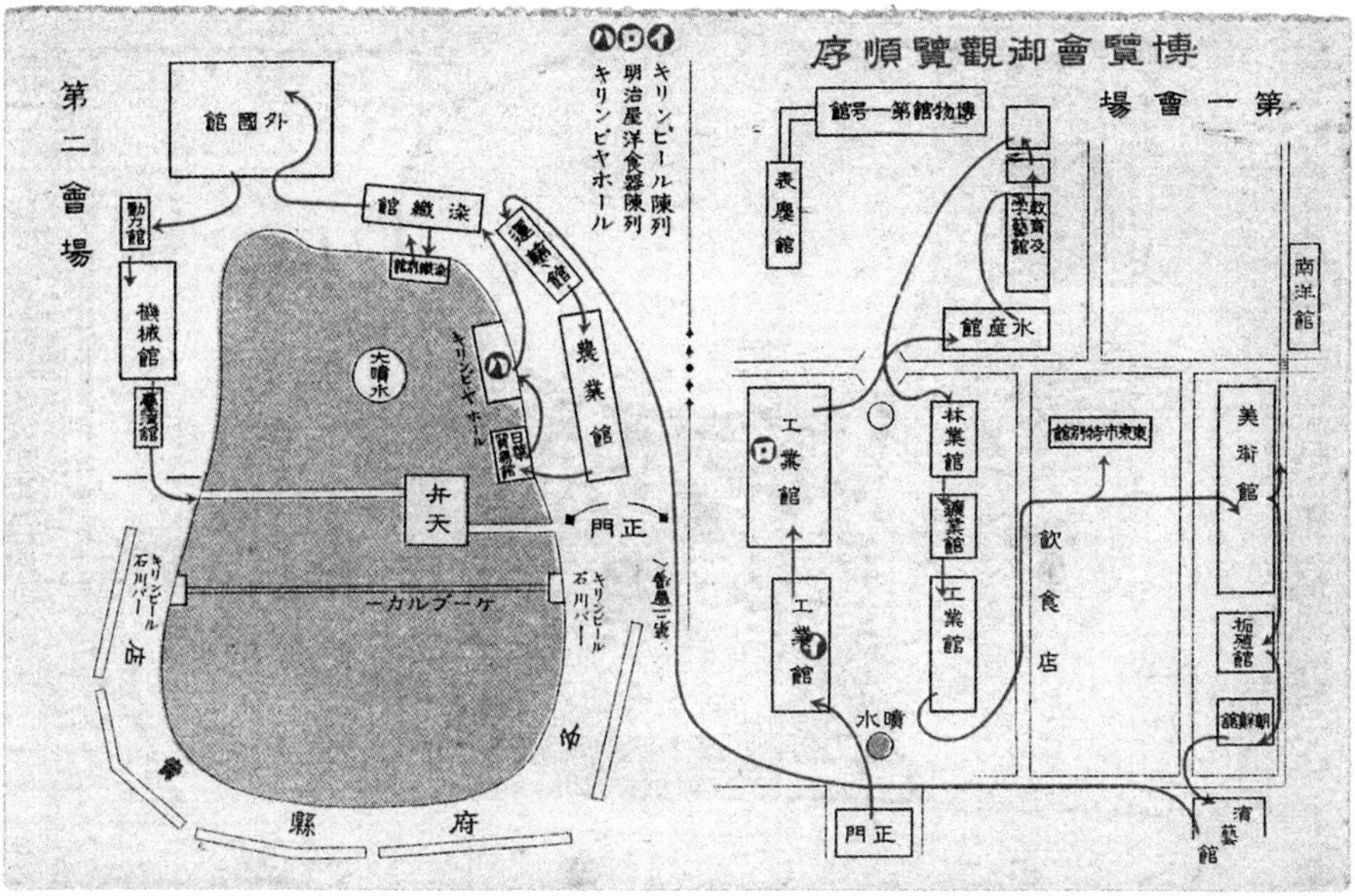

「博覧会御観覧順序」 同じく東京大正博覧会に出品した麒麟麦酒の案内図。上野の不忍池に面してビヤホールを出店していた。明治時代には「ビールは内国勧業博覧会が開催されるごとに品質が向上した」(前掲『ビールと日本人』)。

養狐業

北日本汽船が一九三七年（昭和十二年）に編集・発行した『北日本：定期航路案内 昭和12年版』に次の一文がある。

「有望な養狐業《ようこ》…養狐業は樺太特有の産業の一《ひとつ》であります。尤《もっと》も近年は北海道にも流行し最近は軽井沢あたりにも開始されて居ります」

　養狐業とは、狐を飼育し、防寒用、あるいは襟巻きやソファの掛け物など装飾用としての毛皮を収穫することである。その端緒は一八九四年（明治二十七年）にカナダで見られ、日本では一九一五年（大正四年）に樺太農事試験場で試育したのが最初だという。

　その試育の四年後に発行された産業調査会編『実地調査最新

「樺太養狐ノ景」　前掲『北日本：定期航路案内 昭和12年版』によると、樺太庁中央試験所が所在する小沼の付近は、おもに個人経営の養狐集落として特異な景観を呈していた。樺太が養狐業に適していたのは、狐が好む冷涼な気候であることと、飼料の鮮魚が豊富であることが理由だったようだ。

十大副業』（二松堂書店、一九一九年）によると、第一次世界大戦で狐の毛皮の価格は一時期下落したものの、品質のいい銀黒狐（単に黒狐とも）の毛皮はあまり下がらず、欧米の社交界では変わらず人気が高かった。
狐にはそのほか、毛色によって青狐、十字狐、白狐、赤狐、灰狐といった種類があるが、やはり黒狐の価格が群を抜いていたようで、日本でも銀黒狐の生産に力を注いでいた。

「北軽養狐園親狐柵全景」 狐の飼育法には放牧と柵飼の二つの方法があり、この軽井沢の業者では柵を設けて飼育している。この絵はがきは２枚つづりのパノラマになっていて、少なくともこの２倍の柵で狐を飼育していた。

「北軽養狐園第三回採取銀狐毛皮ノ一部」　「銀狐」とあるが、一般に黒狐と呼ばれるものに銀黒狐、銀狐が含まれていた。これらの狐は、絵はがきに見られるように、尾の先端が純白の毛になる特徴がある。いずれにしても、狐のなかでは最も高価な毛皮だった。

絵はがきを商う人々

絵はがき収集は「趣味を養い、至極好い道楽」

一九〇〇年（明治三十三年）十月、わが国で私製はがきの使用が認められた。これ以降、業者が絵はがきを制作・販売することが可能になった。

そして、一九〇四年（明治三十七年）に勃発した日露戦争を契機に、絵はがきの発行枚数や購入者数が急増するというブームを迎えるのである。

同年九月から〇六年（明治三十九年）五月にかけて、逓信省は日露戦争の「戦役紀念絵葉書」のシリーズを発行したが、戦勝ムードに煽られてか、郵便局には、その絵はがきを求める人々が押し寄せた。例えば、ここに掲げた絵はがき（図❶）には、神田郵便局で絵はがきを買い求めようとする人々の列が写し出されている。ときには、混乱を抑えるために警察が出動する騒ぎもあった。死者が出る事態も起きたという。

こうした熱狂はやがて、絵はがき文化を形成していく。絵はがき収集家としても有名になる児童文学者の巖谷小波は一九〇七年（明治四十年）に上梓した『楽天子』（松香館）のなかで、「絵葉書の事」と題して、次のように記している。

「やれ絵はがきの雑誌を出すの、やれ絵はがきの研究会だの、交換会だのと云って、非常に騒いでいる。

▲しかし僕は此絵はがきの流行と云う事は、決して悪いとは思って居ない。寧ろ人の趣味を養い、よくそれを保持するという上に、僕は実に好い事と考えて居る。

▲（略）その割に銭のかからない、至極好い道楽である」

ただしこの段階では、全体を通じてみると、「趣味は全く低い」という。絵はがき屋が趣味のあるものをたくさん作って販売し、世の中の人々を趣味の高いほうへ導いてほしいと説いていた。

明日からでも開業できる絵はがき屋

この巖谷小波の思いがどこまで通じたかどうかはわからないが、これ以降、絵はがき屋という商売をどのように始めたらいいかといった指南書が増えてくる。

前掲『明治事物起原』の著作で知られる石井研堂が一九一四年（大正三年）に上梓

図❶　中段に「神田郵便局戦役紀念絵葉書発売光景」との説明。下にはスタンプを押す職員の手が見て取れるが、これは日付印だろうか。詳しくは特殊通信日付印といって、逓信省が1905年（明治38年）10月に同印を作成して郵便物に押印すると、これが人気を呼び、以後、逓信省で記念絵はがきを発行するときには同印も作成・押印するのが通例になったという。

図❷　仙台市東一番丁のにぎわいの光景。右に「絵葉書店」の看板が見える。「人物并（ならびに）景色／出張撮影之御依頼ニ応ズ／佐藤絵葉書店／写真部」とある。

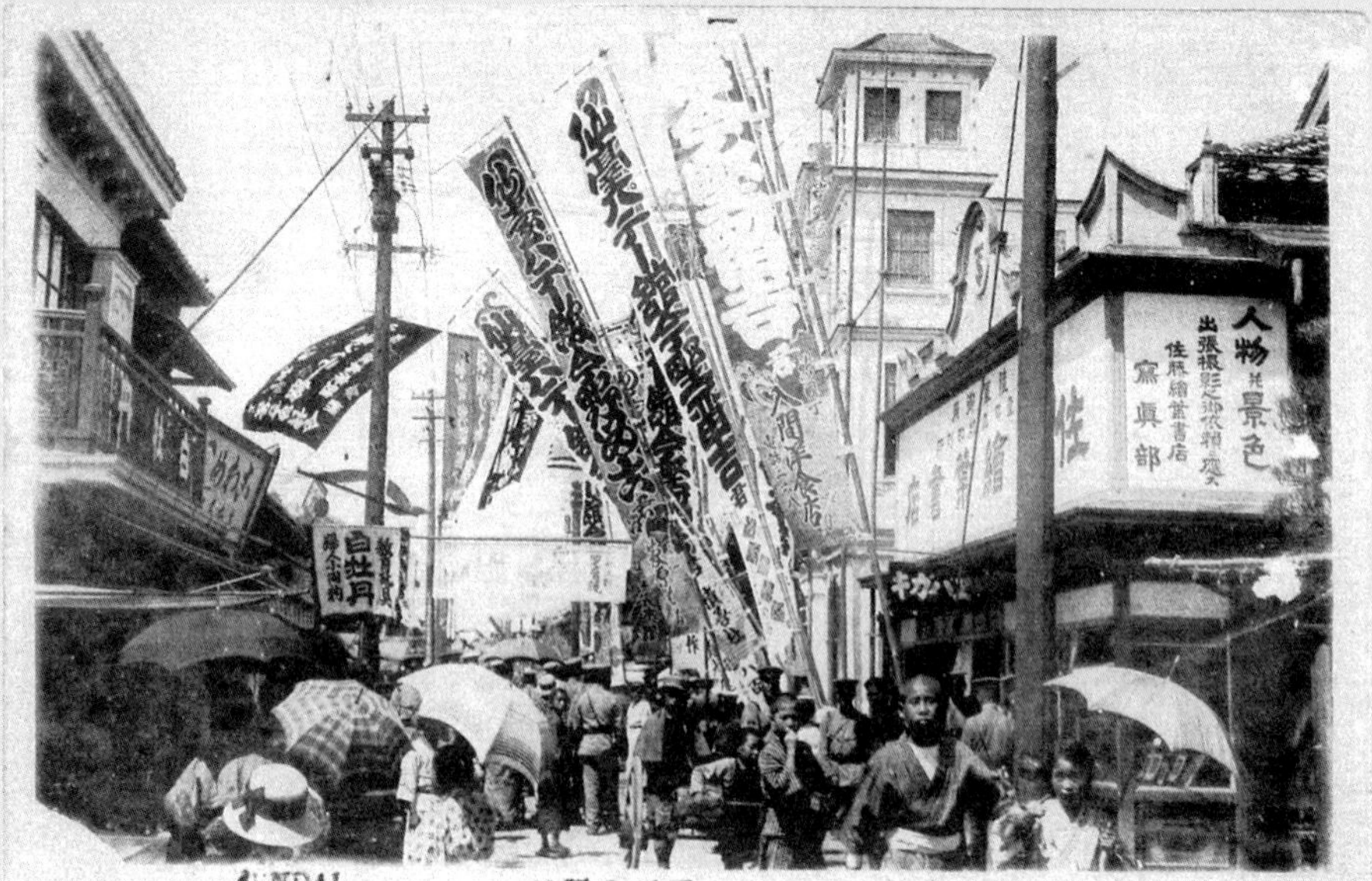

した『独立自営営業開始案内』第二編（博文館）で、こう記している。

「絵葉書の販売業は、他の商業と違いまして、少しも経験を要しません。誰が始めても、今日着手して明日から開業できます」

　都会でなくても、「文房具店や書籍雑誌店、絵双紙店、玩具店などで、之を兼ねることが出来ます」と後押しする。

　このころには、絵はがきの発行もかなりの数にのぼり、「すたれる憂の断じて無いものとなりました」となってきたので、誰でも営業できるといえたのだろう。しかも、場所を取らないので兼業も可能というわけだ。

　また、当時、東京市内だけでも三十軒ほどの問屋が営業していて、販売用の絵はがきは簡単にそろえられるということ、独自に店名入りの絵はがきを発行したいときには、販売したい図柄を写真に撮り、その原版と紙焼き写真を問屋に持ち込めばいい、とも述べている（自ら出張撮影をおこない、注文に応じて制作していた店舗もあったようだ＝図❷）。

　そのほか、石井研堂は、絵はがき帖《アルバム》などの付属物のそろえ方や陳列法など、細部にわたって教授している。

苦学生が露店で販売すれば、外交で稼ぐ人も

　店舗を構える営業形態だけでなく、露店によって絵はがきを販売する方法もあった。資金もそれほどかからないため、次のように述べる人物もいた。

「絵葉書の露店は現在では猶普通の縁日商人の手に七分までは占められている。けれども苦学生などの事業として誠に手軽で、それに夜間だけなのだから、通学の余地は十分あり、資本は僅少で割合に利益が多く、最も格好のものであろう」（金々先生『商売百種渡世の要訣』雲泉書屋、一九一六年）

　実際に苦学生が露店で絵はがきを販売し、卒業したことがあった。日本少年会編『苦学の方法』（三友社、一九一〇年）に次の記述がある。

「現に佐賀県某中学校教頭たる笹山文学士は大学入学の初年より毎夜牛込神楽坂に絵葉書の露店を張り其利益を学費となし遂に文科大学を卒えたる美譚を茲《ここ》に紹介せん」

　佐賀県生まれの笹山という人物は上京後、直ちにある絵はがき店に赴き、自分の境遇と希望を話すと、店主が同情して特別価格で絵はがきを卸してくれた。笹山はそれを露店販売し、利益を学費にあて、一九〇六年（明治三十九年）に卒業できたという。上京後、直ちに絵はがき店に足を運んだということが本当ならば、そのころ、すでにこういう事例がいくつも見られたのかもしれない。

　実は、絵はがきの露店はある時期、急増した。関東大震災後、飲食店に次いで一気に増えたという。福徳商会主人述『スピード金儲け秘訣』（木村書店、一九三八年）に次の一節がある。

「震災絵葉書（図❸）の大流行に因《よ》って、売上並に其の純益も頗《すこぶ》る多く、日比谷辺りから丸ビル付近へかけて並んだ露店ばかりで、優に三百軒近くの夥《おびただ》しき数に及んだのである」

　この露店急増は一時的な現象だったようだが、その後も絵はがき店は総じて繁盛したと述べている。

図❸　新橋駅の惨状を見せる絵はがき。手書き文字から緊急性が感じられる。前著『絵はがきで見る日本近代』でも少しふれたことだが、光村印刷所の創業者伝『光村利藻（としも）伝』（増尾信之編、光村原色版印刷所、1964年）にも、震災絵はがきが露店でよく売れたことが述べられている（「絵はがき研究書拾い読み」の項を参照）。

一方、絵はがきの商いを外交に求める動きもあったようだ。商店界社編『腕一本で儲かる外交』（商店界社、一九二七年）に、「絵葉書の外交員　最も簡単にできる商売」という項目がある。

どういう商法かというと、「単独で絵葉書を仕入れて、それを単独に売って歩く」のである。「儲かる外交である」と断言する。

ただし、売り歩くものは、通常の店舗が扱う名所絵はがきなどではなく、人気俳優が写っているものや新年や中元の挨拶絵はがきだ。俳優の絵はがきは例えば、看護婦や女工、繁華街に勤める従業員などの女性に、挨拶絵はがきは官庁や企業向けだった。

展覧会で入選した作品の絵はがきも売れるから、その時期・季節に合わせて外交すれば、「絵葉書の外交員として立派に儲けてゆける」と締めくくっていた。

広島県福山市に存在した「理想的な問屋」

図❹　「絵葉書海」1912年4月号。同誌の発行を歓迎するなどといった販売店の声が、北海道をはじめ、仙台市や満州・奉天、台湾・台南、清国・厦門（アモイ）など広くから届き、掲載されている。

◀繪葉書総目録一美人繪葉書▶

總て一種三組宛以上の御注文に限る

コロタイプ
秀逸品撰拔　帝都美人百種

▼上美人、照葉十種㈠　（十枚入）　金八錢
▼石川商店發行四十五種の内秀逸品撰拔

▼上美人、照葉十種㈡　（十枚入）　金八錢
▼青雲堂發行三十餘種の内秀逸品撰拔

▼上美人、榮龍十種　（十枚入）　金八錢
▲石川商店發行五十餘種の内秀逸品撰拔

▼上美人、秀勇十種　（十枚入）　金八錢
▼石川商店發行五十餘種の内秀逸品撰拔

▼上美人、萬龍十種　（十枚入）　金八錢
▼松聲堂發行萬龍百種の内秀逸品撰拔

▼上美人、濱勇十種　（十枚入）　金八錢
▼松聲堂發行四十餘種の内秀逸品撰拔

▼上美人、艶香十種　（十枚入）　金八錢
▼青雲堂發行三十餘種の内秀逸品撰拔

▼上美人、榮造十種　（十枚入）　金八錢
▼青雲堂發行四十餘種の内秀逸品撰拔

▼上美人、音丸十種　（十枚入）　金八錢
▼青雲堂發行三十餘種の内秀逸品撰拔

▼上美人、壽福十種　（十枚入）　金八錢
▼越喜商店發行三十餘種の内秀逸品撰拔

▽東京に於ける十數の出版元より發行せらるゝ美人繪葉書は其數誠に夥しく、其種類も實に幾千百種の多きに達せり、

▽如斯多種の中には隨分よろしからざるものも多く、美人繪葉書の総稱の内に玉石混同の有樣なり、

▽弊店は是等多種類の内を撰びに撰び拔いて、スタイル、印刷共に最も優秀なる代表的帝都美人百種を揃へたり、

—（4）—

図❺　「絵葉書海」のページの一部、絵葉書総目録＝美人絵葉書。このページの説明によると、東京の出版元・十数社から発行される美人絵はがきは幾千百種に達し、玉石混交の状態にあったようだ。島田絵葉書店では選びに選び抜いたことが述べられている。

前述したように、絵はがき店にとっては問屋の存在が頼りになっていて、東京市内だけでも三十軒ほどの問屋が存在していた時代があったようだが、実は、地方都市にも全国の絵はがき店と取り引きして繁盛した問屋が存在していたようだ。

ある古書市で、「絵葉書海」（図❹）という雑誌を発見した。発行元は広島県福山市の「理想的エハガキ卸問屋」を謳う島田絵葉書店（単に島田商店と表記するときもあり）である。

入手できたのは同誌の一九一二年（明治四十五年）四月号。創刊は前年の四月で、年に二回の発行となっている。内容は、口絵、記事、付録（目録）で構成されていて、そのうち最もページ数を費やしているのが付録としての目録である。つまり同誌の柱は、雑誌の形態をとってはいるものの、目録だといえる。小売店に向けての宣伝として、このような絵はがきが出ましたので注文してください、という趣旨で発行しているのである。

では、その目録の中身はといえば、美人絵はがきとして「上美人、照葉（「カラーで見る絵はがきの世界」の項を参照）十種」が十枚入りで金八銭（図❺）とか、子ども絵はがきが十種十枚入りで金八銭といったように案内されている。このほか、花物や風景、名所、水彩画、小説、歴史、名画、芝居、角力、肖像、舶来、動物といったさまざまな分野の絵はがきが目録に挙げられている。付属品として、絵葉書帖や絵はがきスタンドなども各種用意していた。

目録以外に、営業的に重要な役割を果たしているのが記事である。本号では「何故に斯くの如く盛んなるか　島田商店の理想的経営振《ぶり》」や「変遷しつつある絵葉書界の趨勢」といった記事が掲載されている。ことに前者は、自社の宣伝的要素が強いとはいえ、当時の問屋の状況がわかって興味深い。

その記事によると、当時の島田絵葉書店は全国二千数百の販売店と取り引きがあり、なぜ、福山にある問屋がそれを可能にしているかというと、「多額の蓄蔵品があるから如何に多数の御注文にも応じ得ると同時に、又常に商品の整理に力《つと》めて居るから少数の御注文にも更に煩雑を覚えず喜んで出荷することが出来る」からだという。絵はがきは多品種少量販売が基本だから、問屋のこうした経営態勢は販売店にとっては本当にありがたいことだったのだろう。

今日のポイント制度のような割引制度も

また、島田絵葉書店は東京と大阪に仕入れ出張所を設けて、販売店の便宜を図っていた。「品切ものを迅速に補充することに努め、各店の新版物を逸早く回送する」ことを可能にしていたのだ。

本誌「絵葉書海」と、毎月一回の追加目録の発行も販売店にはありがたい存在だった。地方の販売店はこれらを見て、現代の通信販売の要領で仕入れることができたからである。このような目録は「嘗《かつ》て見たことがなかった」と自ら主張していて、それが本当ならば、全国二千数百店と取り引きがあったというのも真実味が感じられてくる。

「執務の状態」も完璧を期していた。「店の三方を囲める十二の戸棚には数千種の品が各部類を分けて気持ちよく奇麗に整理してあるから、如何に激忙でも混雑錯乱する事などはない」と述べている。「御注文書到着二十四時間内出荷主義を励行す」を心がけていたのである。

割引制度も販売店にとっては魅力の一つだったのではないだろうか。一回の注文が五円以上で、継続して注文した販売店には、代金を記入した「証券」を封入して商品とともに出荷する。その証券の総額が百円を超えれば、五円を割り戻すという仕組みだ。今日でいえば五パーセント割引のポイント制度のようなものだろう。

本誌が発行された一九一二年（明治四十五年）当時、絵はがきは「狂奔的流行熱の甚しかった当時の如く夥しくは売れません、（略）顧客が絵葉書を識別する趣味の程度も余程進んで来て、図案に於ても、意匠に於ても、印刷技術総てに於て、優秀卓絶の品でなくては売れない傾向となりました」と述べている。だからこそ、島田絵葉書店のような問屋の存在価値が上がっていったということなのだろう。

戦後復興と高度成長の風景

ＡＢＣＣ（原爆傷害調査委員会）が広島・比治山に研究所を開設

戦後の一九四七年（昭和二十二年）、広島市と長崎市でＡＢＣＣが活動を開始した。Atomic Bomb Casualty Commission のことで、原爆傷害調査委員会と訳されている。原爆の放射線による後障害を長期間にわたって調査するため、アメリカ学士院・学術会議によって創設された。

広島では同年三月から広島赤十字病院に事務所が開設され、一九五一年（昭和二十六年）一月からは比治山に建設された施設で研究が始まった。

ただし、「ＡＢＣＣのステーションワゴンが被爆者の家へひんぱんに出入りするにつれ、「診察すれど治療せぬ」その在り方にきびしい反発が出始め

「原爆研究所（比治山）より安芸の小富士を望む」 広島市を見下ろす形でかまぼこ型兵舎風の建物を建てたABCC。建設時には広島市長や市議会、市民らの反対があったが、GHQ（連合国軍総司令部）や日本政府の考えで一方的に建設が決まった（中国新聞社編『広島県大百科事典』上、中国新聞社、1982年）。

「われわれはモルモットではない」という声が広がっていった」（中国新聞社『増補ヒロシマの記録』中国新聞社、一九八六年）という。

運営では、日本側からも厚生省の国立予防衛生研究所が加わったが、職員数・資金とも少ない状況が続いた。しかし、次第にアメリカ側にも資金不足が生じ、日米が対等で運営する放射線影響研究所に改組、ＡＢＣＣの名称は消えた。一九七五年（昭和五十年）のことである。

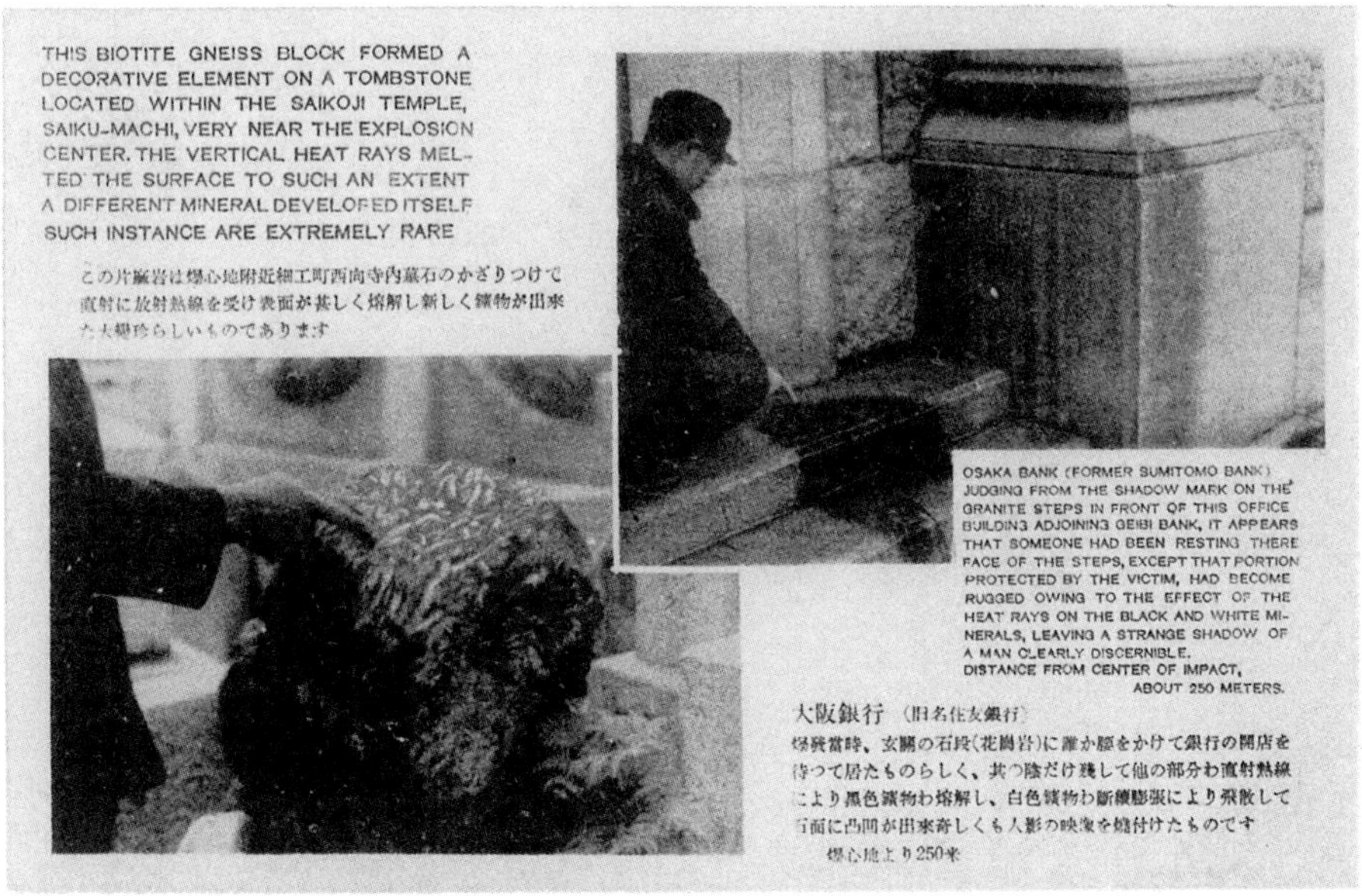

（参考）　広島原爆被害の痕跡を和文・英文併記で紹介した絵はがき。左は爆心地付近の細工町西向寺にあった墓石の飾り付けの片麻岩が熔解してしまった様を、右は紙屋町１丁目の大阪銀行（旧住友銀行）の玄関石段に残された人影（誰かが腰をかけて開店を待っていたのだろうと推測）を写している。

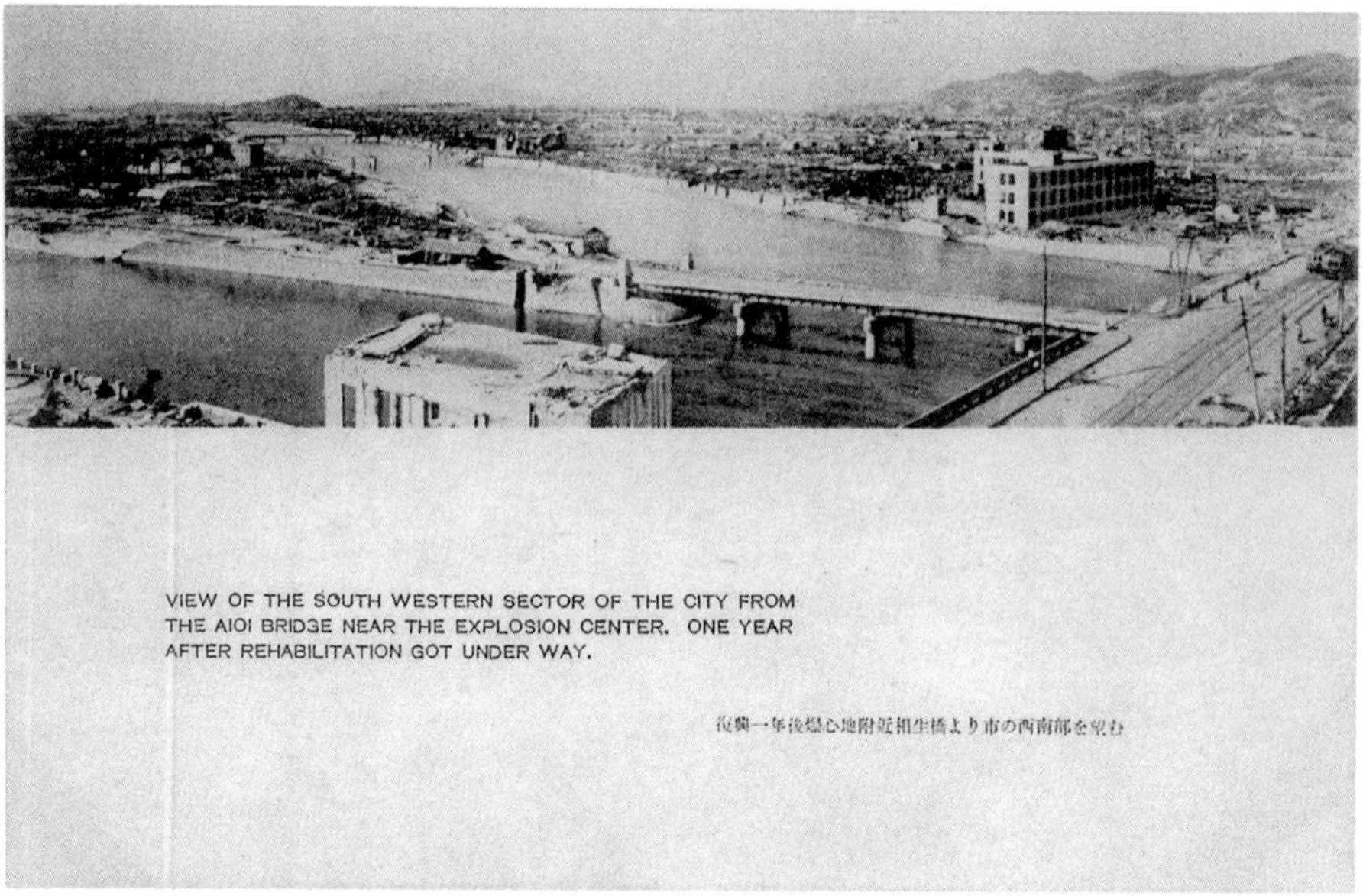
VIEW OF THE SOUTH WESTERN SECTOR OF THE CITY FROM
THE AIOI BRIDGE NEAR THE EXPLOSION CENTER. ONE YEAR
AFTER REHABILITATION GOT UNDER WAY.
復興一年後爆心地附近相生橋より市の西南部を望む

（参考）「復興一年後爆心地附近相生橋より市の南西部を望む」 こちらも英文併記。手前中央の大きな建物は日赤広島支部、右の建物は本川国民学校。右端に路面電車が見える。奥にかすかに見えるのは厳島。この絵はがきの左の延長上にいわゆる原爆ドームが所在する。

憲法記念館が結婚式場に生まれ変わる

明治時代に枢密院憲法会議が開かれ、その後、憲法記念館と呼ばれていた由緒ある建物が一九四七年（昭和二十二年）十一月、結婚式場の明治記念館として生まれ変わった。なぜ、そのようになったのか。尾崎芳雄の『茨と虹と——市村清の生涯』下（三愛会、一九七九年）にその経緯が記されている。

同年夏、明治神宮崇敬会代表の吉田茂（のちの首相とは同名異人で、戦時中の軍需大臣）と神宮の奉職者たちが市村を訪ねた。戦災で大きな被害を受けていた明治神宮は、残った憲法記念館を利用した再建策を考えていたとき、銀座で商業施設の三愛を

明治神宮外苑 憲法記念館大広間　周囲に金鶏が描かれたこの大広間では、かつて明治天皇も出席した枢密院憲法会議など御前会議が何度も開かれた。審議中、皇子の照宮殿下が危篤に陥ったとき、伊藤博文議長が中止を進言すると、明治天皇は「それには及ばぬ、継続せよ」と言った（前掲『明治天皇さま』）。審議がそれほど重要だと考えられたのだ。

成功させた市村の存在に着目し、相談をもちかけたのだ。

　早速、市村は現地を視察した。

「古く厳粛な形式をのこしている記念館の建物が市村の庶民感覚の鏡に鋭く影を落としたとき、一つの考えが彼の脳裡に閃いた――結婚式場・明治記念館。うむ、これだ」

　吉田らはこれを名案と受け止め、急いで準備が進められた。そして、あっという間の営業開始となった。最初に結婚式を挙げたのは元公爵の令息だった。


車寄せ（明治記念館）　憲法記念館は1881年（明治14年）に赤坂御所内の別殿として建造されたもの。1907年（明治40年）に伊藤博文が明治天皇から下賜されると、東京・大井町の自宅に移築して恩賜館と名づけた。そして、明治神宮が設営されるとき献納され、さらに明治神宮外苑に移築されたという歴史がある。

披露宴場（明治記念館） 憲法会議が開かれた大広間がこのような披露宴会場になった。おそらく当時の施設不足もあったのだろう、結婚式のほか、宴会や園遊会などで繁盛するようになった。

江の島に平和の塔がそびえ立つ

一九五一年（昭和二十六年）三月、江の島に平和の塔というものがそびえ立った。遊園地の江ノ島園の一部で、展望灯台の機能を担って誕生した。

実はこの塔は、東京・二子玉川にあった大落下傘塔だった。戦時中は陸軍落下傘部隊の演習にも使われた。それが戦後になって江の島に移設されたのだ。経緯はこうだ。

東急グループの創始者、五島慶太の上野毛の自宅からは大落下傘塔を眺めることができた。戦後、彼が江ノ島電気鉄道、通称江ノ電の取締役に就任して江の島で観光事業を企画したとき、その塔に着目、再利用しようと考えたのだ。

「今度は〝平和塔〟ということにしよう」と自ら命名したという（五島慶太伝記並びに追想録編集委員会編・発行『五島慶太の追想』、一九六〇年）

しかし、当時は占領下にあり、GHQの認可が必要だった。東洋美術に詳しい担当官が「広重の絵にそんな塔はない」と言い張り、認可が下りない。それでも現地視察の話が出た。五島は担当者に説得方法を細々《こまごま》と指導、ようやく移設の認可を取り付けた。これで「江の島近代化の機運が生まれ」（同書）たという。

（参考）「江之島全景」 江の島へは、かつては木橋を渡っていったが、1949年（昭和24年）に橋桁だけがコンクリート製になり、58年（昭和33年）には全体がコンクリート製となった。

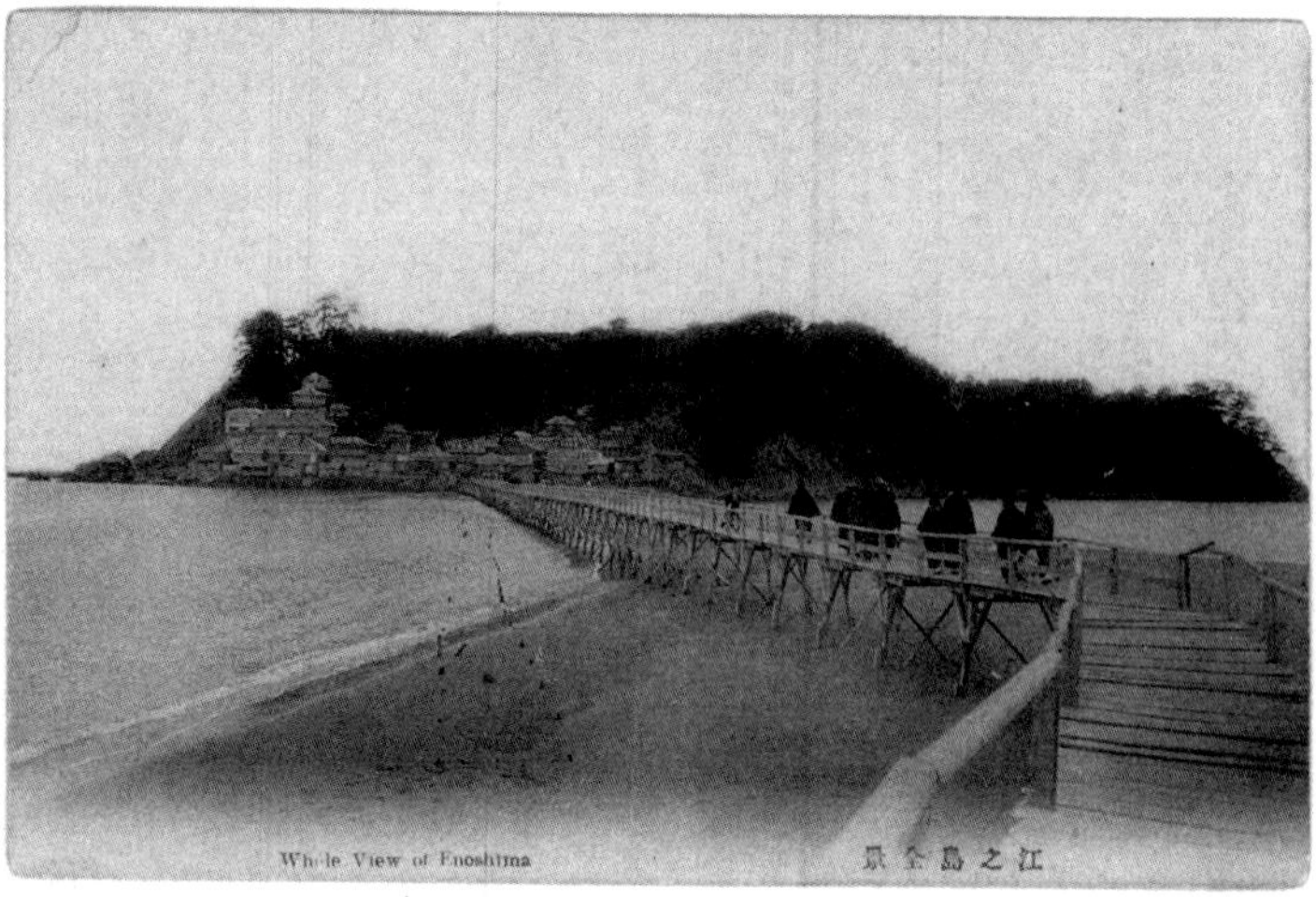

江の島 平和塔　元の所有者である読売新聞社から江ノ電を運行する江の島鎌倉観光が譲り受けた。当初の2年間は契約上、「読売平和塔」の看板が掲げられた。二子玉川の「よみうり遊園」（のちの二子玉川園）の施設だった。

戦後初の皇室外交で、皇太子がプレジデント・ウィルソン号で出帆

戦後の皇室外交は、一九五三年（昭和二十八年）に始まった。この年、イギリスのエリザベス女王戴冠式に招かれ、皇太子が天皇の名代として参列したのだ。

日本の皇室とイギリス王室は戦前から特別に親密な関係にあったが、それだけに戦後の皇室外交の幕開けを飾るにふさわしい出来事となった。

当時、十九歳の皇太子は同年三月三十日、プレジデント・ウィルソン号で横浜を出帆、乗船中は将棋や卓球などを楽しみながら、ハワイ、アメリカ、カナダを経由してイギリスへ。七十四カ国の代表に交じって女王戴冠式参列後は、フランス、スペインなどを歴訪した。合計十四カ国を訪問して、同年十月十二日に帰国した。半年に及ぶ長旅だった。

そのイギリスのニューカッスルでは、予定が変更になったことがあった。市民の間から皇太子訪問反対の機運が高まったからだ。そこでウィンストン・チャーチル首相は皇太子を昼食に招き、一部イギリス人の非礼に「不満」の意を示したという。

そんな〝緊急事態〟もあったが、訪問地ではおおむね歓迎され、戦後初の皇室外交は成功裏に終わった。

（参考）「倫敦ビクトリアステーション御着の東宮殿下と御出迎の英国皇帝陛下」 1921年（大正10年）の皇太子（のちの昭和天皇）訪欧の一場面。左端手前が皇太子、一人おいてイギリス王ジョージ5世。ロンドンの沿道は歓迎の人波であふれたという。当時は日英同盟を結んでいた。

「皇太子殿下御乗船の豪華船プレジデントウイルソン号」 1947年就航。船客定員は778人。「うらぶれた船しか目にしていなかった日本人の目には、ライトグレイの船体に鷲のマークのあるブルーとレッドの煙突の姿は、眩（まぶ）しく映った」（野間恒『豪華客船の文化史』NTT出版、1993年）。皇太子はサンフランシスコまで同号に乗船した。

戦後復興の幕開けを飾る銀座のにぎわいとその夜景

一九四六年（昭和二十一年）四月二十日、銀座復興祭が催された。戦災の被害から立ち直り、ようやく簡易店舗百五十軒が完成してのお披露目だった。当日開店の小松ストアーはこんな様子だった。

「人々は、開店と同時に店内を埋めつくし、（略）食品の数々をわれ先にと買っていった。買えるものがあるということ自体が、当時の人々にとっては幸運だったのである」（小松ストアー40年のあゆみ編集委員会編『小松ストアー40年のあゆみ』小松ストアー、一九八七年）。やはり同年に市村清が開業した三愛も食料品店から始めたが、間もなく衣料品店に切り替えた。「ふたを開けてみると、おしゃれ専門店という構想は果たして大ヒットであった。店の中は連日若い女性の客でいっぱい」（前掲『茨と虹と』下）になったのだ。

そして、小松ストアーではクリスマスセールが有名になり、「昭和二十五年当時の小松ストアーの売上げ高は、一日坪当り十三万円で、日本一を記録」（前掲『小松ストアー40年のあゆみ』）した。

こうして銀座は見事な復興を遂げ、美しい夜景を見せるようになっていった。

銀座の夜景　右端に見える「カルタゴ」の文字は1960年（昭和35年）に公開された映画の題名なので、その当時の夜景だろう。また、「森永チョコレート」の文字が見える有名な地球儀型ネオンサインは53年（昭和28年）の完成で、画家・横山操が東京・根岸（鶯谷）の不二ネオンに勤めていたときにデザインしたものだったといわれる。

日本初の集約電波塔、名古屋テレビ塔が誕生

一九五四年（昭和二十九年）六月、名古屋に巨大な建造物が出現した。名古屋テレビ塔である。

その高さは実に百八十メートル。設計は「塔博士」と呼ばれた内藤多仲《たちゅう》。戦前は「耐震建築の父」としても活躍、またNHKラジオ局のアンテナ塔を数多く設計した人物だ。のちに通天閣や別府タワー、さっぽろテレビ塔、東京タワー、博多ポートタワーも手がけている。

なぜ最初に名古屋で誕生したのか。名古屋テレビ塔社長の大澤和宏が語る。「復興のシンボルとして「東洋のエッフェル塔」を目指したタワーの建設と、テレビ電波の鉄塔一本化とが合致したのです」（INAXギ

名古屋テレビ塔　「東洋のエッフェル塔」を目指して計画された。全体の高さが180メートルになったのは、耐震や風圧なども考えると200メートル以下が望ましいとされ、さらに安全性を考慮して180メートルに決まったという。一時期、財政難で解体の危機もあったものの、2005年にはタワーとしては全国で初めて国の登録有形文化財となった。

名古屋テレビ塔は市の中心栄町の東100メートル道路の中心にあり放送文化、観光施設として都市経済の伸長に重要な役割をつとめている。

ャラリー企画委員会企画『タワー』ＩＮＡＸ出版、二〇〇六年）

名古屋テレビ塔は、同時に開発された百メートル道路とともに大きな注目を集め、完成後は毎日長蛇の列ができた。最初の正月には展望台から初日の出をテレビ中継、ほどなくして展望台での空中結婚式、二年目には階段早登り競争もおこなうなど、話題づくりにも熱心だった。皇太子をはじめ、皇族の来塔も相次いだ。

名古屋テレビ塔昇降口　設計者の内藤は、この名古屋ではのちに塔の下を地下鉄が通ることを考慮して、基礎を深く掘らずに、鉄塔の足を絵はがきに見られるように鉄筋コンクリートのアーチで結合させる構造で対処した。こうした構造のほか、これほど巨大な塔の下を地下鉄が走るというのも日本では珍しい例となった。

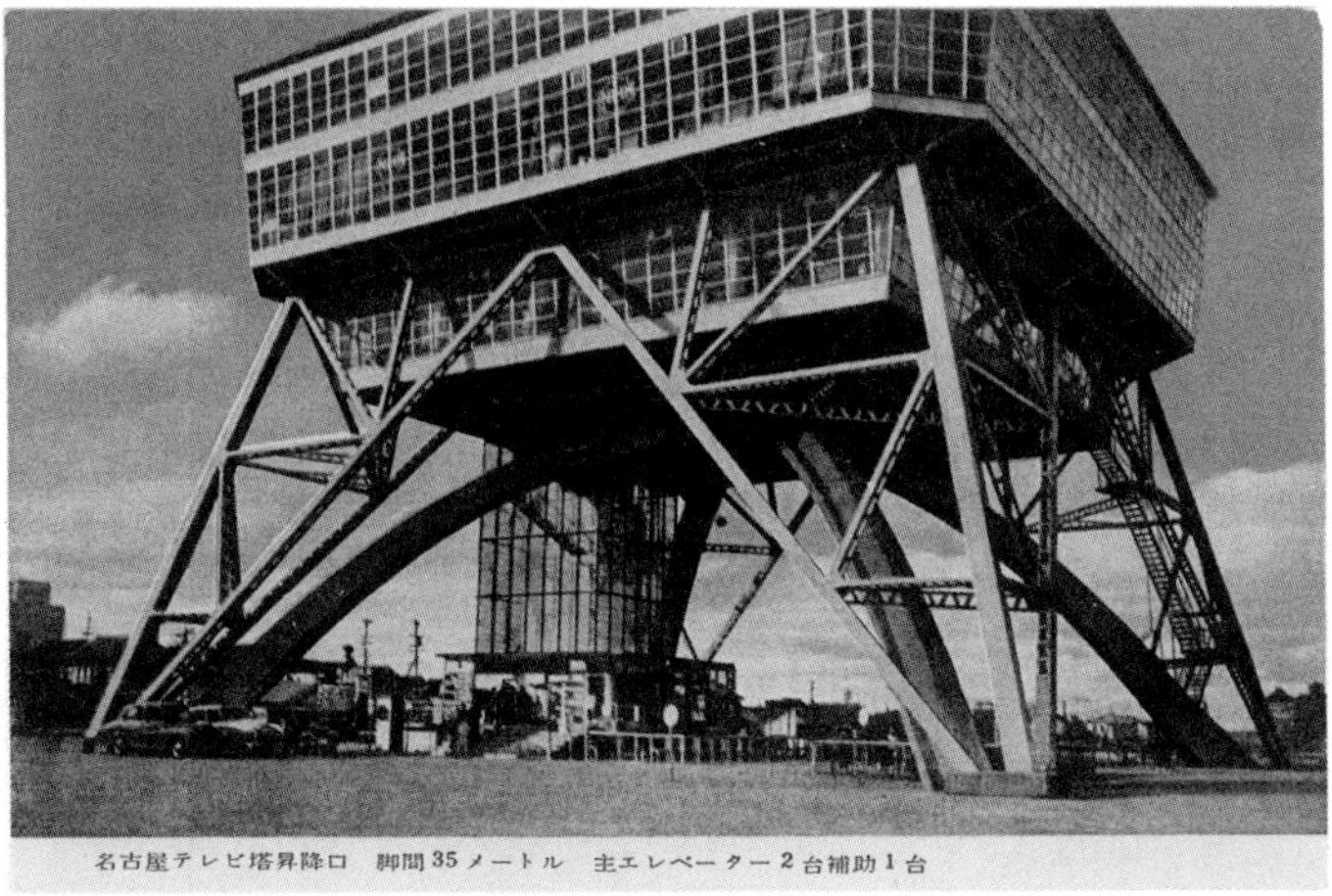

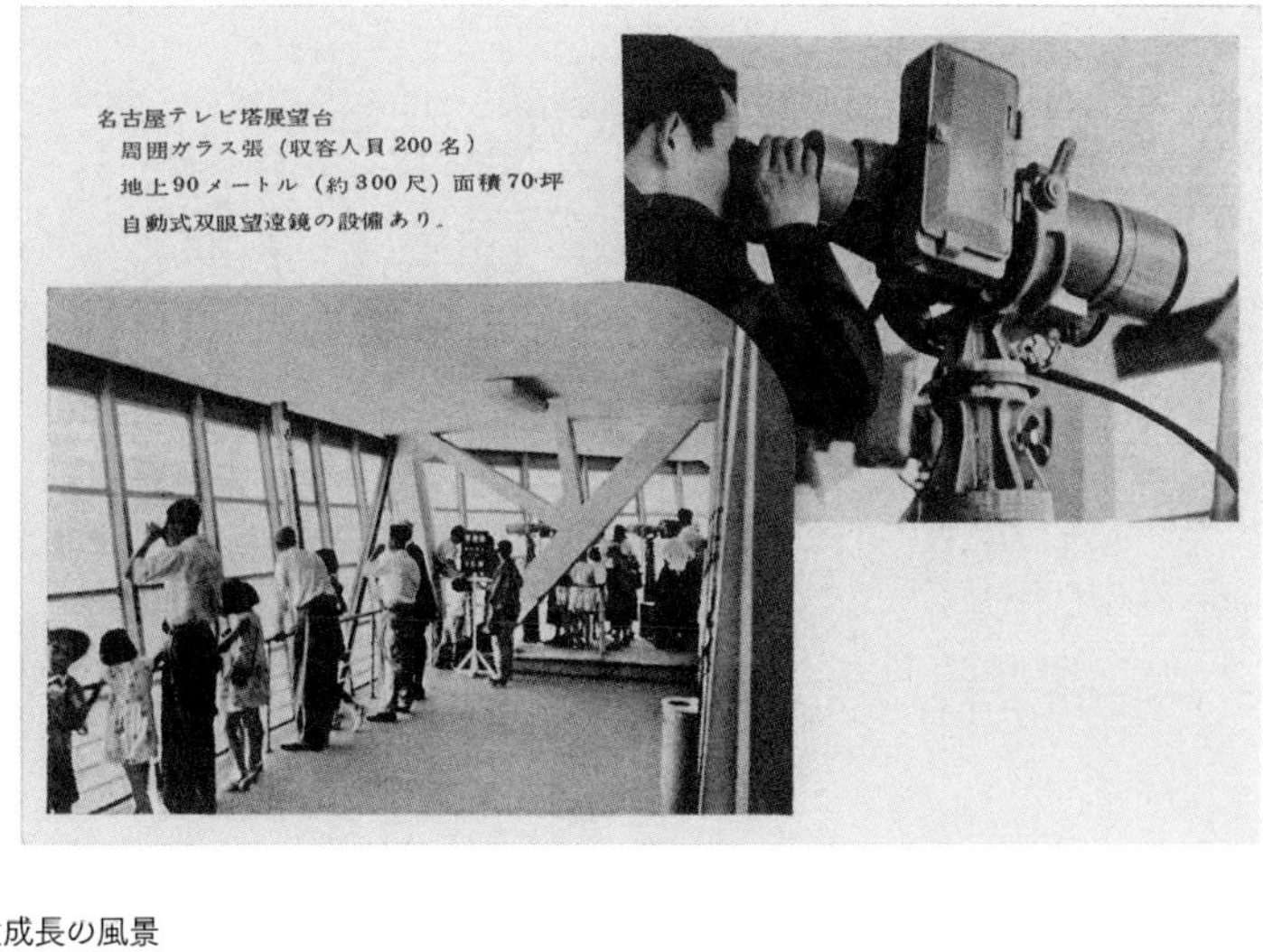

名古屋テレビ塔展望台
地上 90 メートルの高さに設けられた、周囲がガラス張りの展望台には一度に 200 人が入れた。展望台の入場者数は 10 年間で 1,000 万人を記録した。なお、本文中の階段早登り競争は過酷すぎるということで、一度だけの開催だった。

関門海底国道トンネル、二十一年の工期を経て開通

一九五八年（昭和三十三年）三月九日、関門海底国道トンネルが開通式を迎えた。鉄道では四四年（昭和十九年）九月九日から複線運行が始まっていたが、国道トンネルは三七年（昭和十二年）の試掘以来、長期にわたる工事のすえ、ようやく開通したのだ。絵はがきセットの封筒に「車道人道の二階建は世界無類」と記されているように、ユニークな構造の海底道路となった。

国道トンネルの全長は三千四百六十メートル。うち海底部は七百八十メートルに及び、工期は二十一年、総工費は八十億円。工事中に五十三人の犠牲者を出しながらの完工だった。

この国道トンネルは、戦後復興の象徴にもなった。当時の報道は、車列の様子を見て「海の底の都」（「朝日新聞」）と表現した。また、「読売新聞」の読者が投票するその年の十大ニュースで第十位にランクされ、全国的にも大いに注目された。

開通直後から約二カ月間、門司市側では開通記念の通称門司トンネル博（世界貿易産業大博覧会）を開催、トンネルの実物大断面模型などが展示され、約百十万人の入場者数を記録、開通二年後にトンネル通過車両も百万台を超えた。

関門海底トンネル 車道の景　車の写真が合成ではめ込まれている。1932年（昭和7年）ごろからトンネルか橋かの議論を経て、試掘が始まった。途中、戦争で工事が中断した。

関門海底トンネル　車道の景
Roadway of Kanmon submarine tunnel

関門海底トンネル　上が門司車道口、下が門司人道口。注目度が高かったこともあり、数多くの絵はがきが制作されたという。また、記念切手も発売され、切手マニアが押し寄せるなか、東京中央郵便局では一人 10 シート(1 シート 20 枚）までの制限で販売された。

関門海底トンネル　門司車道口上は古城山ローフウェー　Moji roadway entrance

関門海底トンネル　門司人道口　左は和布刈神社と早鞆の瀬戸　Moji footway entrance

被爆遺産の浦上天主堂が解体撤去される

関門海底国道トンネルが開通式を迎えた五日後の長崎では、浦上天主堂の解体撤去作業が始まった。

長崎市の浦上天主堂は、原爆の爆心地から五百メートルほどの距離にあり、絵はがきに見るように、一部の壁などを残して大破したのだが、この被爆天主堂の保存を訴える声が早い段階から上がっていた。『長崎旧浦上天主堂1945―58』（写真・高原至、文・横手一彦、岩波書店、二〇一〇年）が当時の新聞論調を示している。

「こわれ果てたあの工場の跡、（略）崩れおちた浦上の天主堂等あらゆるものが大事な研究の資料等だ、人類の責務において我等はこの被害のあとを詳細に

NAGASAKI
Preĝejo de katolika eklezio en Oura.
（長崎名所）大浦カトリツク敎會

（参考）大浦カトリック教会
同じく長崎市内の大浦天主堂も原爆で大きな被害を受けたが、修復工事でよみがえった。最古の木造ゴシック様式教会として国宝になっている。

記録せねばならぬのだ」(「長崎新聞」一九四五年十月八日付)
一九四九年(昭和二十四年)には原爆資料保存委員会が長崎市長の諮問機関として発足し、九度に及ぶ浦上天主堂保存の決議をおこなったという。
しかし、結果的に解体撤去が決定する。由緒ある同地での天主堂の再建もまた重要であり、保存に向けての財源・土地問題も解決の方向に進まなかったようだ。

The Urakami church and the Angelous bell　(観光長崎)浦上天主堂とアンゼラスの鐘

「浦上天主堂とアンゼラスの鐘」 右に見える鐘は当初は丸太組みだったが、1946年(昭和21年)に鉄骨造りに替えられた。浦上は「潜伏キリシタン」とその子弟が多く暮らした地だっただけに(「カラーで見る絵はがきの世界」の項を参照)、この地での再建もまた大きな意味があり、新しい天主堂は59年(昭和34年)に完成した。

東京オリンピックに向けて巨大ホテルが開業

東京オリンピックの一九六四年（昭和三十九年）開催が近づくにしたがって、ホテル不足が懸念された。政府や東京都は、伏見宮邸跡の広大な土地を所有する大谷米太郎にホテル建設をもちかけた。

当時すでに八十歳を超えていた大谷は土地の売却を考えていたが、この依頼に重い腰を上げた。財界の協力もあって、日本で初めて一千室級の巨大ホテルの創造を目指すことになるのだ。

しかも、地上十七階建てと、建築基準法が改正されたあとの日本初の高層建築に挑むことになった。さらにいえば、設計開始からわずか十八カ月で完成させなければならない厳しい条件

大宴会場（芙蓉の間） 立食で3,500人、正餐で2,000人が収容でき、豪華なせり上げ舞台などが完備していると説明。また、1万2,000坪（約4万平方メートル）の大庭園も自慢の施設となった。

■3,500名さまをお迎えできる　大宴会場(芙蓉の間)　1F
ビュッフエパーティなどで3,500名さま、正餐で2,000名さままで。
ゆきとどいたサービスと吟味した料理が自慢です。豪華なせり
上げ舞台、グランドミュージック、照明設備も完備しております。
ホテル ニューオータニ
東京都千代田区紀尾井町4番地
TEL：265－1111

が待っていた。

こうした難問をどう解決したのか。ホテルニューオータニ建設本部長の清水一が「近代建築」一九六四年十月号（近代建築社）でその秘密を明かしている。

まず鉄骨構造であったこと。鉄骨を組み立て、床を打っていけば各階ごと同時に造作を進められたので、「工事はとても速かった」という。浴室のプレハブ化も大きかった。「工場でつくってしまい、現場に後からはめていったことです。これは工期短縮について決定的でした」

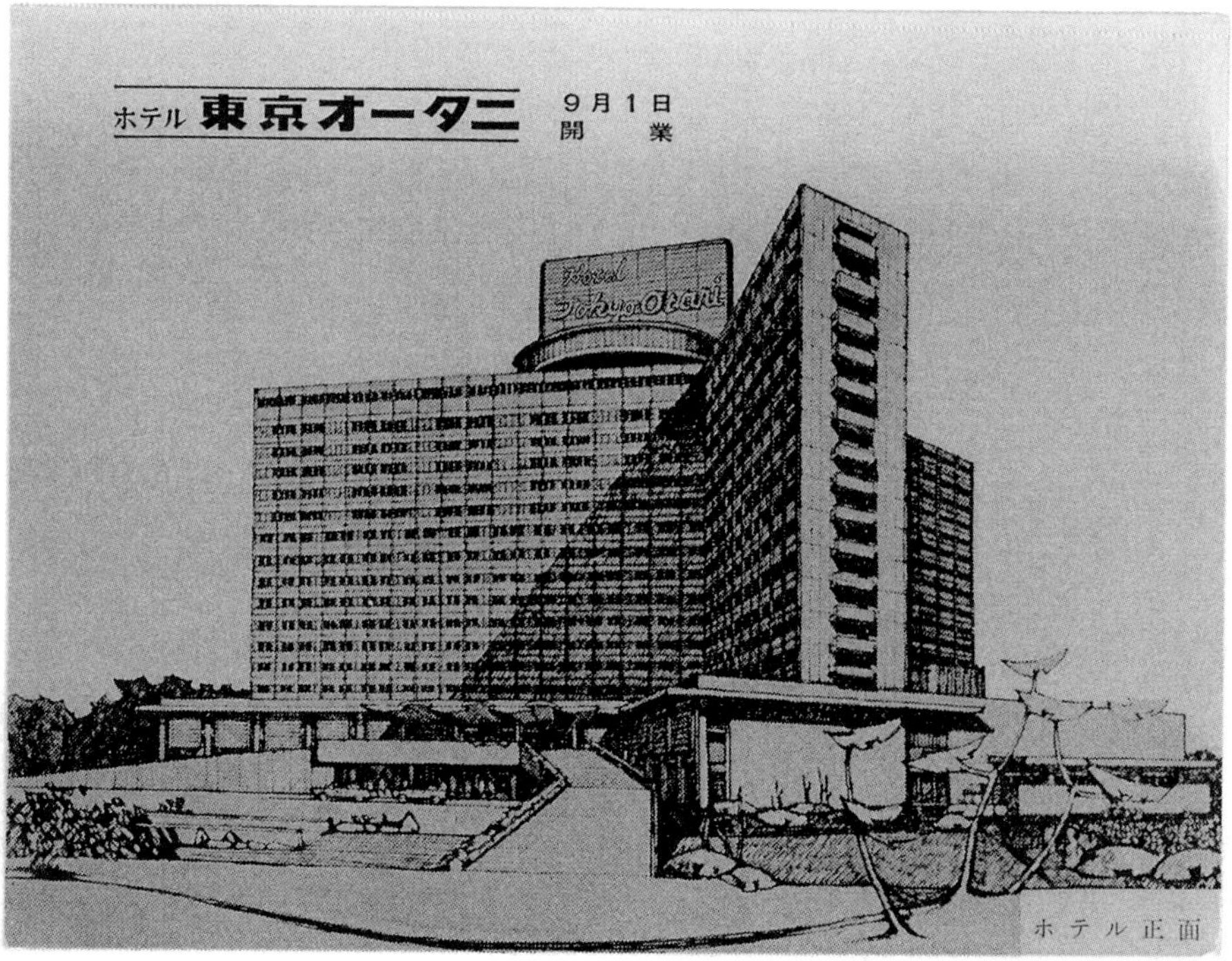

ホテル東京オータニ 9月1日開業　建設中、ホテル名はホテル東京オータニとなっていたが、ホテルニューオータニと変更されたようだ。多くの来館者に富士山を見せてあげたいという大谷の希望から最上階に回転ラウンジが設けられた。床の回転の仕組みは、滑らかに回転する戦艦の砲台の技術が利用された。

参考文献

▼はじめに――絵はがきを集めた人々
◎尾形光彦企画収集編纂『街・明治大正昭和――絵葉書にみる日本近代都市の歩み1902―1941』都市研究会、一九八〇年
◎半澤正時編『横浜絵葉書』(Yokohama Grafica)、有隣堂、一九八九年
◎松本暁美/謝森展編著『台湾懐旧』創意力文化事業有限公司、中華民国七九年(一九九〇年)
◎ボーダーインク編『絵はがきにみる沖縄――明治・大正・昭和』琉球新報社、一九九三年
◎中川浩一『絵はがきの旅 歴史の旅』原書房、一九九〇年
◎そごう美術館編『フィリップ・バロス コレクション 絵はがき芸術の愉しみ展――忘れられていた小さな絵』朝日新聞社、一九九二年
◎小田部雄次『梨本宮伊都子妃の日記――皇族妃の見た明治・大正・昭和』小学館、一九九一年
◎金丸弘美編『宮武外骨絵葉書コレクション』無明舎出版、一九九七年
◎国学院大学日本文化研究所編『折口信夫歌舞伎絵葉書コレクション』国学院大学日本文化研究所、二〇〇七年
◎山本笑月『明治世相百話』第一書房、一九三六年(改版、中央公論新社、二〇〇五年)

▼東京名所案内
◎安藤更生『銀座細見』(中公文庫)、中央公論社、一九七七年
◎愛新覚羅溥傑『溥傑自伝――「満州国」皇弟を生きて』金若静訳、河出書房新社、一九九五年
◎渡辺みどり『愛新覚羅浩の生涯――昭和の貴婦人』(文春文庫)、文藝春秋、一九九六年
◎横溝光暉『戦前の首相官邸』経済往来社、一九八四年
◎大須賀瑞夫『首相官邸・今昔物語』朝日ソノラマ、一九九五年
◎復興調査協会編『帝都復興史』第二巻、興文堂書院、一九三〇年
◎読売新聞社編『東京建築懐古録』第二巻、読売新聞社、一九九一年
◎吉屋信子「帝国ホテル細見」「主婦之友」一九三六年十一月号、主婦之友社
◎帝国ホテル編『帝国ホテルの120年』帝国ホテル、二〇一〇年
◎金井彦三郎「東京停車場建築工事報告」、永田博「歴代東京駅長列伝」、かのう書房編『東京駅の世界』所収、かのう書房、一九八七年
◎山崎明雄『思い出背負って――東京駅・最後の赤帽』栄光出版社、二〇〇一年
◎石川純祐著、木元滋編『東京ステーションホテル物語』日本ホテル、一九九〇年
◎国立国会図書館編『国立国会図書館の30年』国立国会図書館、一九七八年
◎川又一英『ニコライの塔――大主教ニコライと聖像画家山下りん』(中公文庫)、中央公論社、一九九二年
◎INAXギャラリー企画委員会企画、鈴木博之/藤森照信監修『鹿鳴館の夢――建築家コンドルと絵師暁英』(INAX booklet)、INAX、一九九一年
◎海野信正(夢一仏)『橋づくし川柳巷談』小木書房、一九三三年
◎喜多川周之「日本橋の河岸と大通り」、「日本橋」誌刊行委員会編『日本橋』所収、名橋「日本橋」保存会、一九七七年
◎進士五十八「日比谷公園の100年」「都市公園」二〇〇三年七月号、東京都公園協会
◎「開園三十五年記念 日比谷公園」(パンフレット)、東京市、一九三七年

▼絵はがきと知識人
◎森鷗外記念会編『鷗外をめぐる百枚の葉書』文京区教育委員会、一九九二年
◎関根伸一郎『飛行船の時代――ツェッペリンのドイツ』(丸善ライブラリー)、丸善、一九九三年
◎田中正明編『柳田國男の絵葉書――家族にあてた二七〇通』晶文社、二〇〇五年

◎荻原正三編『欧州紳士淑女以外――絵葉書通信 今和次郎見聞野帖』柏書房、一九九〇年
◎ヴェンセスラウ・デ・モラエス『モラエスの絵葉書書簡――日本発、ポルトガルの妹へ』岡村多希子訳、彩流社、一九九四年

▼都市の近代

◎脇哲編著『物語・薄野百年史』すすきのタイムス社、一九七〇年
◎小樽再生フォーラム編『小樽の建築探訪』北海道新聞社、一九九五年
◎M・C・ペリー著、F・L・ホークス編纂『ペリー提督日本遠征記』下、宮崎壽子監訳（角川ソフィア文庫）、KADOKAWA、二〇一四年
◎仙台市史編さん委員会編『仙台市史 通史編6 近代1』仙台市、二〇〇八年
◎仙台市史編さん委員会編『仙台市史 通史編7 近代2』仙台市、二〇〇九年
◎戸部良一『逆説の軍隊』（「日本の近代」9）、中央公論社、一九九八年
◎エライザ・ルアマー・シッドモア『日本・人力車旅情』恩地光夫訳（有隣新書）、有隣堂、一九八六年
◎名古屋市役所編『名古屋七十年史』名古屋市役所、一九五九年
◎南北社編『赤門生活』南北社、一九一三年
◎京都中央電話局『京都電話番号簿』京都中央電話局、一九二四年
◎大阪市社会部調査課編『余暇生活の研究』（「労働調査報告」第十九号）、弘文堂書房、一九二三年
◎田中徳三郎『西洋料理六十年』柴田書店、一九七五年
◎本渡章「走るランドマークの百年」「大阪人」二〇〇三年六月号、大阪都市協会
◎倉光弘己「御堂筋物語」、なにわ物語研究会編『大阪まち物語』所収、創元社、二〇〇〇年
◎三善貞司編『大阪史蹟辞典』清文堂出版、一九八六年
◎広島市編『広島市史』第四巻、広島市、一九二五年
◎明治神宮編『明治天皇さま――明治維新百三十年記念』明治神宮、一九九八年
◎清原伊勢雄編『福岡市』福岡市編纂部、一九一六年
◎浜崎国男『長崎異人街誌』葦書房、一九七八年
◎鹿児島県教育会編『鹿児島県案内』鹿児島県教育会、一九二七年
◎大連市産業課編『産業の大連 昭和11年版』大連市、一九三六年
◎油谷顕一「思い出の哈爾浜」、中村福造「大正時代のハルピン」、後藤春吉編『ハルビンの想い出』所収、京都ハルビン会、一九七三年
◎哈爾浜商品陳列館編『哈爾浜案内』哈爾浜商品陳列館、一九二二年
◎南満州鉄道編『鮮満支旅の栞』南満洲鉄道東京支社、一九三九年
◎唐亜明「横光利一の『上海』を読む」、横光利一『上海』（岩波文庫）所収、岩波書店、二〇〇八年

▼絵はがき研究書拾い読み

◎楠田宗弘／寺島孝雄／宮下孝介編『魅惑の進水式――FANTASTIC LAUNCH』シー・エム・センター出版局（一部、旧日本海軍艦艇顕彰出版会）、一九七七年
◎木村松夫／石井敏夫編著『絵はがきが語る関東大震災――石井敏夫コレクション』柘植書房、一九九〇年
◎Barry Zaid, *WISH YOU WERE HERE*, Crown Publishers,Inc., 1990.
◎横浜開港資料館編『100年前の横浜・神奈川――絵葉書で見る風景』有隣堂、一九九九年
◎末延芳晴『荷風とニューヨーク』青土社、二〇〇二年
◎林宏樹『広告絵はがき――明治・大正・昭和の流行をみる』里文出版、二〇〇四年
◎生田誠『日本の美術絵はがき1900―1935――明治生まれのレトロモダン』淡交社、二〇〇六年
◎山田俊幸／永山多貴子編『小林かいちの世界――まぼろしの京都アール・デコ』国書刊行会、二〇〇七年
◎山田優子「小林かいち」「彷書月刊」二〇〇七年六月号、彷徨舎

▼カラーで見る絵はがきの世界

◎矢嶋嘉平次『大阪けんぶつ』矢島誠進堂、一八九五年
◎西澤泰彦『図説「満洲」都市物語――ハルビン・大連・瀋陽・長春』河出書房新社、一九九六年
◎はとバス社史編纂委員会編『はとバス三十五年史』はとバス、一九八四年
◎迫内祐司「戦時下の絵葉書」、河田明久監修『画家と戦争――日本美術史の

空白』（別冊「太陽」、日本のこころ220）、平凡社、二〇一四年

▼人々の暮らしと文化

◎吉田八岑『明治考証事典』新人物往来社、一九七五年
◎陸軍省新聞班つはもの編輯部編『兵営の異聞と秘話』新知社、一九三三年
◎川村みのる『僕の見学記』帝国教育会出版部、一九四二年
◎日本聯合通信社編『支那事変が生んだ皇国銃後赤誠史』日本聯合通信社、一九三八年
◎日本放送協会編『放送五十年史』日本放送出版協会、一九七七年
◎高永武敏／原田宏『激動の相撲昭和史』ベースボール・マガジン社、一九九〇年
◎川端要壽『奇人横綱 男女ノ川』徳間書店、一九九六年
◎岩田英彬『大原女』（近畿民俗叢書）、現代創造社、一九八四年
◎釈瓢斎『苦悶の筍』一元社、一九二九年
◎石井研堂『増訂 明治事物起原』春陽堂、一九二六年
◎交詢社編『交詢社百年史』交詢社、一九八三年
◎東京倶楽部／日本経済新聞社『東京倶楽部物語――ジェントルマンの120年』東京倶楽部、二〇〇四年
◎池野藤兵衛『料亭 東京芝・紅葉館――紅葉館を巡る人々』砂書房、一九九四年
◎宮田正春「巨大で美味な桜島大根」、日本地域社会研究所『日本の郷土産業6 九州・沖縄』所収、新人物往来社、一九七四年
◎簗瀬幸三郎『最も容易に自動車運転手になる法』誠文堂、一九二五年
◎辻百子編『20世紀の国産車――日本を駆けた、世界を駆けた』国立科学博物館、二〇〇〇年
◎農商務省商務局編『商品改良会報告 第六回』農商務省商務局、一九一三年
◎崎山直／崎山小夜子『西洋家具文化史』雄山閣出版、一九七五年
◎神野由紀『趣味の誕生――百貨店がつくったテイスト』勁草書房、一九九四年
◎阿南透「都市祭礼「仙台七夕まつり」の成立と変容」「情報と社会――江戸川大学紀要」第十九号、江戸川大学、二〇〇九年
◎長尾折三編『日本転地療養誌――名温泉案内』吐鳳堂書店、一九一〇年
◎川原利也『南湖院と高田畊安』中央公論美術出版、一九七七年
◎衛生新報社編輯局編『実用問答呼吸器篇』丸山舎書籍部、一九一二年
◎茅ヶ崎市史編集委員会編、大島英夫解題「南湖院看病学講習所――三橋カヨ氏・小野間正氏に聞く」「茅ヶ崎市史研究」第三十一号、茅ヶ崎市、二〇〇七年
◎富士吉田市歴史民俗博物館編『絵葉書にみる富士登山』富士吉田市教育委員会、一九九九年
◎文化研究会編『文化住宅の研究』（「文化パンフレット」第15輯）、文化研究会、一九二三年
◎井出孫六『明治民衆史を歩く』新人物往来社、一九八〇年
◎山崎力之介『学校家庭郊外日本訓育の実相』第一出版協会、一九三七年
◎増田美子編『日本衣服史』吉川弘文館、二〇一〇年
◎林喜一『羽越案内』羽越案内同志社、一九二四年
◎毎日新聞社編『銃後戦記 西部篇』毎日新聞社、一九四四年
◎本山桂川『生活民俗図説』八弘書店、一九四三年
◎兼常清佐『よもやま話』厚生閣、一九四一年
◎橋爪紳也『日本の遊園地』（講談社現代新書）、講談社、二〇〇〇年
◎前掲『増訂 明治事物起原』

▼近代史を駆け抜けた人々

◎戸田書店「人間清水次郎長」編集委員会編『人間清水次郎長』戸田書店、一九六八年
◎伊藤之雄『伊藤博文――近代日本を創った男』講談社、二〇〇九年
◎東京市政調査会編『日本の近代をデザインした先駆者――生誕150周年記念後藤新平展図録』東京市政調査会、二〇〇七年
◎中村直吉／押川春浪編『欧洲無銭旅行』（「五大洲探検記」第五巻）、博文館、一九一二年
◎飛行神社編『二宮忠八小伝』飛行神社、二〇〇二年
◎吉村昭『虹の翼』文藝春秋、一九八〇年
◎雄山閣編『類聚伝記大日本史』第四巻、雄山閣出版、一九三六年
◎読売新聞文化部『愛唱歌ものがたり』岩波書店、二〇〇三年
◎小長久子『滝廉太郎』（人物叢書新装版）、吉川弘文館、一九八七年

◎アート・スミス著、佐々木弦雄編『日記から』新橋堂、一九一六年
◎長岡外史「飛行機の話」、長岡外史／日高謹爾『飛行機の話潜水艦の話』（「小学生全集」80）所収、興文社、一九二八年
◎愛新覚羅溥儀『わが半生——「満州国」皇帝の自伝』上・下、小野忍ほか訳、筑摩書房、一九七七年
◎河内一彦編『飯沼飛行士——遺稿並小伝』朝日新聞社、一九四二年
◎深田祐介『美貌なれ昭和——諏訪根自子と神風号の男たち』文藝春秋、一九八三年

▼新しい制度、新しい技術、新しい産業

◎竹内時雄『物理学夜話』大鐙閣、一九二七年
◎東京証券取引所編『東京証券取引所10年史』東京証券取引所、一九六三年
◎日本航空輸送編『日本航空輸送株式会社十年史』日本航空輸送、一九三八年
◎佐藤一一『日本民間航空通史』国書刊行会、二〇〇三年
◎斉藤俊彦『くるまたちの社会史——人力車から自動車まで』（中公新書）、中央公論社、一九九七年
◎毎日新聞社社史編纂委員会編『毎日新聞七十年』毎日新聞社、一九五二年
◎日本少年少女文庫刊行会編『漫遊写真だより』下、日本少年少女文庫刊行会、一九二八年
◎職業紹介事業協会編『日本職業大系 第七 工業篇 四』職業紹介事業協会、一九三八年
◎斉藤俊彦『人力車』産業技術センター、一九七九年
◎日本石油／日本石油精製社史編纂室編『日本石油百年史』日本石油、一九八八年
◎東京地下鉄道編『東京地下鉄道史 乾』東京地下鉄道、一九三四年
◎安達英俊「地下鉄「駅」モダニズム」「大阪人」二〇〇三年六月号、大阪都市協会
◎夏樹静子『裁判百年史ものがたり』文藝春秋、二〇一〇年
◎麒麟麦酒編『ビールと日本人——明治・大正・昭和ビール普及史』三省堂、一九八四年
◎浜田徳太郎『大日本麦酒株式会社三十年史』大日本麦酒、一九三六年
◎北日本汽船編『北日本：定期航路案内 昭和12年版』北日本汽船、一九三七年
◎産業調査会編『実地調査最新十大副業』二松堂書店、一九一九年

▼絵はがきを商う人々

◎巌谷小波『楽天子』松香館、一九〇七年
◎石井研堂『独立自営営業開始案内』第二編、博文館、一九一四年
◎金々先生『商売百種渡世の要訣』雲泉書屋、一九一六年
◎日本少年会編『苦学の方法——実行簡易』三友社、一九一〇年
◎福徳商会主人述『スピード金儲け秘訣——小資本成功法』木村書店、一九三八年
◎商店界社編『腕一本で儲かる外交』（「生活安定叢書」第二巻）、商店界社、一九二七年
◎増尾信之編『光村利藻伝』光村原色版印刷所（光村利之）、一九六四年
◎島田絵葉書店編「絵葉書海」一九一二年四月号、島田絵葉書店

▼戦後復興と高度成長の風景

◎中国新聞社『増補ヒロシマの記録——被爆40年写真集』中国新聞社、一九八六年
◎中国新聞社編『広島県大百科事典』上、中国新聞社、一九八二年
◎尾崎芳雄『茨と虹と——市村清の生涯』下（三愛新書）、三愛会、一九七九年
◎五島慶太伝記並びに追想録編集委員会編『五島慶太の追想』五島慶太伝記並びに追想録編集委員会、一九六〇年
◎野間恒『豪華客船の文化史』ＮＴＴ出版、一九九三年
◎小松ストアー40年のあゆみ編集委員会編『小松ストアー40年のあゆみ——小坂武雄の思い出』小松ストアー、一九八七年
◎ＩＮＡＸギャラリー企画委員会企画『タワー——内藤多仲と三塔物語』（INAX booklet）、ＩＮＡＸ出版、二〇〇六年
◎写真・高原至、文・横手一彦『長崎旧浦上天主堂１９４５—５８——失われた被爆遺産』岩波書店、二〇一〇年
◎清水一／浜口隆一「対談・高層建築とインテリア」「近代建築」一九六四年十月号、近代建築社

おわりに
絵はがき、この不可思議なるもの

石清水八幡宮とエジソン

ある年の冬、関西地方に出向いた際、京阪電車に乗って八幡市駅で降り、飛行神社を訪ねた。絵はがき（「近代史を駆け抜けた人々」の二宮忠八の項を参照）でその存在を初めて知り、一度参拝したかったからである。

参拝後、駅まで戻り、寒さに押されて大阪へ向かおうとしたのだが、ふと足が止まった。わざわざ出向いてきたのだからと、駅前の石清水八幡宮もお参りしようと思ったのだ。それが、実は、筆者にとっては拾い物の〝発見〟につながった。犬も歩けば棒に当たる、だろうか。

では、その発見とは何か。石清水八幡宮と発明王トーマス・エジソンの関係である。境内にエジソンの記念碑が建てられていたのだ。

なぜ、ここにそんな碑があるのか。最初は皆目、見当もつかなかった。

ここでは、その由来記を、のちに入手できた絵はがき（図❶）から引用してみよう。

「西暦一八七九年にトーマス・アルバ・エヂソンが、灯火の革命ともいえる炭素白熱電球を発明し、この石清水八幡宮境内に生えている竹が、電球の命ともいえるフィラメントの材料として最も適していることを知り、電球発明の翌年から十数年もの長いあいだ、この竹を使ってたくさんの炭素電球を造り、世界の人々に電灯のありがたさを知らせました。つまり、この八幡の竹が炭素白熱電球の実用化に、大きな役目をつとめたのです」（エヂソン顕徳会）

改めて説明すると、こうだ。

エジソンは白熱電灯の開発に熱心に取り組んでいたが、フィラメントに最適の素材をなかなか見つけられなかった。それでも一八七九年（明治十二年）十月二十一日、木綿糸を炭化させるなどして一応の成功を見た。日本では二年前に西南戦争が勃発した、そんな時代の出来事である。

エジソンはしかし、長時間輝く電灯を開発して商業的な成果を得られなければ満足できず、実験を続けた。そんなとき——

「千八百八十年の初めだったと思う。私は実験室のテーブルの上に、あり触れた椰子の葉で作った団扇《うちわ》があったので、取上げて見ると、団扇の縁が竹の表皮で縁取ってあった。長い撓《しな》やかな竹である。それをしらべた私は、助手を呼んで、その竹で繊條《せんじょう》〔フィラメント：引用者注〕を作って実験させることにした。すると実験の結果は、今までのどれよりも優れている。それで私はさらに実験したり顕微鏡で構造を研究する

図❶　1929年（昭和4年）、電灯発明50周年を記念して、世界各地で電灯黄金祭というものが催されたという。その際、縁（ゆかり）の地、石清水八幡宮に記念碑が建てられた。そして58年（昭和33年）には、ほど近いところに移設された。この絵はがきは、その移転に際して同年に発行されたものである。また、84年には新しくデザインされたものが建てられた。

と、これならば産業的に安心して電燈が製作し得られるとの確信を得た」

この一文は、石清水八幡宮訪問以後、これもまた古書市で入手できた深澤正策の『発明王エヂソン』（新潮社、一九三六年）からの引用だが、エジソンは存命中にこのように回想したという。

さて、話は続く。エジソンは最良の竹を見つけるために、助手の一人であるウィリアム・ムーアを竹の種類が豊富な日本や中国に派遣して多くの竹を取り寄せ、実験を重ねた。その結果、ついに最適の竹、京都府八幡産の竹（石清水八幡宮境内に生えている竹）を発見するのである。

前掲『発明王エヂソン』によると、その後、セルロースから良質の炭素繊條を大量に製造することに成功したため、八幡産の竹は一八八八年（明治二十一年）以降使用されなくなったということだが、電灯の普及の初期に日本の竹が貢献したという話は、実に興味そそるものだった。

邪なものへの偏愛をも満足させる絵はがき

一枚の絵はがきが人を動かす――とは、まさに筆者が飛行神社の絵はがきを見て現地へ足を運んだことから感じた〝真理〟なのだが、そもそも、はがきはいうまでもなく通信手段の一つとして生まれたものだった。ところが、「絵」が加わることによって、一枚の紙片はその役割を大きく変化させ、人を動かす力をもつようになっていくのだから摩訶不思議だ。

大著『アール・ヌーヴォーの絵はがき』（ジョヴァンニ・ファネッリ／エツィオ・ゴードリ著、末永航／中條衣／加藤明子／柴田和雄訳、同朋舎出版、一九九三年）に、こんな一文がある。

「本や雑誌のイラストや写真しかマス・コミュニケーションの媒体がなかった時代には、

絵はがきは視覚的な画像の発達に大きな役割を果たした。エキゾチックな世界の発見から、処刑、列車や車の事故、自然の大災害といったできごとなど、ぞっとするものを一目見るまでを「直接の印象」として記憶させ、あらゆる好奇心、関心、ときには邪《よこしま》なものへの偏愛をも満足させることができたのだった」

絵はがき＝媒体論は、拙著『絵はがきで見る日本近代』でも書いたことだが、この一文から、絵はがきにはもう一つ、人々に偏愛という気分を起こさせる力があることが読み取れる。

「ぞっとするもの」といえば、手元にこんな絵はがきがある。生首がいくつかころがっていて、白人と思しき男が八人ほど佇んでいるという構図だ。英文で次の説明が記されている。

「Canton Heads and Bodies of Chinese Pirates after decapitation」

場所は中国の広東で、海賊の中国人に対して打ち首の処刑をおこなったところのようだ（発行されたのは香港になっている）。

これを手にしたとき、それこそ、誰がこのような絵はがきを購入するだろうかと不思議に思ったのだが、「ぞっとするもの」がほしい人には絶好の絵はがきだったのかもしれない。いや、それどころか、実際に日本人がこの絵はがきを使用しているのである（達筆すぎて文面は読みにくいが、特にこの絵柄についてはふれていないようだ）。

関東大震災直後、焼死体がいくつも写し出された絵はがきが発行され、その後、販売中止になったことは本文でもふれたが、被害状況を世に知らせる役割はあったものの、「ぞっとするもの」としての性格があまりにも強すぎるということで敬遠されたのだろう。

同じ死体でも、ミイラの場合はどうなのだろう、販売中止になったことはあるのだろうか。

この分野についても、手元に「米沢市常信庵ミーラ」や「一千三百年前 プレインカ時代 殉死者ミーラ」（八枚組み）、「朝鮮会寧城外発見ノ（木乃伊《ミイラ》）朝鮮婦人」などの絵はがきがある。なかには「(別府・八幡地獄) 怪物館内の河童」や「(同) 怪物館内の人魚」(図❷)といった〝眉唾物〟もあるが、こういったものも収集の対象になったのだろうか。

前掲『アール・ヌーヴォーの絵はがき』によると、収集家の興味の対象は「風景」であり、そのため、絵はがきの市場の九割は「風景」が占め、残りの一割が「創作的」なものだった、と指摘している。だから、こんなこともあったそうだ。

「国際絵はがき会社は、ただ世界のあらゆる街角からその景観の絵はがきを送らせるだけのために、社員に旅行をさせた」

大きく花開いた年賀状文化

今日、絵はがきが数多く流通する時期はといえば、正月である。

インターネット時代になって、その数量は減少傾向にあるといっても、年賀状は明治の時代から〝絵はがきの王様〟としての地位を守ってきた。筆者の手元にも『むかしの年賀状』(生田誠、二玄社、二〇〇七年)と『年賀絵はがきグラフィティ』(山田俊幸編著、青弓社、二〇一三年)の二冊があり、どちらにも、工夫を凝ら

図❷ 別府・八幡地獄にあった怪物館の人魚。こういう"見世物"は、異なる動物の死骸を組み合わせて作ったものが多いといわれているが、これはどうだろうか。本物? 偽物?

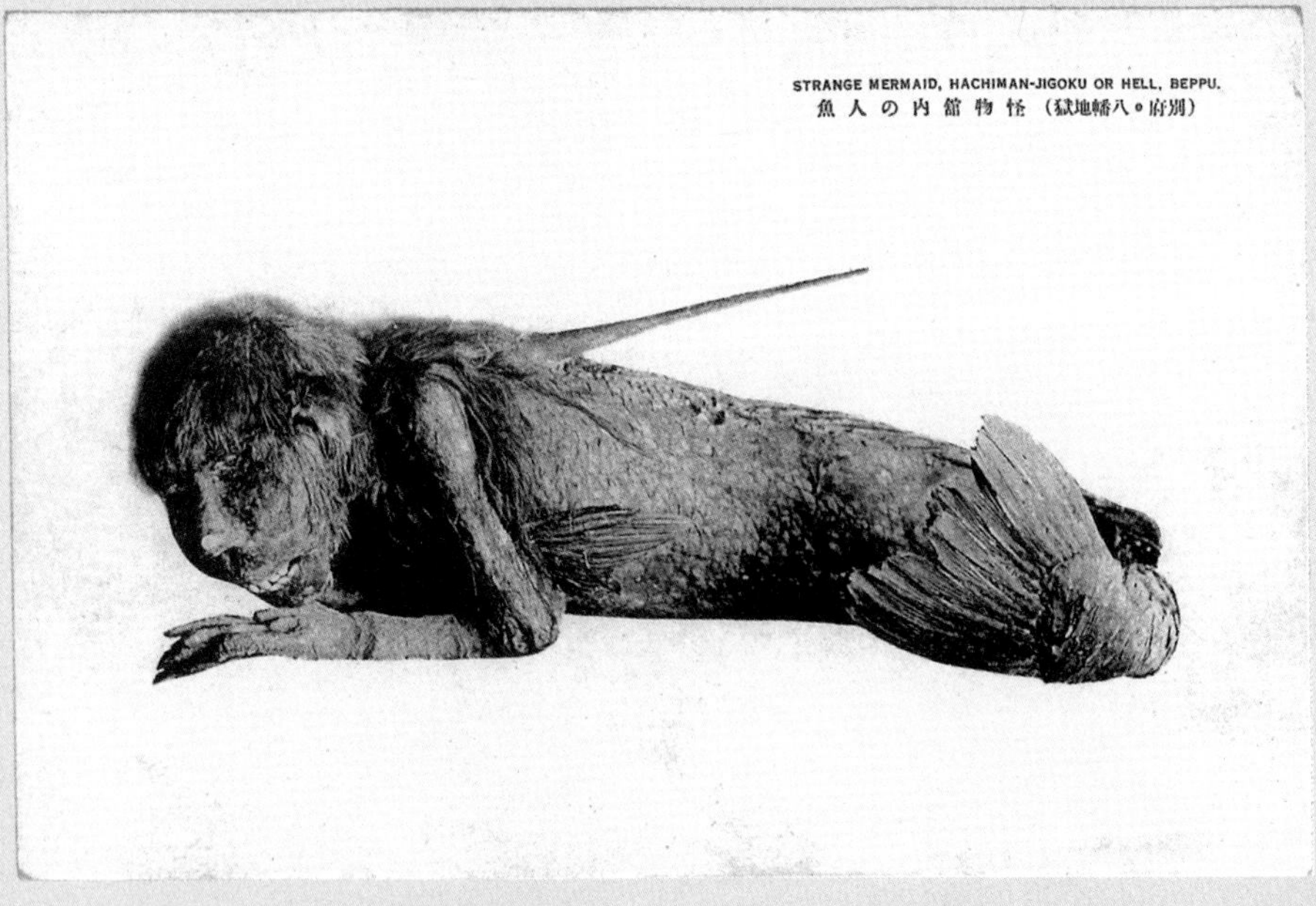

した年賀状が収められている。後者の編著者・山田俊幸が「年賀絵はがきの面白さを理解していただくために編んだものです」と書いているように、これらを眺めるだけで年賀状文化の豊かさが伝わってくる。

「絵はがきを集めた人々」の項でふれた山本笑月は、前掲『明治世相百話』で次のように記している。

「新年絵葉書もまず〔明治：引用者注〕三十六年以来で、その先駆者はやはり画家の方面、渡辺香涯《こうがい》、鏑木《かぶらぎ》清方、鳥居清忠《きよただ》、（略）の諸画伯いずれも早い方、以来文士、美術家または俳優、そのほか芸界の人々まで、それぞれの意匠に特色を現わした賀状の全盛、江戸の刷物から脱化した新趣味として、我党有難く頂戴したものだが、近年は時代の影響で大正以来追い追い下火」

年賀状にも流行の波があったことがうかがわれる。

また、先の二冊には、今日よく見られるような、家族の写真をあしらった年賀状は収められていない。ただ一点、前者に、ウサギとともに納まる幼児の写真の年賀状が掲載されているが、これが送り主の子どもかどうかは判別できない。

家族写真の年賀状はいつごろから多く見られるようになったのだろうか。実は、こんな疑問が生じたのは、ここに掲げた年賀状を偶然入手できたからだ（図❸❹）。絵や図案の年賀状も見て楽しめるが、こうした家族写真も時代が感じられ、研究の対象になるのではないだろうか。

と、こう書いて入稿したのだが、その後、家族写真入り年賀状に関する新聞記事に遭遇した。二〇一六年一月九日付「朝日新聞」の連載「サザエさんをさがして」で、このテーマを扱っていたのである。その記事では、一九一〇年（明治四十三年）に巌谷小波（「絵はがきを商う人々」の項参照）が自分と子どもの写真を印刷した年賀状を出していたことについて言及していた。郵政博物館・冨永紀子学芸員による情報で、現物写真も掲載されているので、ご興味のある方はごらんいただきたい。

また、この記事のモチーフになっていたサザエさんの漫画について説明すると、年賀状を題材にしたもので、一九七二年（昭和四十七年）十二月十九日付「朝日新聞」の掲載。このときすでに、子どもを自慢した家族写真入り年賀状を皮肉っている。

家族写真入りの年賀状については、実は近年、子どものいない夫婦や独身者の間では否定的な意見が強まっていて、すべての人が歓迎しているものではないことが議論の的になっている。驚くのは「サザエさん」の〝先見の明〟である。

ところで、この記事では紙製品メーカー山櫻（東京・新富町）の「申歳《さるどし》年賀状と明治・大正・昭和のビジネス年賀状展」を紹介していたので、足を運んでみた。そこで初めて知ったのが小竹忠三郎という人物。石油関連の柏崎宝栄という会社を興して活躍し、一九三五年（昭和十年）に六十九歳でなくなっているが、彼は十万枚という膨大な絵はがきコレクションを築き、その一部が同展を飾ったということだった。〇八年（明治四十一年）の「申歳年賀状」だけでも百枚を超えていて、見応えがあった。

図❸❹　かわいい女の子（送り主の子どもたちだろう）の写真を使用した1922年（大正11年）の年賀状。また、息子たちの書の出来栄えの紹介と、満州へ慰問に出かけた報告を兼ねた38年（昭和13年）の年賀状では、送り主が銃後の使命感を熱く語っている。

さて最後は、脈絡なく、落穂拾いのように書いてきた。絵はがきは森羅万象を小さな紙片に詰め込んだ摩訶不思議な世界なのだということを改めて言いたかったからである。先に「一枚の絵はがきが人を動かす」と書いたが、筆者が南湖院を知ってその跡地へ行ってみたのも、また清水次郎長の後半生を知って清水市を訪ねたのも、沖禎介を知り、青山墓地まで石碑を見にいったのも、やはり絵はがきがきっかけだった。

つまり、筆者に近代史を教えてくれたのは絵はがきだということができる。絵はがきのこの不思議な魅力が筆者に二冊目の絵はがき本を作らせたのである。

もちろん、青弓社の矢野恵二氏のご支援を抜きに本書を語ることはできない。この場を借りて、お礼を申し上げたい。

富田昭次

▼参考文献
◎深澤正策『発明王エヂソン』新潮社、一九三六年
◎ジョヴァンニ・ファネッリ/エツィオ・ゴードリ『アール・ヌーヴォーの絵はがき』末永航/中條衣/加藤明子/柴田和雄訳、同朋舎出版、一九九三年
◎生田誠編著『むかしの年賀状——十二支絵はがき万華鏡』二玄社、二〇〇七年
◎山田俊幸編著『年賀絵はがきグラフィティ』青弓社、二〇一三年
◎前掲『明治世相百話』

［著者略歴］

富田昭次

（とみた しょうじ）

1954年、東京都生まれ

ホテル史研究を振り出しに、近代旅行史、近代文化史へと研究の範囲を広げる

青弓社からは『絵はがきで見る日本近代』『ホテル百物語』『ホテル博物誌』『ホテルの社会史』、

『ホテルと日本近代』（韓国で翻訳）、『旅の風俗史』（台湾で翻訳）を上梓

そのほか、『東京ヒルトンホテル物語』（オータパブリケイションズ）、

『ノスタルジック・ホテル物語』（平凡社）、『サービスはホテルに学べ』（光文社）、

『日本ホテル協会百年の歩み』（本編執筆、日本ホテル協会）など著書多数

高級ホテル客室常備誌「International Travel Plan」で

絵はがきに関する記事を連載中

絵《え》はがきで楽《たの》しむ歴《れき》史《し》散《さん》歩《ぽ》

日本の100年をたどる

発行 ──── 2016年5月25日　第1刷

定価 ──── 2000円＋税

著者 ──── 富田昭次

発行者 ─── 矢野恵二

発行所 ─── 株式会社青弓社

〒101-0061 東京都千代田区三崎町3-3-4

電話 03-3265-8548（代）

http://www.seikyusha.co.jp

印刷所 ─── 三松堂

製本所 ─── 三松堂

ISBN978-4-7872-2064-6 C0021

富田昭次

旅の風俗史

鉄道の敷設や客船の就航、宿泊施設・観光施設の建設、旅情を誘うメディアの発達、スポーツリゾートの普及。旅行の原形を作った鉄道旅行、豪華客船、名所・山水、海外旅行などを、多くの貴重な図版を交えて紹介する。 定価2000円＋税

山田俊幸／小池智子／田丸志乃／竹内 唯 ほか

年賀絵はがきグラフィティ

1900年の私製はがきの解禁によって、多色刷りの年賀絵はがきがモダニズムの流行も相まって一大ブームになり、関東大震災を経て、戦意高揚の年賀絵はがきへと変化していく。年賀絵はがきで読む近代日本の美意識。 定価2000円＋税

平川義浩

絵はがきで愛でる富士山

富士山をモチーフにした明治期から昭和初期までのアンティーク絵はがきを、広告・乗り物・観光・登頂・年賀・見立てなどのジャンル別に味わう。カラー 200点を超える珍品から、さまざまな富士山が浮かび上がる。 定価2000円＋税

川村邦光

写真で読むニッポンの光景100

盛り場、戦跡、引き揚げ船、集団就職列車、農村の祭り、一家団欒、全共闘、野良猫と路地、紅葉、富士山——日常生活や社会現象を切り取る写真を１枚１枚解説しながら、背景にある社会状況や文化を読み解く。 定価2000円＋税

鳥飼行博

写真・ポスターから学ぶ戦争の百年

「戦争の世紀」といわれる20世紀から現在までの100年を、戦意を高揚する写真やポスター、戦況を伝える新聞記事や公式報告など225点を紹介しながらたどり、それぞれの時代背景を解説する近・現代史の入門書。 定価2000円＋税